Michel Goeldlin (geboren 1934) ist Schweizer Staatsbürger, seine Mutter ist Amerikanerin. Er arbeitet als Schriftsteller und hat bisher neun Romane und drei Sachbücher publiziert, die in zahlreichen Auflagen, Co-Veröffentlichungen, Adaptationen, Übersetzungen und

Neuveröffentlichungen in den Sprachen Französisch, Englisch, Deutsch, Russisch und Italienisch erschienen sind.

Yucki Goeldlin ist Fotografin. Sie kam unter dem Namen Jolanda Zur Muhlen auf der Insel Java zur Welt; ihre Eltern sind niederländischer Herkunft. Ihr fotografisches Werk wurde in 19 Einzel- und zahlreichen Gruppenausstellungen gezeigt und in Büchern veröffentlicht. Sie ar-

beitet mit Verlagen in der Schweiz, Frankreich, Russland, Kanada und Monaco zusammen. Darüber hinaus ist sie für die UNESCO tätig.

Yucki und Michel Goeldlin kennen sich seit ihrer Kindheit und sind seit vielen Jahren verheiratet. Sie reisen rund um die Welt zu den unterschiedlichsten Schauplätzen, von der Sahara in den modernen Wilden Westen, vom magnetischen Nordpol über Salvador bis in die angolanischen Kriegsgebiete.

MICHEL GOELDLIN

DIE SPUR
DER GISCHT

*Mit dem Frachter
über die Weltmeere*

Mit Fotos von Yucki Goeldlin

*Aus dem Französischen
von Gisela Sturm*

*Ein Buch der Partner
Goldmann und National Geographic Deutschland*

Die Originalausgabe erschien 2001
unter dem Titel
»Chemins d'ecume. Livre de bord«
bei Indo Éditions, Paris.

Sämtliche Fotografien stammen von Yucki Goeldlin.

SO SPANNEND WIE DIE WELT.

Dieses Werk erscheint in der Taschenbuchreihe
NATIONAL GEOGRAPHIC ADVENTURE PRESS
im Goldmann Verlag, München.

1. Auflage Juni 2003, deutsche Erstausgabe
Copyright © 2003 der deutschsprachigen Ausgabe
NATIONAL GEOGRAPHIC ADVENTURE PRESS
im Goldmann Verlag, München,
in der Verlagsgruppe Random House GmbH
Copyright © Indo Éditions, Paris
Copyright © 2001 Text: Michel Goeldlin
Copyright © 2001 Fotos: Yucki Goeldlin
Alle Rechte vorbehalten
Lektorat: Gisela Fichtl, München
Umschlaggestaltung: Petra Dorkenwald, München
Herstellung: Sebastian Strohmaier, München
Satz: DTP im Verlag
Druck und Bindung: Clausen & Bosse, Leck
ISBN 3-442-71206-8
www.goldmann-verlag.de
Printed in Germany

Das Papier wurde aus chlorfrei gebleichtem Zellstoff hergestellt.

INHALT

Ärmelkanal – Atlantischer Ozean – Sargassosee – Karibisches Meer – Panamakanal – Nordpazifik – Südpazifik – Korallensee – Salomonensee – Bismarcksee – Philippinensee – Molukkensee – Sulawesi / Celebessee – Ceramsee – Bandasee – Floressee – Javasee – Südchinesisches Meer – Malakkastraße – Andamanensee – Indischer Ozean – Lakkadivensee – Arabisches Meer – Golf von Aden – Rotes Meer – Sueskanal – Mittelmeer – Libysches Meer – Straße von Gibraltar – Atlantischer Ozean – Ärmelkanal – Nordsee.

HAMBURG
16

ROTTERDAM
Nordsee
DÜNKIRCHEN
1
LE HAVRE

*Nordatlantischer
Ozean*

Sargassosee

*Straße von
Gibraltar*
Mittelmeer
Sues-
kanal

Rotes Meer

*Arabisches
Meer*
Golf von Aden
*Andamanen-
see*

Nördlicher Wendekreis

40°
20°
0
Äquator
Südlicher Wendekreis
20°
40°

*Indischer
Ozean*

*Südatlantischer
Ozean*

50 100 150 200 250 300
KILOMETER

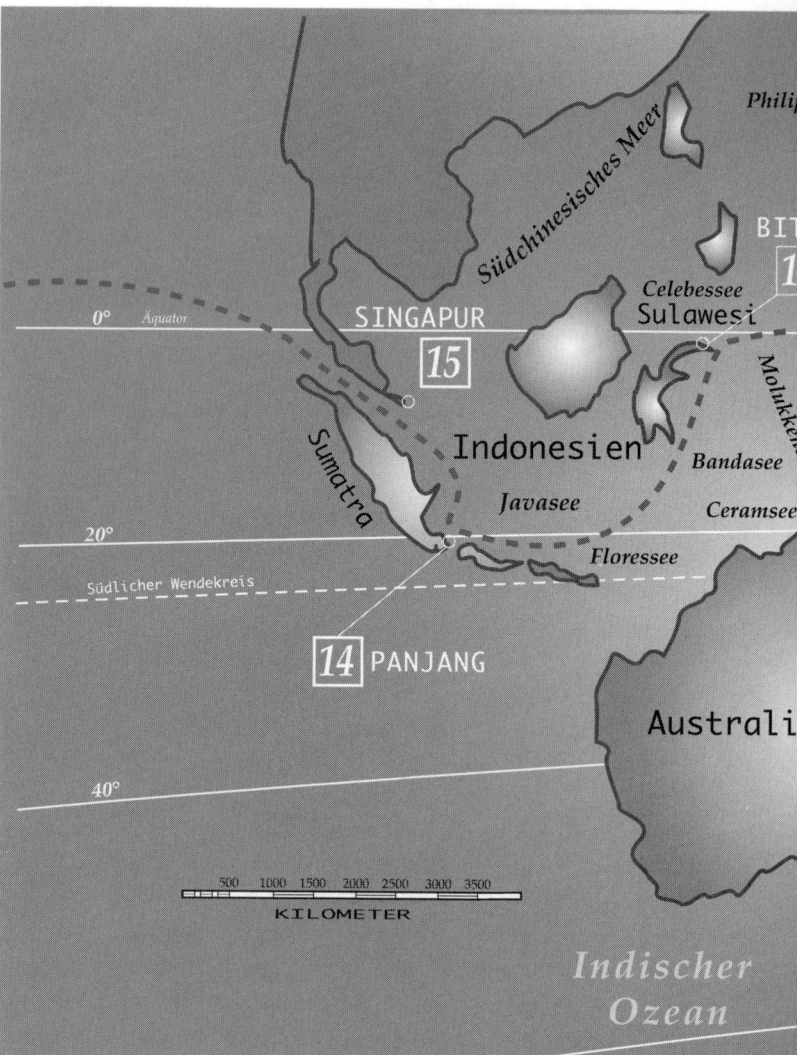

ADANG
LAE
12
10
KIMBE
11
9 RABAUL

PAPEETE

2

Papua-Neuguinea

Salomonensee **6**

8 LAE

SANTO

Vanuatu

Tahiti

LAUTOKA

7   *Korallensee*

5

ALOTAU

Fidschi

Neu-
kaledonien   NOUMÉA

4

*Südpazifischer
Ozean*

3

AUCKLAND

Neuseeland

Ich war allein, doch ich fühlte,
wie lebendig die Schöpfung um mich herum war,
und dass sie träumte.

Victor Hugo
Lettre de Vevey, 1839

Zärtlich wandert mein Blick über die gewaltige Silhouette des Frachtschiffs, mit dem ich nun endlich die so lang ersehnte Reise antreten werde! Dieser stählerne Koloss mit dem schwarz-weiß-grün-ockergelben Anstrich soll mich in den nächsten vier Monaten in seinem Bauch beherbergen. Vielleicht auch etwas länger oder nicht ganz so lange, das hängt allein von den Umständen ab. Der geplante Routenverlauf kann sich aufgrund verschiedenster Unwägbarkeiten jederzeit verändern. Die Liegezeiten in den Anlaufhäfen spielen eine Rolle, die Unbilden des Wetters oder neue Absprachen des Reeders mit seinen Kunden. Bei einer solchen Reise sind ein paar Tage mehr oder weniger bedeutungslos; die Zeit wird zu einer relativen Größe und erhält eine Dimension, die ich noch nicht kenne und die sich von einem flüchtigen Moment bis zu einer Ewigkeit ausdehnen kann.

Jetzt da ich das Schiff meiner Träume so real vor mir sehe, finde ich es noch schöner und größer als ich es mir je erhofft hätte. Aber kann dieses Urteil überhaupt noch objektiv sein?

Im Hafen von Dünkirchen-Freyssinet liegt die *Arunbank* am Kai elf über sieben armdicke Trosse vertäut, noch unbeweglich, mit dem sanften Vibrieren einer schläfrig schnurrenden Katze.

Ich erklimme die 48 Sprossen der wackeligen Gangway, die an der schwarzen Bordwand entlang vom Hauptdeck bis zum Kai hinabführt und sich hin und her bewegt wie eine dieser abenteuerlichen

Hängebrücken im Dschungel, über die der Entdecker in eine neue Welt vorstößt.

Wie berauscht komme ich oben an und setze voller Neugier zum ersten Mal den Fuß auf »mein« Frachtschiff. Selbstverständlich ist meine Frau Yucki mit von der Partie: Diese abenteuerliche Reise markiert einen neuen Abschnitt einer seit 40 Jahren dauernden Partnerschaft, die man sich glücklicher nicht vorstellen könnte.

Im Lauf der Jahre haben wir viele Expeditionen gemeinsam unternommen – vom Äquator bis zum 80. Breitengrad Nord, jenseits des Magnetpols der Erde, von Nord- und Südamerika bis in die Länder des Fernen Ostens, durch Kriegsgebiete und Minenfelder bis in die einsamen Weiten der Wüsten, von der Abschussrampe des ersten zivilen Raumschiffs bis hin zu den Teezeremonien der Tuaregs, über die Urwälder von Salvador bis zu den Dschunken in der Bucht von Ha Long – und sind ein unzertrennliches Paar geworden. Wir sind verwandte Seelen, wir sind glücklich miteinander, wir sind Komplizen, wir sind eins, über dieselben Gedanken

John, der Zahlmeister
der *Arunbank*

und Gefühle miteinander verbunden. Wahrscheinlich ist Yucki jetzt genauso ergriffen wie ich in diesem Moment, da sich die Zeit relativiert und nur noch die Vorfreude auf die kommenden Ereignisse zählt. Wenn wir gemeinsam auf Reisen sind, kümmert sie sich um die Bilder, und ich schreibe die Texte.

Der Erste Offizier, ein gewisser Stanislav aus Minsk, begrüßt uns im Namen des Kapitäns an Bord, und der englische Zahlmeister, John genannt, bringt uns in unser mobiles Zuhause im oberen Stockwerk der erhöhten Aufbauten des Vorschiffs. Offensichtlich haben wir schon allgemein Neugier erregt; ich spüre die verstohlenen Blicke. Schemenhafte Gestalten, auf einem Container thronend, an einem Geländer oder im Führerhaus eines Krans. Noch sind sie anonym.

Soweit ich weiß, gibt es unter meinen Vorfahren niemanden, der je zur See gefahren wäre. Von meinen familiären Anlagen her lässt sich meine Leidenschaft für das flüssige Element kaum erklären. Dass mir die Liebe zum Meer in die Wiege gelegt wurde, ist vielmehr auf äußere Umstände zurückzuführen, die ich hier kurz erläutern möchte.

Im Juli 1934 kehrten meine Eltern an Bord der *Île-de-France*, einem Schiff der French Line, aus New York nach Le Havre zurück. Ich selbst hatte zu diesem Zeitpunkt noch nicht das Licht des Blauen Planeten erblickt. Nur zwei Wochen früher, und meine Mutter hätte mich auf halber Strecke irgendwo auf dem Atlantik dieses großen Passagierdampfers zur Welt gebracht, der als Teil des französischen Mutterlandes mit der Trikolore beflaggt war. In diesem Fall hätte ich, mütterlicherseits US-Bürger und Schweizer Staatsbürger väterlicherseits, obendrein den französischen Pass erhalten. Aber nach dem Willen meines wohl eher bodenständigen Vaters sollte ich in der Schweiz zur Welt kommen. Er fühlte sich verloren, wenn er die Gipfel seiner Heimat nicht am Horizont sah.

Normandie, Champlain, De Grasse, dann ein englisches Schiff von der Cunard Line, dessen Name mir entfallen ist (vielleicht die zweite *Mauretania*), die italienische *Vulcania*. Da ein Teil meiner Familie im »Big Apple« beheimatet war, überquerte ich in den ersten 18 Jahren meines Lebens zwölfmal den Atlantik; fünfmal schifften wir in Le Havre ein mit Zwischenstopp in Southampton; einmal ging es von Genua via Neapel durch die Meerenge von Gibraltar bis nach Halifax und von dort weiter nach New York – hin und zurück. Aber ich habe noch nie den Pazifischen Ozean gesehen und bin noch nie auf einem Frachtschiff gereist.

Fast ein halbes Jahrhundert lang habe ich mir diese Bilder sporadisch ins Gedächtnis zurückgerufen: die weiten Meeresebenen, die hoch aufschäumende Gischt, die Stürme und der gestochen scharfe Bogen des Horizonts, den unser Bug immer noch ein Stück weiter wegschiebt. Unter dem Bann dieser faszinierenden Reisen, die mich von einer Zeitzone in die nächste führten, gingen meine Gedanken in die Zeit der unerforschten Meere zurück und zur *terra incognita* der Geografen früherer Tage.

Während der Sand gnadenlos durch das Stundenglas rinnt, breche ich nun im Herbst meines Lebens auf und nutze meine letzte Chance zu einer großen Reise auf den Weltmeeren.

Und nun zu Yucki. Sie begegnete dem Ozean im Alter von zwei Jahren zum ersten Mal, als sie noch zu klein war, um die Reise bewusst zu erleben ... Von der Insel Java, wo sie geboren wurde, kam sie mit ihrer Familie auf einem Passagierschiff in die Niederlande nach Europa, in das Land ihrer Vorfahren. In der südfranzösischen Hafenstadt Villefranche-sur-Mer schifften sie aus. Der Ozeanriese warf Anker in der berühmten Reede, dann ließ man das Baby in einem Körbchen auf ein Beiboot hinunter, das sie an der Küste des schönen Frankreich absetzte.

So entdeckte Yucki dieses bezaubernde Städtchen direkt am Mittelmeer, zehn Fahrminuten von unserer aktuellen Wohnung entfernt; heute zählt es zu unseren bevorzugten Ausflugszielen ... Es war Yuckis erste und letzte große Reise auf dem Meer; wenn man einmal von den kurzen Strecken absieht, die sie später mit dem Fährschiff zurücklegte, von Genua nach Tunis, von Marseille nach Algier, durch die norwegischen Fjorde und die Nordsee-Überquerungen von Hoek van Holland zur englischen Küste nach Hull. Umso denkwürdiger der heutige Tag, an dem wir gemeinsam zur Umrundung der Erde aufbrechen.

Kaum bin ich an Bord der *M. V. Arunbank* , versinke ich in einen Tagtraum, den zu erneuern ich mir so sehnlich wünschte. Von einer Zeitzone zur nächsten, halten wir ab heute unablässig Kurs auf Westen. M. V. ist übrigens die Abkürzung für *motor vessel*, also Schiff mit Motorantrieb, die Immatrikulation der *Arunbank* lautet GQVM Golf-Quebec-Victor-Mike, und ihr Heimathafen ist Douglas auf der britischen Insel Man.

»Da sich die Erde dreht«, meint unser witzbegabter Offiziersanwärter Bob, »kann niemand mit Gewissheit sagen, ob wir uns auf dem Meer voranbewegen, oder ob es unsere Schraube ist, unter der sich die Erdkugel zurückdreht. Das hieße dann nämlich, dass unser Schiff unbeweglich im Wasser liegt und einfach nur wartet, bis der nächste Hafen vorbeikommt!«

Dünkirchen

Breitengrad 51°02' Nord, Längengrad 4°08' Ost

Freitag, 14. August

11 Uhr

Yucki und ich beginnen mit der Erkundung der Quartiere, die wir in den kommenden vier Monaten unser Zuhause nennen dürfen. Jede Kajüte ist nach einem Ort im Südpazifik benannt; unsere nach Honiara, der Hauptstadt von Guadalcanal, der größten der Salomoninseln. Vor meinem inneren Auge erscheinen die schrecklichen Bilder eines Zusammenpralls zweier Welten, die eine schwarz, die andere weiß, sogleich verdrängt von meiner Neugier auf dieses abgeschlossene kleine Universum, das in der nächsten Zeit unser Refugium darstellt.

In der oberen Etage unseres modernen Bergfrieds, direkt unter der Kommandobrücke, ergreifen wir Besitz von Räumlichkeiten, die man früher einmal die Reedersuite genannt hat. Eine Art Wohnzimmer mit Schreibtisch, Videorekorder, Bildschirm, Kühlschrank, daran anschließend der Schlafraum: zwei Kojen, auf einer Achse angeordnet, Toilettentisch und Dusche. Der Toilettentisch wird Yucki als Schreibtisch dienen: Dort erledigt sie ihre Korrespondenz, führt ihre Tagebuchaufzeichnungen, sortiert ihr Material und bringt die Bildlisten auf den letzten Stand.

Die lichten, großzügig gestalteten Räume mit den hellen Holzwänden, einer Sitzgruppe mit tiefem Sofa und Sesseln, Teppichboden, Dusche und eigener Toilette überraschen mich. Ich war auf alles gefasst gewesen und hatte eher eine rudimentäre, zweckmäßige Kombination aus Eisen- und Spanplattenkonstruktionen erwartet. Durch die großen Bullaugen sehen wir zum Bug und haben dasselbe Panorama vor Augen wie die drei Männer, die drei Meter über uns dafür sorgen, dass unser Schiff sicher von Hafen zu Hafen gelenkt wird. Die Einzelkabinen für Seeleute und allein reisende Passagiere sind identisch. Yucki und ich, das einzige Paar an Bord, haben jedoch eine Doppelkabine.

Von unserer Kajüte aus kann ich die Lösch- und Ladearbeiten im Hafen beobachten und wenn wir auf See sind, werde ich nicht nur die gleichförmig an unserer Seite vorbeiziehenden Wellen sehen, sondern auch die Wassermassen, die der Bug verdrängt und die Anzeichen der nächsten Küste oder des nächsten Unwetters am Horizont.

Mittag

Yucki räumt ihre Sachen ein, und ich installiere mein mobiles Büro, schließe Rechner, Drucker, Handy und GPS, unser Satellitennavigationssystem, an. Bereits jetzt beginnt die Zeit ihre Qualität zu verändern, sie dehnt sich aus. Dann verziere ich die kahlen Kajütenwände mit einer Reproduktion von Gauguin aus seiner Zeit auf Tahiti, mit Planisphären, Land- und Seekarten der Südsee.

Unsere erste Mahlzeit in der Offiziersmesse. Wir haben die Wahl zwischen zwei Tagesmenüs, bestehend aus Suppe, Vorspeise, Hauptgang und Nachtisch – und für den Fall, dass wir weder das eine noch das andere mögen, gibt es noch ein Büfett mit Selbstbedienung.

Verhaltene Neugier, die auf Gegenseitigkeit beruht. Die Schiffsoffiziere haben ihre Uniform angelegt und sitzen an einem langen Tisch. Zum Arbeiten tauschen sie die Uniform gegen einen Trainingsanzug, einen Overall oder Shorts und Wollpullover. Der Platz des Kapitäns bleibt leer. Offensichtlich hat er noch zu tun; aber wir werden ihn schon noch kennen lernen. In meinem Blickfeld sitzt ein Mann mit vier Tressen auf seiner Uniform. Er trägt einen weißen Bart, hat weißes Haar und lächelt mir freundlich zu. An seiner Seite sitzt ein junger schlanker Mann, der den Kopf gesenkt hält, der nächste ist kahl geschoren, hat ein rundes Gesicht und Augen von intensivem Blau; die anderen sitzen mit dem Rücken zu mir … bald werden wir wissen, wie sie heißen und was sie tun. Alle sind schon beim Essen, als noch zwei Nachzügler hereinkommen und sich an einem kleinen Tisch neben der Tür niederlassen. Einer ist groß und blond, der andere dunkelhaarig. Es sind Ingenieure, die nach dem Essen sofort wieder an ihre Maschinen müssen.

Stanislav lächelt uns zu, die anderen nicken herüber. Ich sitze am Ende des Nachbartischs, Yucki neben mir. Am selben Tisch sind vier junge Leute, englische Offiziersanwärter, die sich noch in der Ausbildung befinden. Zwei arbeiten im Maschinenraum und zwei auf der Kommandobrücke.

Dann kommt die nächste Überraschung: die ruhige, selbstbewusste Präsenz der beiden jungen hübschen Frauen, die wie auf einem Luxusliner gestylt sind und uns mit gesenktem Blick und verschlossener Miene bedienen. Durch einen kleinen Raum gelangt man in die Küche, wo John, der englische Zahlmeister, auf eine Arbeitsfläche gestützt mit dem Anflug eines Lächelns die Oberaufsicht führt. Die gegenüberliegende Seite der Küche öffnet sich zu der angrenzenden Mannschaftsmesse. Auch dort kann ich zwei Schatten sehen, die unermüdlich zwischen Küche und Messe hin- und herlaufen.

Für uns sind die Portionen eigentlich zu üppig; aber offensichtlich sind es die Standardmengen. Der Kalorienverbrauch der Besatzung, die so angestrengt arbeitet, ist natürlich weit höher als unserer. Und schließlich kann ich ja selbst bestimmen, wie viel ich davon esse.

Der Geruch nach frischen Farbanstrichen und Maschinenöl, den ich unbewusst erwartet hatte, wird sich erst auf hoher See einstellen, wenn ich in die höllische Glut des Maschinenraums eintauche, wo meine Nase durch die Hitze noch feiner wird, oder wenn ich mich im Freien auf Deck befinde und der Wind hin und wieder einen Schwall übler Gerüche von einer dicht besiedelten Küste zu uns herüberträgt.

Außer uns sind noch vier weitere Passagiere an Bord; drei Amerikaner und ein Engländer. Alles Ruheständler, wie man richtig vermuten wird. Wer sonst könnte vier Monate an einem Stück um die Welt reisen? Es sei denn, man arbeitet an Bord, wie die Crew oder wie Yucki und ich, die ja in gewisser Weise auch aus beruflichen Gründen mitfahren. Unsere schöpferische Arbeit ist für uns Antrieb und Grund für diese Reise; für den Betrieb des Frachtschiffs ist sie freilich bedeutungslos. Aber momentan weiß noch niemand, dass wir die Absicht haben, der *Arunbank* mit unseren Bildern und Texten ein Denkmal zu setzen …

Die Neuankömmlinge nehmen am anderen Ende des Tisches Platz, so dass ein paar Stühle zwischen uns frei bleiben. So können Yucki und ich uns nach einer kurzen Vorstellung auf Englisch in unserer französischen Muttersprache weiter unterhalten.

Das Verhältnis zu unseren Co-Passagieren, denen unser Kapitän Jon (Kurzform von Jonathan) den hübschen Beinamen »sprechende Fracht« verpasst hat, bleibt auf der Reise eher kühl.

Zunächst haben wir da eine Gottesanbeterin mit sonorer Stimme und einer Leidenschaft für das Glücksspiel. Sobald wir irgendwo an Land gehen, stürzt sie in die nächste Spielhalle, um ihr Glück am Roulettetisch oder am einarmigen Banditen zu versuchen.

Des Weiteren beehrt uns ein etwas blasierter, allwissender Gelehrter, ein richtiger Meeresfreak, der mit uns die Welt zum zweiten Mal auf einem Schiff umrundet.

Ein netter Farmer aus einem entlegenen Kaff in Nebraska will

Der erste Blick auf die *Arunbank* im Hafen von Dünkirchen

sich mit dieser Reise über den Tod seiner Frau hinwegtrösten. Er hat sich zum ersten Mal in seinem langen Leben aus seiner vertrauten Umgebung entfernt. Da seine kulinarischen Vorlieben auf Steak und Kartoffeln reduziert sind, wird er mit der Zeit um einige Pfunde leichter. Auch seine modischen Vorlieben sind nicht sonderlich einfallsreich: Jeans, die er mit Gürtel und Hosenträgern trägt, dazu das unvermeidliche Flanellhemd und grobe Arbeitsstiefel.

Bis zum Panamakanal leistet uns außerdem ein englischer Reserveoffizier a. D. Gesellschaft. Ein Gentleman in Reinkultur.

Sehr viel später, in Papeete, steigt noch ein bärtiger, zahnloser Althippie zu; ein geiziges, bedauernswertes, unappetitliches, vergammeltes Relikt der Flowerpower der 1968er-Jahre. Er wird uns bis Singapur begleiten.

Genau genommen gehören Yucki und ich ja ebenfalls in die Kategorie der »sprechenden Fracht«, und ich möchte lieber nicht wissen, wie wir von unseren Artgenossen gesehen werden. Ansonsten halte ich zu ihnen Abstand, da sie für mich wie Fremdkörper in meinem Revier sind. Dass wir uns gleichzeitig am selben Ort eingefunden haben, um dasselbe Abenteuer zu teilen, ist im Grunde rein zufällig. In meinem Traum war jedenfalls kein Platz für sie. Ich bin überzeugt, dass sie nur hier sind, um der Eintönigkeit ihres Alltags zu entkommen. Wir jedoch haben vor, uns einen Einblick in den Bordalltag zu verschaffen, uns eine unbekannte Welt zu erschließen und das Ergebnis unserer Pilgerschaft im Nachhinein interessierten Zeitgenossen zugänglich zu machen.

Dünkirchen – Le Havre

Freitag, 14. August (Fortsetzung)

Als wir endlich mit vier Stunden Verspätung auslaufen, geht bereits die Sonne unter. Der Andrang an der Schleuse war in beiden Richtungen sehr hoch.

Bedächtiges Stampfen, ein Anflug von Schlingern. Der Ärmelkanal, unser erstes Meer. Vor Reiseantritt müssen wir noch die letzten Ladungen an Bord nehmen. Sozusagen als Aufwärmübung vor dem eigentlichen Start, als Generalprobe vor der Premiere. Ich fühle mich ein bisschen beschwipst, obwohl ich gar nichts Alkoholisches getrunken habe.

Wir fahren nachts. Das sanfte Vibrieren der Maschinen, 50 Meter unter mir, überträgt sich auf meinen Körper; das wilde Gebrüll aus den Tiefen des Schiffs ist hier oben nur noch als das sanfte Schnurren einer Katze zu hören. Ich liege lang ausgestreckt in meiner Koje, gebe mich ganz den Bewegungen des Schiffs hin und lasse mich im Schoß des Meeres sacht in das Reich der Träume wiegen.

Mitten aus einer Delfingruppe lächelt mir eine verführerische Sirene zu. Sie ergreift meine Hand und zieht mich in ihr Reich hinab – in das von Sonne und Licht durchflutete, gläserne Meer, einen magischen Spiegel aus flüssigem Kristall. Über mir schließt sich die Haut des Meeres wie zitterndes Quecksilber.

Jenseits des Kontinentalschelfs beginnt die Tiefsee. 9000 Meter tief geht es hinunter in die totale Finsternis mit ihren eigentümlich

Jon, der Kapitän

schillernden, monströsen Wesen, denen der gewaltige Wasser-druck nichts anhaben kann. Die Korallenbänke reflektieren vio-lettes Licht, mit Spuren von Orange und giftigem Grün.

Le Havre, Sonntag, 16. August

Sechs Stunden warten wir vor Le Havre auf dem offenen Meer, bis wir am Kai festmachen können: Alle Schleppboote und Schleusen sind ausgelastet. Ringsherum fieberhaftes, geschäftiges Treiben, im großen Hafenbecken ebenso wie auf unserem Schiffsdeck. Die Hafenarbeiter drängen zur Eile, weil bereits das nächste Fracht-schiff auf den Platz wartet. Vielleicht empfindet unsere Crew die-selbe Ungeduld wie ich, nach diesem stundenlangen Navigieren zwischen Dünkirchen und Le Havre wie auf einer Jungfernfahrt endlich auszulaufen. Inzwischen ist mir sogar der Spaß an meinen Positionsberechnungen vergangen.

»Wenn wir erst einmal auf dem Meer sind«, meinte Kapitän Jon, dem wir uns als Erstem in seiner Kajüte vorstellten, »wird die At-mosphäre an Bord lockerer. Dann sind wir ganz unter uns.«

Daraufhin meine unerschrockene Frage:

»Stört es Sie, dass Passagiere an Bord sind?«

»Ach was, natürlich nicht. Die Passagiere unterhalten uns, und sie sorgen für Abwechslung.«

Während des Golfkriegs kommandierte unser junger Kapitän ein Versorgungsschiff der britischen Marine. Angeblich hat man ihm damals den Spitznamen »Pascha« verpasst. Er ist groß, athletisch und trägt einen Bart. Seine Gesichtszüge wirken wie gemeißelt, und wenn er mich anschaut, dann weiß ich, dass er mein tiefstes Inneres sieht.

Im Lauf der Monate werde ich beobachten, dass er nur auf dem Meer völlig entspannt ist. Sobald wir in einen Hafen einlaufen, wird er nervös: Der Reedereiagent erwartet die Instruktionen per Fernschreiber, die Frachtpapiere müssen vorbereitet werden; er muss die Uniform anlegen, um den Lotsen zu begrüßen, und obendrein muss er darauf achten, dass sich mit den ständig aus- und eingehenden Schauerleuten keine Diebe einschleichen.

In unseren Laderäumen liegen die unterschiedlichsten Güter, von Mehl und Salz über Kraftfahrzeuge bis hin zu Betonstahl und Bauholz. Außerdem nehmen wir Container an Bord, für die der Befrachter die alleinige Verantwortung trägt; nicht einmal der Kapitän erfährt, was sie enthalten. Hinzu kommen noch viele Säcke, die unter Einsatz der Portalkräne und fahrbarer Hebevorrichtungen gleich tonnenweise verladen werden.

Unter der Leitung des unerschrockenen Kranführers, der 20 Meter über dem Boden schwebt, vollführen die hochbeinigen Riesenkräne ihr rasantes Ballett auf dem Kai, rasen mit Karacho auf die Mauer der 20 bis 40 Tonnen schweren Container zu und heben sie mit ihren Greifern in die Luft, mutierten Riesenspinnen gleich, die sich spielerisch an den Gewichten zu schaffen machen.

Aber lassen wir das; ich bin viel zu ungeduldig auf das Neue, um mich noch groß für das Treiben in europäischen Häfen begeistern zu können.

Le Havre – Cristobal

Montag, 17. August

In der Nacht stechen wir endlich in See … auch vor der letzten
Schleuse in Le Havre viel Andrang. Unter der feurigen Glut des
abendlichen Himmels gedulden wir uns in der Warteschlange.
Endlich grünes Licht. Nach und nach senkt die Nacht sich herab.
Dann gleiten wir aus dem Ärmelkanal auf den Atlantik hinaus.

Meine Bordaufzeichnungen sind eine Mischung aus subjektiven
Wahrnehmungen und Eindrücken, ergänzt durch kurze Dialoge,
Sachinformationen, Anekdoten, Namen und Porträts jener Menschen, mit denen ich die Zeit auf dem Schiff verbringe. Fragmente des Alltags zu einem großen Patchwork verwoben, Schwer-
punkte bilden die drei großen Themen: das Schiff, die Crew, die
Anlaufhäfen. Was Letztere betrifft, habe ich momentan noch sehr
vage Vorstellungen, die nur auf bruchstückhaften Kindheitserin-
nerungen, Lektüre und Fantasien beruhen.

Erste scheue Annäherungsversuche auf der Kommandobrücke.
Man hat uns versichert, dass wir uns jederzeit frei auf dem Schiff
bewegen können und überall willkommen sind – es sei denn bei
schlechtem Wetter auf dem Freideck.

Stanislav, der Erste Offizier, hat Wache von 16 bis 20 Uhr sowie
von vier bis acht Uhr morgens. Er ist Weißrusse, 47 Jahre alt, extrem wortkarg, lächelt kaum und hat tief liegende Augen und einen scharfen, durchdringenden Blick, den er meist über das Meer

schweifen lässt oder nach innen, den Kopf zwischen die massigen Schultern gesteckt. Aber im Verlauf meines Interviews, das sich um das Schiff dreht, wird er lebhafter.

»Als die *Arunbank* noch nicht unter britischer Flagge in die Südsee fuhr, hieß sie noch *Bratsk*. Das war auch der Name einer neuen Siedlung, die man in einer trostlosen Gegend im tiefsten Sibirien auf dem Schwemmland des Angara-Flusses angelegt hatte. Der Heimathafen war Wladiwostok. Ich war schon auf dem Schiff, bevor die russische Far East Shipping Company es an die Bank Line verkauft hat.«

Er erzählt mir, der englische Reeder habe damals vier russische Schwesterschiffe aufgekauft. Die neuen Schiffsnamen waren Kombinationen aus englischen Flussbezeichnungen und dem Namen der Reederei. Das Seegesetz schreibt vor, dass der Schiffsführer und der Chefingenieur britische Staatsbürger sein müssen. Auch die vier Offiziersanwärter und John, der Zahlmeister, sind Briten. Der Rest der Mannschaft ist russisch. Die meisten von ihnen stammen aus Sibirien. Sie kennen das Schiff noch aus der

Stanislav, der Erste Offizier

Zeit, als es unter sowjetischer und russischer Flagge fuhr und sind ihm nach dem Eignerwechsel treu geblieben. Sie wohnen fast alle in Wladiwostok, am Endpunkt der Transsibirischen Eisenbahn ...

Wladiwostok bedeutet: »Eigner des Ostens«. Heute ist der seit 1871 strategisch bedeutende Stützpunkt der russischen Pazifikflotte am Eingang zum Japanischen Meer, an der Grenze zu China und Korea, auch für den Reiseverkehr geöffnet.

Dario, der Chefingenieur, ist dem Kapitän in der Schiffshierarchie gleichgestellt. Er ist Engländer italienischer Abstammung. Ebenso wie Artur, sein Erster Ingenieur, freut er sich über unser Interesse an diesem Schiff, dem sie zu Diensten sind.

Dario ist von stämmiger Statur, in seinen besten Jahren. Er wirkt hellwach. Wenn er uns aus seinen dunklen Augen ansieht, scheint er von innen heraus zu lächeln, und er spricht mit gedämpfter Stimme. Das schlohweiße Haupthaar und der weiße Bart verleihen ihm eine gewisse Ähnlichkeit mit Vulcanus. Nur dass es in seinem Inferno keine Flammen gibt. Dario ist der Herr der Motoren. Er liebt seine Motoren. Und er ist selbst wie ein Motor.

»Die Männer auf der Brücke bestimmen unseren Kurs«, sagt er zu mir. »Sie müssen den Horizont absuchen, um uns sicher ans Ziel zu bringen. Aber ohne uns, ohne die Männer im Schiffsbauch, bliebe die *Arunbank* unbeweglich auf dem Wasser liegen ...«

Dario war vor dem Kauf des Schiffs zwei Monate als Schiffssachverständiger in Singapur.

Die Maschinisten erläutern uns die Besonderheiten unseres schwimmenden Dorfs. Die Konstruktion stammt aus einer Zeit, als die *Bratsk* noch durch das Eis der Nordmeere fuhr, zwischen Murmansk und Spitzbergen, von Wladiwostok durch die Beringstraße bis nach Pewek. Deshalb hat der Schiffsrumpf die Stärke eines Eisbrechers. Obwohl man im Frühjahr rechtzeitig auslief, um

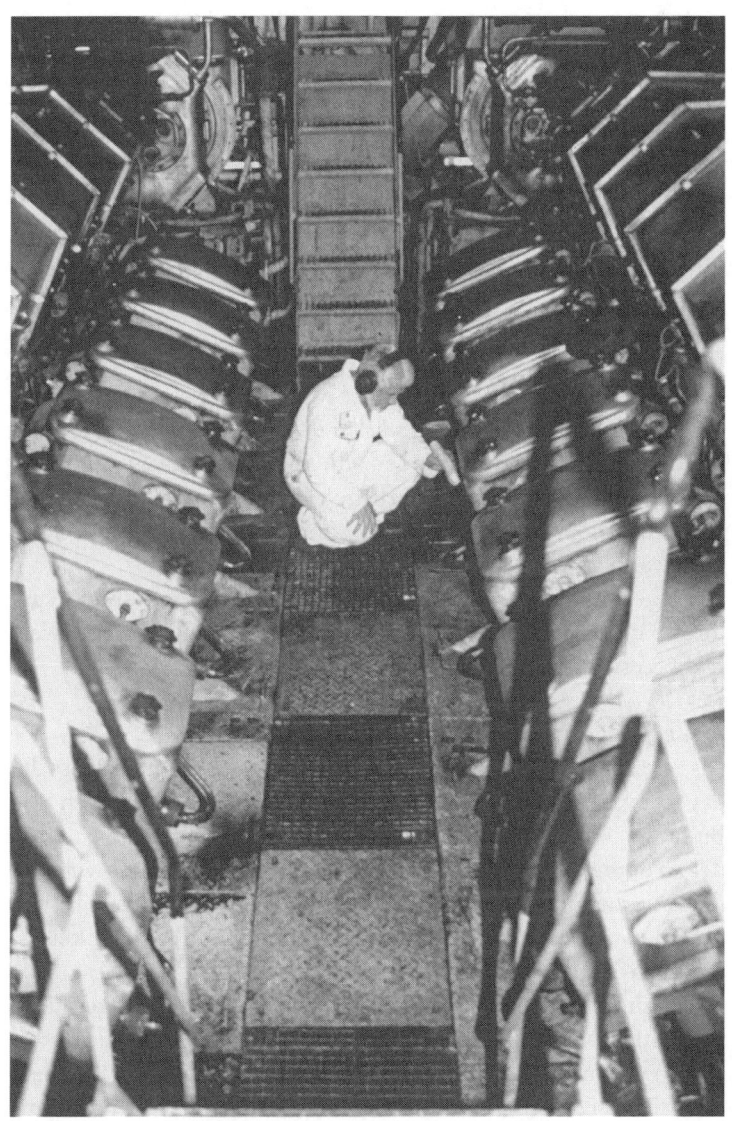

Dario, der Herr der Motoren in seinem Reich

in den eisfreien Wassern des kurzen nordischen Sommers zu fahren, war die Natur doch immer unberechenbar.

Die Besatzung ist, wie überall, zunächst eher kurz angebunden und bezeugt uns nicht mehr als höfliches Interesse. Aber mit der Zeit gelingt es uns, sie aus der Reserve zu locken; sie lassen uns an ihrem Wissen teilhaben, sie werden unsere Freunde und öffnen uns ihre Herzen.

Mittwoch, 19. August

Wir stoßen in die Gewässer der großen Walmigrationen vor. Hier liegen die unerforschten Tiefen des Meeres, hier schlägt das Herz des Planeten. Ich habe immer stärker das Gefühl, auf der *Arunbank* mein wahres Zuhause zu finden, ein mobiles Zuhause. Ohne die Zwänge des sesshaften bürgerlichen Daseins treten die Alltagsprobleme mehr und mehr in den Hintergrund und lösen sich irgendwann von selbst.

Vergessen wir die Stundenuhr und den unaufhaltsamen Fluss ihres Sandes, der aus der Zukunft durch die Enge der Gegenwart in die Vergangenheit rinnt.

Freitag, 21. August, der sechste Tag

Als ich mitten in der Nacht, gegen drei Uhr Bordzeit (das ist die der geografischen Länge entsprechende Tageszeit), durch das Bullauge in die Dunkelheit hinaussehe, entdecke ich die Umrisse der Azoreninsel Santa Maria. Ich habe den Eindruck, dass wir ganz dicht vorbeifahren, was jedoch nur eine durch atmosphärische Verhältnisse bedingte optische Täuschung ist. In Wirklichkeit ist die Küste fünf Seemeilen von uns entfernt.

Die dunkle, schlafende Insel sieht aus, wie von Licht gesäumt. Der Leuchtturm an der Südostspitze schickt drei weiße Lichtbündel in die Nacht. Als ich mir die Karte ansehe, stelle ich fest, dass die Küste hier steil abfällt: Im Moment ist das Wasser unter uns 17 700 Fuß (5395 Meter) tief. Tektonische Verwerfungen wechseln mit untermeerischen Gebirgsrücken in der Umgebung des Pico Alto, eines inaktiven Vulkankegels, der den Archipel dominiert und einen kleinen See in seinem Schacht birgt. Aus den umliegenden kleineren Vulkanen entweichen jedoch feine Rauchfahnen: der untrügliche Hinweis auf einen aktiven untermeerischen Krater, der eines Tages wieder Asche und flüssige Lava ausstoßen wird, die im Wasser zu Schlamm und zu Stein werden.

Als junger Mann kam ich bereits einmal an Bord der *Vulcania* durch den Archipel der Azoren. Nach einem Zwischenstopp in Neapel fuhren wir an Gibraltar vorbei mit Kurs auf Halifax. Ich entsinne mich noch gut. Die Spitze des Pico ragte aus einem Wolkenring und spie noch Feuer und Asche.

Wir nähern uns der großen Verwerfung, die durch die Kontinentaldrift entstanden ist. Im ewigen Dunkel der Tiefsee zieht sie sich als riesiger, gebogener Rücken von Norden nach Süden durch den Atlantik, von unzähligen Tiefseegräben flankiert. Außer den eigentümlich schillernden Monstern der Tiefsee hat heute dank einer hoch entwickelten Sonartechnik, selbstgesteuerter Videokameras, elektronischer Echolotverfahren sowie unbemannter oder bemannter U-Boote auch der Mensch Zugang zu dieser faszinierenden Welt – das ist auch ein Aspekt des technischen Fortschritts, den wir so oft abfällig mit »Zivilisation« gleichsetzen. Gleichwohl bleibt die Macht des Unsichtbaren. Es wird uns nie gelingen, Neptuns Privatreich mit der untergegangenen Atlantis auf Zelluloid zu bannen.

10 Uhr

Die Sonne brennt vom Himmel. Mit jeder Umdrehung des Propellers entfernen wir uns aus den Breiten, die wir gestern noch so angenehm erfrischend erlebten, und stoßen in die tropische »Waschküche« vor. Bis zum südlichen Wendekreis sind es noch vier Tage.

Die Dünung wird stärker, doch habe ich mich an das leichte Schaukeln schon gewöhnt. Wir werden das Meer bald viel rauer erleben. Noch sind wir ja im Atlantischen Ozean.

Egal ob ich wache oder schlafe, immer habe ich den Eindruck, unser schwimmendes Dorf sei eine große Wiege.

Im Maschinenraum

Gleich am ersten Tag dürfen wir den Chefingenieur Dario in den Schiffsbauch begleiten, in das Kraftwerk sozusagen. Kaum öffnet sich die stählerne Tür, bricht unerträglicher Maschinenlärm über mich herein, und was ich gestern noch mit dem Fauchen einer Raubkatze verglich, schwillt in meinen Ohren zum Wehgeheul unzähliger gemarterter Seelen, das mir durch Mark und Bein geht; erst der Ohrenschutz, den hier unten alle tragen, dämpft den infernalischen Lärm etwas.

Ein für Laien unergründliches Gewirr von Kesseln, Kabeln und Maschinen zieht sich über drei Stockwerke. Gigantische Heizkessel, Dampfkessel, Generatoren, Pumpen, Wasseraufbereiter, eine stickige, dampfende, glühende Hitze, die trotz all der Entlüfter und Absaugvorrichtungen nicht erträglicher wird. Die Temperatur in diesem Raum beträgt mindestens 50 Grad Celsius, und sie wird noch weiter steigen, wenn wir den Äquator erreichen.

Das Herzstück des Maschinenraums sind zwei mittelschnelle Dieselmotoren mit je 10 500 PS. Sie sind an eine horizontal gelagerte Antriebswelle gekoppelt, die mit 110 Umdrehungen pro Minute rotiert, also fünfmal langsamer als die Motoren. Der mächtige Stahlbaum hat einen Durchmesser von einem Meter und verschwindet in speziellen, mit Kugellagern ausgerüsteten Kammern. So wird die Schiffsschraube in Drehung versetzt, ohne dass Wasser in den Schiffsrumpf eindringen kann.

Alle zehn Minuten ertönt ein Signal, das die Offiziere und Mechaniker in den Kontrollraum ruft; dort gibt es eine Klimaanlage, die für eine Temperatur von angenehmen 30 Grad sorgt und damit für eine einwandfreie Funktionsweise der dort untergebrachten Steuerinstrumente. In ruß- und ölverschmierten weißen Overalls, meist mit einem Band um die Stirn, damit der Schweiß nicht in die Augen tropft, trocknen sich die Männer das Gesicht, trinken einen Schluck Wasser und warten einen Moment, bevor sie in ihr Inferno zurückkehren.

Aus den Tiefen meiner Erinnerung steigen Bilder auf. Ein Kesselraum in einem Passagierdampfschiff. Schuftende Heizer, schweißtriefende Haut mit glänzendem schwarzen Kohlenstaub überzogen. Rhythmisch schaufelten sie die Kohlen durch eine riesige Öffnung in den Ofen mit den lodernden Flammen, die mich blendeten und deren Gefauche und Gebrüll an einen wütenden Drachen erinnerten. Untermalt vom unaufhörlichen Tamtam des Ozeans, schwoll das Schnaufen und Stöhnen der in ihren Zylindern auf und nieder gehenden Kolben, dick wie Bäume und ebenso lang, zu einer einzigen fantastischen Symphonie, und ihre Kraft wurde über die glänzenden Nocken auf die Schraube übertragen.

Nachdem ich aus den Eingeweiden des Schiffs wieder nach oben gekommen bin, beuge ich mich über die Achterreling, sauge die trockene, saubere Meeresluft gierig in meine Lungen ein und betrachte die lange, schnurgerade, sprudelnde Bahn, die wir durchs Wasser ziehen. Eine schäumende, vergängliche Spur, aufgewirbelt von unserem unsichtbaren Propeller, dessen Radius fünf Meter beträgt; Dario sagt, dass ihn die vier Rotorblätter an die Flossen des Schwertwals erinnern.

Durch den neuen Verstellpropeller hat die *Arunbank*, die diese Gewässer schon so oft durchquert hat, heute eine veränderte Stimme.

Es könnte sein, dass die Delfine deshalb auf Distanz bleiben. Mit ihrem hochsensiblen Gehör identifizieren sie ein Schiff über seinen »Gesang«; wenn nicht, halten sie Abstand. Bei der nächsten

Zwischen Aufbauten und Containerwand

Passage des Schiffs werden sie es erkennen und sich heranwagen. Nur bin ich dann nicht mehr an Bord.

Samstag, 22. August

Herrliches Wetter. Am Vormittag Ausflug mit Yucki zur Back. Durch eine der beiden engen Stahltüren, die den einzigen Zugang zum Deckaufbau darstellen, eine Hand auf dem rostigen Handlauf, steigen wir langsam den an der Außenwand entlangführenden Niedergang aus Metall zum Hauptdeck hinunter. »Eine Hand fürs Schiff, die andere für mich.« So ähnlich lautet eine Redensart, die unser Kapitän zu wiederholen nicht müde wird. Yucki hat sie gleich ihren Bedürfnissen angepasst: »Eine Hand fürs Schiff, die andere für meine Kamera.«

Unten kommt uns Anatolij entgegen, dem der wiegende Seemannsgang, der ihn gegen die Unwägbarkeiten der See schützen soll, im Lauf der Jahre in Fleisch und Blut übergegangen ist. Er erinnert mich an die paradierenden Pioniere der Fremdenlegion ... Lächelnd begrüßen wir uns. Auf meine Frage hin erklärt er mir, er müsse kontrollieren, ob die Eckstücke an den Containern wirklich fest verschraubt sind; sonst könnte sich bei stärkerem Seegang das Gewicht der an Deck gestauten Ladung verlagern, was die Stabilität des gesamten Schiffs gefährden würde.

Um einen Überdruck in den Ballasttanks zu verhindern, sind auf dem Hauptdeck in größeren Abständen dicke Entlüftungsrohre angebracht, deren gebogene Enden an Krummstäbe erinnern. Dreitausend Tonnen Wasser plätschern in den Hohlräumen zwischen der äußeren und der inneren Haut des Schiffskörpers. Die leichten Schaukelbewegungen erzeugen eine ernste, getragene Melodie, ein Stöhnen fast, untermalt vom Fauchen der Dünung – es ist wie der Atem des Schiffs.

Das Mitführen von Ballastwasser, dessen Menge mit dem Gewicht und der Verteilung der Ladung variiert, gewährleistet einen ausgeglichenen Trimm. Anders ausgedrückt, es verleiht unserem schwimmenden Koloss eine bemerkenswerte Stabilität. Da sich der Ladeplan von Hafen zu Hafen jedoch verändert, ist es die Aufgabe des Ersten Offiziers, ständig neue, komplizierte Berechnungen anzustellen.

Gleich in der Nähe befindet sich einer der hochleistungsfähigen Lüfter, der die heiße, stickige Luft aus dem Maschinenraum saugt, die den Männern dort so zusetzt. Trotzdem herrscht unten noch eine glühende Hitze, und die Luftfeuchtigkeit bleibt sehr hoch.

Die Geräusche werden immer dumpfer, je weiter wir uns auf dem schmalen Umgang steuerbord vorantasten, auf der einen Seite eine Wand aus gestapelten Containern, auf der anderen der Abgrund. Extrem vorsichtig bahnen wir uns einen Weg zwischen Ölflecken, Hydranten und Kabelgewirr über den glatten Metallboden. Eine einzige falsche Bewegung, ein einziger Ausrutscher, und wir stürzen in die Tiefe! Bestimmt ist niemand an Bord erpicht darauf, ein verzweifeltes »Mann über Bord« zu hören.

Das Tempo der Wellen, die nur wenige Meter weiter unten ruhig und sanft schäumend vorbeiziehen, ist durch die Schiffsgeschwindigkeit von 18 Knoten, also 18 Seemeilen pro Stunde, vorgegeben. In unserer Kajüte, rund 50 Meter über dem Hauptdeck, habe ich das Gefühl, dass wir viel langsamer sind. Je größer der Abstand, desto geringer erscheint das Tempo …

Während wir uns immer weiter vorangearbeitet haben, ist die Geräuschkulisse verebbt. Wir gehen über eine Treppe auf den Focksel, darunter versteht man einen kleinen Wachtturm, der heutzutage überflüssig geworden ist. Früher als es weder Radar, noch Sonar oder andere elektronische Instrumente an Bord gab, hatte der Turm dieselbe Funktion wie das so genannte Krähennest auf großen Segelschiffen: Dort stand der Ausguck während des Anlege- oder Ablegemanövers oder beim Lavieren zwischen Untiefen, Sandbänken und Riffen.

Um zu dem erhöhten Aufbau des Vorschiffs zu gelangen, den heute keine Galionsfigur mehr ziert, gehen wir um die Spills, das sind motorbetriebene Vorrichtungen zum Ankerhieven und -ablassen oder zum Verholen der Trossen; dann folgen wir der Reling und steigen über die schweren Ankerketten, deren faustdicke, ovale Glieder einen Durchmesser von jeweils 50 Zentimetern haben.

Absolute Stille auf der Back, nur das Geräusch des Fahrtwindes und des klatschenden Wassers, das unser Bug durchschneidet. Der unförmige Wulstbug, ein bis zwei Fuß unterhalb der Wasserlinie, soll die heranströmenden Wassermassen verdrängen und den Schiffswiderstand und somit den Brennstoffverbrauch reduzieren.

Ich atme tief ein, und meine Lungen füllen sich mit der Luft voller Gischt. Auf das Schandeck gestützt, blicke ich weit über das glitzernde Wasser unter der Sonne bis zum Horizont. Unwillkürlich denke ich an Noahs Arche, die nach der Sintflut mit den geretteten Tieren und Pflanzen auf dem Wasser herumirrte, 40 Tage und 40 Nächte lang. Wer weiß, ob sich die Erde damals überhaupt noch drehte.

Unablässig pflügt der Schiffsbug die flüssigen Ebenen und schiebt den Horizont vor sich her. Nur wenn Land in Sicht ist, scheint er uns entgegenzukommen. Ansonsten endlose Weite, das Blau des Meeres und die weiße schäumende Gischt.

Der britische Passagier, der mit uns den Atlantik überquert, sieht aus wie ein englischer Don Quichotte: ein hoch gewachsener, knochiger, ausgemergelter Mann mit strohgelben Haaren, die in besseren Jahren einmal rot gewesen sein müssen. Er lebt nur noch in seinen Erinnerungen, seine Manieren sind tadellos, seine Ausdrucksweise ein bisschen umständlich. Sein unablässiges Lächeln entblößt ein kräftiges Gebiss. Seine Windmühlen dürften irgendwo jenseits der Wolken liegen.

Dreimal täglich – pünktlich um sechs, um zwölf und um 18 Uhr – erscheint er in der blendend weißen Uniform des Schiffsleutnants der *Royal Navy* Ihrer Majestät der Königin von England, der er vor Jahrzehnten einmal gewesen ist. Er schiffte in Dünkirchen ein mit dem Ziel, seine Kenntnisse im Umgang mit dem Sextanten wieder aufzufrischen. Mit Hilfe dieses traditionellen nautischen Instruments wurde auf den Galeonen der Vergangenheit die Schiffsposition bestimmt. Unser Engländer fährt bis Panama auf der *Arunbank* mit, wo er sich von einem Lotsen an Land bringen lässt. Wir legen dort nicht an, und Jon hat weder das Recht noch die Absicht, dafür ein Beiboot klarmachen zu lassen.

Die Schiffsoffiziere nennen den verschrobenen Idealisten von Anfang an nur »Admiral«. Wahrscheinlich hat er es nie erfahren, und wenn, dann hätte es ihm gewiss geschmeichelt. In kürzester Zeit ist der Spitzname in aller Munde. Ein Schiff ist eine Art Enklave, in der sich Neuigkeiten mit dem Tempo eines Lauffeuers verbreiten. Es wird viel geredet und gemunkelt, und die Gerüchteküche brodelt.

An diesem Samstag, dem 22. August, als die Sonne im Zenit steht, begibt sich der Admiral zur Positionsermittlung aufs Peildeck, das ich von jetzt an aus Gründen, die ich noch erläutern werde, als »Affeninsel« bezeichne. Unser Offizier a.D. forderte mich am Frühstückstisch auf, ihn zu begleiten, er würde mich in ein uraltes Ritual einweihen, das bis heute zum Lernstoff nautischer Ausbildungsakademien gehört, wie ich später erfahre. Nicht allein, um alte nautische Traditionen zu pflegen, sondern weil die Beherrschung des Sextanten und des Morse-Alphabets im unwahrscheinlichen Fall des gleichzeitigen Ausfalls sämtlicher elektronischer Kommunikations- und Navigationsinstrumente wie Funktelefon, Fax, Fernschreiber, Internet, Satelliten- und Radarnavigation, Echolot, Plotter und was weiß ich noch alles, sowohl für die Besatzung als auch für das Schiff die letzte Rettung bedeuten kann.

Ich bin mir nicht sicher, ob auch noch die Blink- und Flaggenzeichen gelehrt werden, mit denen früher der Informationsaustausch von Schiff zu Schiff vonstatten ging. Im Zweiten Weltkrieg hatten die jungen Matrosen spezielle Wimpel, die sie nach einem bestimmten Code hin und her bewegten. Auf diese Weise konnte der Feind die Signale nicht abfangen.

»Wenn es nach Bordzeit 14.52 Uhr ist,« beginnt der Admiral, »ist es nach dem Sonnenstand ungefähr zwölf Uhr mittags. Aber nur ungefähr, weil sich gestern zum Beispiel die Sonne um 12.03 Uhr exakt auf der Nord-Süd-Achse befand. Wären wir am Äquator, stünde sie senkrecht über uns. Die Abweichung von drei Minuten auf unserer aktuellen Position wird durch die Rotationsgeschwindigkeit der Erde verursacht ... Der Wert entspricht 12.52 Uhr UTC (universal time coordinated, koordinierte Weltzeit).«

Mir brummt der Schädel – Mathematik war nie meine Stärke. Ich hätte mir die Sache mit der gravitativen Lichtablenkung vielleicht doch einmal von meinem alten Freund Albert Einstein erklären lassen sollen! ... Als ich ein kleiner Junge war, durfte ich ihn nämlich manchmal auf seinen Waldspaziergängen am Westufer des Lake Placid begleiten; damals wusste ich noch nicht, dass er ein Genie war. Und hätte ich es gewusst ... er hätte meine Gesellschaft wohl weniger geschätzt. Der Kult um seine Person war ihm ein Gräuel; er isolierte sich ganz bewusst, um dem Rummel der Medien und seinen Bewunderern zu entkommen. Ich war für ihn eben ein kleiner Junge, der im Holzhaus nebenan wohnte, und er für mich ein älterer Herr, den ich mit »Onkel Albert« anzureden pflegte.

Das Blau und die Transparenz des Wassers intensivieren sich von Stunde zu Stunde. Aus dem spiegelglatten Meer kommen wir in eine tiefe Dünung, ohne sichtbare Wellen fast, nur lange, sanfte Bewegungen der See. Dünungswellen werden nicht unmittelbar durch Winde erzeugt; sie unterliegen den Kräften des Mondes.

Im Lauf des Vormittags erscheint eine leuchtend gelbe Spur in unserem Kielwasser, Blütenpollen gleich. Auf meine Frage hin wird mir gesagt, es handele sich um Palmölrückstände. Die Tanks werden gewaschen, weil sie im nächsten Anlaufhafen neu beschickt werden. Ranzige Rückstände könnten das nächste Ladegut verderben.

Während der Fahrt muss das Öl auf 45 Grad Celsius gehalten werden. Bevor es entladen wird, erhöht man die Temperatur jeden Tag um ein weiteres Grad bis auf 55 Grad Celsius, um es zu verflüssigen. Anderenfalls ginge das Öl in den festen Aggregatzustand über. Für die Umwelt ist dies übrigens völlig unbedenklich. Es handelt sich um ein rein pflanzliches Produkt, das sich in kürzester Zeit abbaut.

19.32 Uhr

Plötzlich zerreißt ein schriller Daueralarm die Stille auf der Brücke, ein hoher Piepton legt sich darüber, der sich in Abständen von Sekunden wiederholt. Ein Seenotruf. Der wachhabende Offizier eilt an einen Bildschirm, um die Position des in Seenot geratenen Schiffs abzulesen: 21° Süd, 58° Ost.

Das Schiff befindet sich irgendwo zwischen Mauritius und Rodriguez, den von mir so geliebten Inseln im Indischen Ozean. Tausende von Seemeilen entfernt. Dank der modernen Technik reicht der verzweifelte Notruf über die Weltmeere.

Egal wo und auf welchem Schiff man sich in diesem Moment befindet – niemand könnte sich damit herausreden, er habe nichts davon gewusst.

Jedes Jahr verunglücken rund 200 Schiffe – Segelboote, Frachtschiffe oder auch Fährschiffe. In etwa 3000 Fällen stellt sich der Notruf als blinder Alarm heraus. Aber wer kann das vorher wissen? Nach dem internationalen Seegesetz ist jeder Seemann dazu verpflichtet, einem in der Nähe befindlichen Schiff, das in Seenot geraten ist, Hilfe zu leisten.

Montag, 24. August

9 Uhr

Das Meer liegt ruhig unter dem wolkenlosen Himmel, so dass ich einige Minuten lang dachte, die Maschinen stünden still und das Schiff gleite antriebslos weiter.

»Wir haben eine der beiden Maschinen gestoppt«, erklärt Dario. »Erstens ist es höchste Zeit für eine Inspektion, und zweitens sind wir viel zu schnell. Wir müssen erst am 30. August um zwei Uhr morgens am Panamakanal sein.«

Der Kraftstoff

Die Drosselung der Schiffsgeschwindigkeit auf 16 Knoten führt zu einer Kraftstoffersparnis von 22 Tonnen pro Tag. Wir sind mit insgesamt 2600 Tonnen Schweröl auf die Reise gegangen, dick, schwarz und zähflüssig wie Teer. Um den Wirkungsgrad zu optimieren, wird es vor dem Verbrauch in zwei Ölheizkesseln auf 125 Grad erhitzt und verflüssigt.

Das Kühlsystem der Motoren funktioniert über die Verdunstung des im Leitungsnetz zirkulierenden Meerwassers beim Kontakt mit dem Heizkesselsystem. Die Systeme sind durch eine Stahlwand voneinander getrennt, damit sich in den Motoren keine Salzablagerungen bilden. Bei Reisebeginn waren es noch die Kalkablagerungen aus dem mitgeführten Süßwasser, die eine permanente Reinigung bestimmter Teile notwendig machten. Auf hoher See kann destilliertes Wasser jedoch nicht in ausreichenden Mengen erzeugt werden, das wäre Energieverschwendung.

Punkt zwölf Uhr nach der Bordzeit. Ein Alarmton in den Gängen erinnert daran, dass dies der richtige Zeitpunkt ist, die Differenz zur Sternzeit zu ermitteln. Ich halte mich zu dieser Zeit, wenn möglich, auf der hinteren kleinen Plattform auf, auf einem Absatz des mit Gittern versehenen Niedergangs, der zu beiden Seiten des Kaminschachts sämtliche Decks miteinander verbindet.

Ich bin wie ein Einsiedlerkrebs, der sich in seine Schale zurück-

43

zieht, und meine Autonomie geht mir über alles. Deswegen muss ich wissen, wo wir uns in der Weite des Ozeans gerade befinden. Es ist ein Spiel für mich, reines Privatvergnügen, schließlich nehme ich ja keinen Einfluss auf unseren Kurs und könnte mich deshalb ebenso gut dem Nichtstun hingeben, ohne einen Gedanken darauf zu verschwenden, wo und in welchen Gewässern wir navigieren. Mein tragbares GPS in der Hand, bestimme ich also unsere Position, während sich der Admiral des Sextanten bedient, genau wie ich aus freien Stücken und aus denselben Gründen. Sobald ich mein Ergebnis habe, eile ich auf die Kommandobrücke und vergleiche es mit den Angaben des Wachoffiziers, die natürlich auf einer ausgefeilteren Schiffstechnik beruhen. Aber mein Spielzeug kann sich sehen lassen: Die Differenz beträgt nur zehn Meter. Und man muss mir zugute halten, dass ich mich rund zehn Meter weiter auf dem Oberdeck befand.

Inzwischen weiß jeder Offizier auf dem Schiff von unserem Buchprojekt und wieso man Yucki nie ohne ihre Kamera an Deck sieht. Sie ist immer auf dem Sprung, immer bereit, noch ein Bild einzufangen … Aleks, der Zweite Offizier, hat versprochen, mir eine Kopie seiner Tagesaufzeichnungen zum persönlichen Gebrauch zu überlassen. Für heute, den 24. August, sehen sie so aus:

M.V. ARUNBANK Position mittags. Reise SP 107
12 Uhr Ortszeit
Breitengrad 26°37′6″ Nord
Längengrad 049°30′6″ West
Erneut 16,58 Knoten Geschwindigkeit
Zurückgelegte Strecke in 24 Stunden: 398 Seemeilen
Gesamtstrecke in 158,4 Stunden: 2742 Seemeilen
Wind: 0 Knoten
Meer: ruhig, Stärke 0
Dünung: 1 Meter

Entfernung bis Panama: 2016 Seemeilen
Geplante Ankunftszeit in Cristobal (Panama): 30. August, 02
  Uhr
Vorgeschriebene Durchschnittsgeschwindigkeit: 14,61 Kno-
  ten
Bemerkung: heute Nacht 1 Stunde minus

In 158 Stunden haben wir die halbe Atlantiküberquerung hinter
uns. Da wir immer nach Westen fahren, müssen wir die Uhren
heute Nacht erneut eine Stunde zurückstellen. Noch liegt die See
ruhig da.

Zum Mittagessen gehen wir nach unten. Die Essenszeiten glie-
dern den Alltag an Bord. Frühstück wird zwischen sieben und acht
Uhr serviert, Mittagessen zwischen zwölf und 13 Uhr, Abendessen
von 18 bis 19 Uhr – für unsere Begriffe sehr früh, aber hier lebt
man mit dem Rhythmus der Sonne, denn die Decksleute brauchen das Tageslicht, um ihre Arbeit zu verrichten. Die Maschinisten hingegen arbeiten bei künstlichem Licht. Sie gewährleisten
die Wartung der Maschinen rund um die Uhr.

Die Küche ist an beiden Enden offen – auf der einen Seite grenzt
sie an die Offiziersmesse, auf der anderen schließt die Mannschaftsmesse an. Ansonsten sind keine Unterschiede zu bemerken. Alle genießen dasselbe Essen, zur selben Zeit, in gleicher Weise angerichtet. Wie schon erwähnt haben wir auch vier hübsche
junge Frauen in der Crew. Natascha und Anja kennen wir bereits;
heute bedient uns Yevgenia. Die Anglophonen nennen sie einfach
Jenny, weil sie mit der russischen Aussprache Schwierigkeiten haben. Ich hingegen bin ganz erpicht darauf, mir ein paar Brocken
Russisch anzueignen. Zur Begrüßung ein herzliches *priviet, kak
dzila?* (Hallo, wie geht's?), zum Dank ein *spassiba*. Und mit *nazdrovie!* stoßen wir an. Auf diese Weise fällt es mir leichter, Kontakte zu
knüpfen. Und obwohl meine Aussprache eher mangelhaft ist, ha-

be ich das Gefühl, dass sie meine kleinen Aufmerksamkeiten und meinen Respekt vor ihrer Herkunft zu schätzen wissen …

Valentina arbeitet in der Küche und bedient in der Mannschaftsmesse. Die anderen drei Schönen halten die Kajüten der Crew und der Passagiere in Ordnung; sie müssen die Tische decken, abräumen, die Tisch- und Bettwäsche waschen. Ebenso wie ihre männlichen Kollegen haben sie eine Wochenarbeitszeit von 77 Stunden.

Vier Frauen und 30 Männer, die meisten von ihnen unter 40, in den besten Jahren, von ihren Familien getrennt. Bald stelle ich fest, dass es in dieser abgeschlossenen Welt weder Platz für Anzüglichkeiten noch für sexuelle Belästigungen gibt; jedenfalls scheint es mir so. Früher soll man so genannte entehrte Frauen mitgenommen haben, die in jeder Hinsicht für das leibliche Wohl der Männer zu sorgen hatten. Noch früher glaubte man, eine Frau an Bord bringe Unglück über das Schiff.

»Ich habe nichts dagegen, wenn eine Stewardess mit einem der Männer flirtet oder ein Verhältnis mit ihm eingeht«, sagt der Kapitän. »Ihr Privatleben geht mich nichts an, solange jeder seine Arbeit macht und es keine Rivalitäten unter den Männern gibt.«

Jon ist der Herr des Schiffs. Er sieht alles, er hört alles, er weiß alles, was vorgeht, sagt aber nichts dazu. Und sollte dies doch einmal notwendig sein, bespricht er die Sache unter vier Augen mit den Betroffenen. Ein einziges Mal habe ich erlebt, dass er die Beherrschung verlor, als es auf der Kommandobrücke zu einem gemeinschaftlich begangenen Fehler gekommen war. Und obwohl ich mir selbst nicht das Geringste vorzuwerfen hatte, fühlte ich mich solidarisch mit den Männern und hätte mich am liebsten in ein Mauseloch verkrochen.

Aber kurze Zeit später war alles wieder in Ordnung. Jon ist nicht nachtragend; hat er seinem Zorn Luft gemacht und der Fehler ist bereinigt, ist die Sache für ihn erledigt. Wenn er sich ärgert, lässt er den Ärger heraus, um seinen Kopf für wichtigere Dinge frei zu halten.

Jon ist wirklich ein guter Chef. Ich hätte Lust, ihm ein Figur der drei berühmten chinesischen Affen zu schenken.

Dienstag, 25. August

Die Uhr um eine Stunde zurückstellen heißt, dass man eine Stunde länger schlafen und träumen kann.

Wir haben unser erstes Gewitter durchquert, bei dem das Meer relativ ruhig geblieben war. Heute früh war die Sonne wieder erschienen, hüllte sich im Lauf des Tages aber erneut in Wolken. Wir halten immer noch direkt Kurs auf die Monapassage zwischen der Dominikanischen Republik und Puerto Rico und nähern uns jetzt der Sargassosee.

10.30 Uhr

Der Kapitän inspiziert die Kajüten, angeblich um die Funktion der sanitären Anlagen und der Stromversorgung zu überprüfen. Ich glaube jedoch, dass er die Arbeit der Frauen kontrollieren will. Der Besuch »bei uns«, wie wir schon sagen, dürfte aber wohl als nette Geste zu verstehen sein, nachdem wir ihn gestern zum Kaffee nach *Honiara*, in unsere Kabine, eingeladen haben.

Unsere Suite grenzt an die Räume von Jon. Er und Dario sind die Einzigen an Bord, die über mehr Raum verfügen als wir: Konferenzraum, Büro, Wohnzimmer, Schlafzimmer.

Jon und Dario stehen auf derselben Stufe in der Hierarchie. Acht Monate im Jahr leben und arbeiten sie in ihrem schwimmenden Haus.

Jeden Morgen kommt Natascha, um den Teppich zu saugen und den Abfall mitzunehmen. Sie ist 37, brünett, lebhaft, freundlich, hübsch, mit katzenhaften Bewegungen. Sie stammt aus Sibirien und lebt in Wladiwostok mit ihrer Schwester und ihrer Nichte zusammen.

Sie gibt Eiswasser in unsere Thermoskanne und füllt unsere Obstschale auf, sie ergänzt unsere Vorräte an Keksen und Instantkaffee und achtet darauf, dass immer genug Joghurt für Yucki im Kühlschrank ist. Yucki erscheint nämlich nicht mehr beim gemeinsamen Frühstück. Beim Anblick der anderen Passagiere, die schon am frühen Morgen Berge von Rührei, Räucherspeck, Gemüse und Fleisch verdrücken, war ihr nach drei Tagen der Appetit vergangen. Ich gehe morgens in den Frühstücksraum, um auf die Schnelle eine Tasse Kaffee zu trinken. Dann nehme ich zwei Scheiben Toast mit Butter und Marmelade auf einem Teller mit in unsere Kajüte.

Die Betten machen wir selbst, um Natascha zu entlasten. Sie arbeitet sowieso elf Stunden am Tag, und das sieben Tage die Woche. Offensichtlich weiß sie das zu schätzen. Sie, Anja und Yevgenia, mit denen sie sich den Putzdienst teilt, kommen normalerweise nicht in den Genuss solcher kleiner Aufmerksamkeiten. Während der gesamten Dauer der Reise kümmert sie sich um unseren Haushalt. Bald begrüßt sie uns mit Küsschen. »Ihr seid meine Lieblingspassagiere.«

Unter der Sonne hat das wogende Meer die Farbe von durchscheinendem Königsblau, eine zähflüssige gläserne Masse, die durch die ständig rotierende Schraube aufgerührt wird. Changierende Farben, die in bläulich schimmerndes Weiß übergehen. Die Spur der Gischt. Hier und da erscheint ein Kratzer auf der Spiegelfläche: ein Fliegender Fisch.

Unterhalb der Reling treiben Bänder grünlich brauner Algen auf dem Wasser. Wir überqueren den gewellten Saum der Sargassosee von Süden her. Der schwimmende grüne Fleck breitet sich zu einem beunruhigenden Teppich aus, der dem Rhythmus der Strömungen und Jahreszeiten folgt. Dieser Tang schützt den Nachwuchs der Aale, die sich eines Tages auf den Weg in die Heimat machen, über den Strand und in die Flussläufe hinein, immer gegen den Strom schwimmend, der Quelle entgegen, falls sie nicht vor Erschöpfung unterwegs auf der Strecke bleiben.

Im Zentrum der Sargassosee befindet sich das Bermudadreieck, Schauplatz geheimnisumwobener Geschehnisse, aber auch ganz reeller Dramen. Die Veteranen der Luftfahrt bezeichneten diese Zone als »die dunklen Meere«.

In meinen Träumen spuken untergegangene Schiffe und verschwundene Flugzeuge, und aus dem leisen Rauschen der Gischt höre ich das Klagen und Wimmern vermisster Seeleute und Piloten.

Ein bewölkter Nachmittag, Windstärke fünf und eine schwere Dünung. Wir dringen über den südlichen Wendekreis in die äquatoriale Zone ein. Ein Stück weiter nördlich liegt der untermeerische Nares-Graben, der so tief ist wie der Mont Blanc hoch. Die Wassertemperatur beträgt 28 Grad, die Lufttemperatur 36 Grad.

Mittwoch, 26. August
Wir nähern uns den Antillen. Sie liegen auf demselben Meridian wie Halifax in meinem geliebten Neuschottland – nur 5 600 Seemeilen weiter nach Süden.

Unser Mikrokosmos ist aus dem Stoff, aus dem Romane sind. Das geringste Detail ist in der Stimmung, die sich auf hoher See einstellt, wenn ein Zyklon herannaht, von Bedeutung – als gäbe es nichts Wesentliches mehr außerhalb; fremdartige Gerüche, die sich mit dem Jodgeruch des Meeres mischen, weht der Wind von der Küste heran. Seit letzter Nacht nimmt das Schlingern zu, die See wird heftiger und grau.

15 Uhr
Auf einem Niveau mit dem Maschinenraum befindet sich eine Schwimmhalle, wo man unter dem feierlichen Blick eines Frauenakts im Wasser badet. Es mag sich um eine Tochter von Nereus

49

handeln, mit dem mädchenhaften Körper und den Zügen der Venus von Botticelli. Eine Undine auf ihrem ekstatisch-übermütigen Delfin, Sirene, Traumgestalt und Dichterin in einem, dem Wasser entstiegen …

Das salzige Wasser liegt stabil im Becken und ist sehr warm, um die 30 Grad. Die Metallwände, die das Becken umgeben, vibrieren unter den Schlinger- und Stampfbewegungen des Schiffes. Von jetzt an baden wir fast jeden Tag unter den Augen der bezaubernden Nymphe.

Vom Peildeck lasse ich einige Meter Kupferdraht als meine private Empfangsantenne außen an der Wand der Deckaufbauten hinunter. Ein kleines Transistorradio überträgt von den ehemaligen Inselkolonien schwache Gurgelgeräusche, ein paar Noten Musik, spanische, französische und englische Wortfetzen; das Rauschen wird durch Sonnenwinde und die Strahlen des Van-Allen-Gürtels verursacht.

Ein Wirbelsturm

Seit ein Uhr morgens Kursänderung und Beschleunigung auf 18 Knoten. Wir sind auf der Flucht vor dem Wirbelsturm Danielle. Das Ungetüm ist zwar immer noch 500 Seemeilen backbord achteraus, dafür aber um zehn Knoten schneller als wir. Nach den Vorschriften des Seewetteramtes muss ein Schiff mindestens 250 Seemeilen Abstand zum Auge halten, um kein Risiko einzugehen. Ohne unsere Vorsichtsmaßnahmen hätte uns dieser verheerende Zerstörer bis zum Abend eingeholt und die *Arunbank* mit Mann und Maus geschluckt …

Egal ob Zyklone, Untiefen oder Piratenschiffe: Sobald das Schiff in eine Gefahrensituation gerät oder auch nur geraten könnte, ist der Kapitän zur ununterbrochenen persönlichen Präsenz auf der Kommandobrücke verpflichtet, unter Umständen eine ganze Woche oder gar zwei. Im Verlauf unserer Reise, wo wir in jede der erwähnten Gefahrensituationen geraten, wird Jon dieser

Die Kommandobrücke

Pflicht also mehrmals nachkommen müssen. Heute erleben wir den ersten Risikofall. Auf einer Bank vor einem der drei Radarschirme liegt ein Kopfkissen, das den Abdruck des müden Hauptes unseres Kapitäns zeigt. Der Herr und Gebieter über unser aller Leben lässt sich das Essen auf die Brücke bringen, schläft zwischendurch ein, zwei Stunden und hält sich ansonsten rund um die Uhr in Bereitschaft, den wachhabenden Offizier von seinen Aufgaben zu entbinden, sobald dies erforderlich ist.

Ein Schiffsunglück durch eigenes fehlerhaftes oder fahrlässiges Verhalten kann das Ende seiner Karriere bedeuten. Von den drakonischen Gesetzen, wie sie anno 1720 im zaristischen Russland galten, ist man inzwischen allerdings abgekommen.

SEEGESETZGEBUNG DES ALLRUSSISCHEN HERRSCHERS,
ZAR PETER DER GROSSE: BUCH 5, KAPITEL 4, ABSATZ 47:

Für den Fall, dass ein Schiff an einer Klippe zerschellt, auf Grund läuft oder durch ein Feuer zerstört wird, ist der Kapitän bzw. der Kommandant des Schiffs in Haft zu nehmen.

51

Falls die Untersuchungen ergeben, dass er den Schiffsverlust durch eigene Fahrlässigkeit verschuldet hat, wird er, gemessen an der Schwere seiner Schuld, entweder mit dem Tode bestraft oder zu lebenslänglicher Zwangsarbeit auf den Galeeren verurteilt.

Die Brücke liegt im diffusen Licht der phosphoreszierenden Bänder von Kontroll- und Steuerpulten. Als Zaungast versuche ich mich möglichst unsichtbar zu machen, um die Wachoffiziere nicht zu stören.

Da wissenschaftliche Berechnungen bei mir unweigerlich zu falschen Ergebnissen führen, genügt mir die Information, dass ein Schiff im südlichen Halbkreis eines Wirbelsturms, der sich auf der nördlichen Erdhalbkugel gegen den Uhrzeigersinn dreht, für Schiffe noch navigierbar ist. Die *Arunbank* wird in diese Sicherheitszone gelangen, ohne das geringste Risiko einzugehen. In einem anderen Bereich des Wirbels wäre sie allerdings so gut wie verloren.

Wirbelstürme ziehen in der Regel nach Norden, aber sie sind manchmal kapriziös: Sie überqueren den Äquator und setzen ihren Derwischtanz in derselben oder auch in umgekehrter Richtung fort. Das Phänomen ist absolut unberechenbar und folgt keinen festen Regeln ... Mit dem umgekehrten Drehsinn jenseits des Äquators kehrt sich natürlich auch der schiffbare Bereich in die Gegenrichtung um.

Wir fuhren vor einer schwarzen Bö her, die unser Heck anpeilte und sich dann unversehens in Luft auflöste, bevor sie uns erreichte. Allerdings war es wohl kein Wirbelwind, sondern ein gewöhnliches Gewitter. Die stärkere See, die das Schiff in Schlingerbewegungen versetzt, ist eine Folge der Ausläufer solcher Winde. Begegnungen dieser Art sind auch in Zukunft nicht auszuschließen. Der Name eines Wirbelsturms variiert mit der Region, in der er auftritt: Taifun (chinesisch *taï fun* = starker Wind), Hurrikan (aus dem Kreolischen), Zyklon oder Wirbelsturm; hinzu kommen regionale Namen wie das veraltete australische *willy-willy* oder auch *terentapec,* dessen Ursprünge mir nicht genau bekannt sind (mag sein, dass ein Zusammenhang besteht mit einem gleichnamigen Kap, das ich vielleicht noch auf einer Karte entdecken werde). Der im Golf von Mexiko auftretende *cordonazo* ist von »Peitschenhieb« abgeleitet.

Die unterschiedlichen Stärkegrade des himmlischen Zorns werden anhand einer Skala gemessen, die von der tropischen Depression über den gemäßigten oder schweren tropischen Wind bis hin zum berühmt-berüchtigten Wirbelsturm reicht. Hinzu kommen extreme Windgeschwindigkeiten von 115 bis 300 km/h und 14 Meter hohe Wellenberge, so groß wie fünfgeschossige Wohnhäuser. Allein der Gedanke, in einen Zyklon zu geraten, ist so entsetzlich, dass die Seeleute alle nur erdenklichen Sicherheitsvorkehrungen dagegen treffen. Denn gegen die entfesselte Gewalt der Natur kann der Mensch nicht viel ausrichten.

Die Initialen J.A.S.O.N. stehen für die Sturmsaison. In den Monaten Juli, August, September, Oktober, November ist die Gefahr besonders groß: Der Zyklon bedroht den Norden des Indischen Ozeans, der Wirbelsturm den Atlantik und den Nordostpazifik, der Taifun den Nordwestpazifik. Verschiedene Namen für denselben Fluch böser Götter.

Ich glaube nicht, dass ich mir jemals wieder als unbeteiligter Zuschauer die Bilder solcher Katastrophen im Fernsehen ansehen kann. Verheerende Stürme, die ganze Regionen dem Erdboden gleichmachen; Wellenberge, die Menschen, Tiere und Reisfelder unter sich begraben, armselige Hütten mitreißen und uralte Baumriesen wie Zündhölzer umknicken. In solchen Momenten zeigt sich die unbezwingbare Gewalt der entfesselten Natur. Ich werde mein Leben lang nicht vergessen, dass die *Arunbank* ohne die Umsicht unseres Kapitäns vielleicht auch in einen Wirbelsturm geraten wäre, ins Zentrum des Taifuns, ins Auge des Zyklons.

Donnerstag, 27. August

QUELLE: INSTANT WORLD NEWS*.
Wilmington, North Carolina, USA
Am Mittwoch raste Wirbelsturm Bonnie über das Cape Fear
(Kap der Angst) im Süden von Wilmington hinweg. Alle
Straßen stehen unter Wasser, das Dach eines Krankenhauses
wurde abgerissen, in 160 000 Haushalten fiel der Strom aus.
Die Meteorologen befürchten noch Schlimmeres, wenn
Bonnie langsamer wird.
Die Menschen, die nicht mehr evakuiert werden konnten,
sind im Leuchtturm am Kap untergebracht.

Die Nachrichten, die aus den Bordfernschreibern rattern, holen
mich Tag für Tag zurück in eine Wirklichkeit, die von politischen
Auseinandersetzungen, Genoziden und Katastrophen jedweder
Art gekennzeichnet ist. Umgeben von diesen Weiten des Ozeans,
erscheinen sie mir wie Meldungen aus anderen Galaxien. Die Aufzeichnungen meines Bordtagebuchs beschränken sich auf Informationen, die von unmittelbarer Bedeutung für uns sind und ausschließlich das Meer betreffen; Wirbelstürme, Taifune und Schiffs-
unglücke. Alle Meere sind miteinander verbunden, egal ob nur ein
paar Kabellängen (eine alte Längeneinheit der Schifffahrt, etwa
1/10 Seemeile) voneinander entfernt oder an gegensätzlichen Po-
len. Ich beginne, mich mit der Mannschaft zu identifizieren.

In der letzten Nacht brach ein schweres Gewitter über uns herein; es war aber nur ein Gewitter. Ich war auf der Brücke, als sich
unser Bug unter heftigen Schlingerbewegungen in einer Wolke
von Gischt und Regen eine Bahn durch die Wassermassen bohrte.
Unzählige Blitze zuckten aus nächster Nähe am schwarzen Himmel, dann wieder die totale Finsternis, auf die sich das Auge erst

---

*   Instant World News ist ein kostenloser Fernschreibedienst, den eine Sa-
tellitenfunkgesellschaft für die Schifffahrt auf hoher See bereitstellt. Er
war meine Hauptnachrichtenquelle auf See.

54

einstellen musste, gefolgt vom dumpfen Donnergrollen. Aber weder die Männer am Ausguck noch der Kapitän ließen sich dadurch von ihren Aufgaben ablenken.

Bonnie, dann Danielle. Jetzt kommt Rex: Man informiert uns per Fernschreiben, dass er gerade dabei ist, die Region von Tokio zu verwüsten …

Im Unterschied zu uns Städtern weiß der Seemann, dass er den Naturgewalten Respekt zu zollen hat, wenn ihm sein Leben lieb ist. Seine Instinkte sind noch nicht verkümmert.

Ich gehe gern auf die Brücke, egal ob tagsüber oder nachts, um mit unserem Schutzengel, dem wachhabenden Offizier, eine Tasse Kaffee zu trinken.

Draußen ist alles finster und still wie in einer Kathedrale. Erst gegen vier Uhr morgens, wenn ich auf die Brücke komme, um Stanislav Gesellschaft zu leisten, beleben sich die Schatten an der Horizontlinie. Noch ist es dunkel in dieser riesigen verglasten Galerie, in der nur die Sichtkonsolen leuchten; aber das Auge stellt sich rasch auf die Dunkelheit ein.

Wir wechseln kaum ein paar Worte. Mit aufgestützten Armen lehnen wir an der großen Fensterfront, um das Heraufdämmern des neuen Tages zu beobachten und werfen dabei hin und wieder einen Blick auf den Radar. Oft bin ich schon vor dem weißrussischen Offizier auf der Brücke und wenn er durch die Tür kommt, ist der Kaffee schon fertig. Er hat Wachdienst, während das Schiff noch schläft. Ich kann mich wieder in meine Koje legen, wenn ich müde bin. Er hingegen geht erst schlafen, wenn Kosta um acht Uhr seine Morgenschicht antritt. Ab zwölf Uhr mittags hat Aleks Wache, und um 16 Uhr ist Stanislav erneut an der Reihe. Über den zahllosen Berechnungen, die sie anzustellen haben, und dem Papierkram, den sie erledigen müssen, ist die Müdigkeit schnell verflogen.

Der Dritte Offizier Kosta

Die drei Wachoffiziere auf der Brücke haben zwei Schichten von je vier Stunden Dauer. Dasselbe gilt für die Ingenieure unter Deck, die ihre glänzenden Maschinen im grellen Neonlicht nicht aus den Augen lassen dürfen.

Jon und Dario, die beiden Herren über unser aller Leben, halten sich rund um die Uhr in Bereitschaft.

Von der Brücke aus, rund 50 Meter über dem Meer, lasse ich den Blick über das Wasser schweifen; die Sichtweite beträgt 16 Seemeilen. Manchmal wüsste ich schon gern, was einem Wachoffizier so alles durch den Kopf geht; seine Familie, seine Freundin, Heimweh, Hoffnung, Karriere. Ich tue mein Bestes, um die Männer, die das Schiff von einem Hafen zum nächsten sicher um die Welt führen sollen, näher kennen zu lernen.

Kosta ist der jüngste Verantwortungsträger in dieser Glasgalerie. 28 Jahre alt, groß, schmal, immer ein Lächeln auf den Lippen, blaue, offene, lebhafte Augen. Kosta ist nicht gesprächiger als seine Kollegen, geht aber auf meine neugierigen Fragen ein.

»Warum bist du Seemann geworden, Kosta?«

»Mein Vater war's auch.«

»Auf einem Frachtschiff?«

»Bei der Kriegsmarine.«

Er hat eine natürliche Eleganz und einen Bildungsgrad, der ihn weit über den Durchschnitt hebt; deswegen ziehe ich ihn ein bisschen auf.

»Er war bestimmt Admiral!«

»Nein, nur Konteradmiral ...«

Jetzt hat es mir die Sprache verschlagen. Der Vater des Jungen war doch tatsächlich Kommandant der sowjetischen U-Boot-Flotte!

Das große Nervenschaltzentrum der *Arunbank* präsentiert sich ganz anders als der – ebenso wichtige – Kontrollraum. Rote Lampen an den Schaltpulten verbreiten gedämpftes Licht, und davor gibt es zwei Sitzgelegenheiten, eine auf der Backbordseite, die andere steuerbords. Auf dem Radarschirm zeigt eine grüne Linie unsere Route an; die punktierte rote Linie steht für den von uns gesteuerten Kurs, und die gelben Flecken rundherum können Schiffe sein, irgendwelche Hindernisse oder auch nur schäumende Wellen, die an unseren Bug schlagen, oder Seemöwen, die in der Luft ihre Kreise ziehen. Die Kunst besteht darin, die Zeichen richtig zu deuten.

Eine andere rote Lampe richtet ihren schwachen Schein auf die oberhalb des Steuerrads angebrachte Windrose. Das Steuerrad sieht noch traditionell aus, in Messing und Holz, es handelt sich um ein Speichenrad mit Handgriffen in reduzierter Ausführung. Durch eine hydraulisch, elektrisch oder elektronisch assistierte Automatik dreht es sich in kleinen Schritten weiter: Auf anderen Schiffen ist man unterdessen zum Miniatursteuerhebel übergegangen, einer Art Joystick, wie man ihn auch in den neuen viermotorigen Düsenjets findet.

Die *Arunbank* bewegt sich momentan 8 962 Meter über dem Meeresboden; der Tiefseegraben von Puerto Rico – er ist so tief wie der Mount Everest hoch – markiert den tiefsten Punkt des Atlantischen Ozeans. Übertroffen wird er nur noch vom Marianengraben im Pazifischen Ozean. Dort liegt der tiefste Punkt aller Meere. Aber dem menschlichen Forscherdrang ist er dennoch nicht entgangen. Der Schweizer Wissenschaftler Jacques Piccard, Sohn von Auguste (erster Mensch in der Stratosphäre, 1931) und Vater von Bertrand (dem 1999 die Weltumrundung im Heißluftballon in einem Stück gelang) erreichte dort 1960 eine Tiefe von 35 800 Fuß an Bord der *Trieste;* es handelte sich um ein Tiefseeboot, das er nach einem Modell seines Vaters entwickelt hatte.

Freitag, 28. August

Wir befinden uns am Eingang zur Monapassage, wo wir gemeinsam mit einem anderen Frachtschiff und einer von einem Schlepper unterstützten Schute auf den 60 Seemeilen breiten Trichter zusteuern; nach Backbord liegt Puerto Rico, nach Steuerbord die Dominikanische Republik. Hier sehe ich erstmals andere Schiffe, seit wir Europa verlassen haben.

7.30 Uhr

Land in Sicht! Seit gut zwei Stunden gleiten wir die erste Küste entlang, die nach der Azoreninsel Santa Maria auftaucht. Am Horizont steigt die im Dunst verschwimmende Insel Puerto Rico wie eine Luftspiegelung aus dem Wasser.

9.10 Uhr

Durch die Dunstschleier, die sich auflösen und mehreren Regenbogen unterschiedlicher Herkunft weichen, entdecke ich auf der Backbordseite am Horizont die kleine Insel Desecheo, die so ausgedörrt ist, dass sie ihrem Namen Ehre macht.

Während wir in das Antillenmeer – auch Karibisches Meer genannt – eindringen, zeichnet sich hinter dem eintönig grauen Gespinst aus Sprühregen, Nebel und Wassermassen die Insel Mona mit ihrer kleinen Schwesterinsel Monito ab. Nackte Plateaus auf einem 40 bis 50 Meter hohen Felssockel, der steil ins Meer abfällt.

Den Leuchtturm von Mona habe ich noch nicht ausmachen können. Sein Symbolwert geht auf die Ära der großen Entdeckungen zurück: Wenn die Seefahrer dieses Feuer am Eingang zum Karibischen Meer vor sich sahen, wussten sie, dass sie das Ziel erreicht und die Gefahren der langen Reise überstanden hatten – Korallenriffe, Wirbelstürme, die unheimliche Sargassosee, Piraten, Freibeuter, Seeräuber, Korsaren und wie sie alle heißen, die die Meere unsicher machen.

Wir kreuzen einen rostroten Massengutfrachter. Vielleicht auch nur eine leere Schale, vom Salz zerstört, eine Art Geisterschiff, das unter Billigflagge zu seiner letzten Reise aufgebrochen ist.

Der Verkehr wird dichter. Bald müsste die Dominikanische Republik, die an Haiti grenzt, auftauchen; es sei denn, die Insel wäre schon nach Backbord über die Erdkrümmung gerutscht.

Innerhalb von elf Tagen hat unser schwimmendes Haus den Atlantik überquert, eine weiße Spur der Gischt ins Wasser ziehend. Die Zeit dehnt sich bis ins Unendliche und wird vor dem Hintergrund von Standlinien, Koordinaten, Wetterberichten, Seeverkehrsregeln bedeutungslos. Der Tagesablauf ist in Essens- und Schlafenszeiten gegliedert, dem Rhythmus der Sonne folgend. Wen kümmert da noch die Zeit – außer denen, die uns von einem Hafen zum nächsten bringen? Existiert sie überhaupt? Positionsberechnungen, Wettervorhersagen und Verkehrsberichte sind die Hauptbeschäftigungen der Männer, die Tag und Nacht auf der Brücke sind.

Frühstück um halb acht. Im Anschluss daran ein Gang zur Brücke, um die Karte zu studieren, den Horizont abzusuchen, mich mit dem wachhabenden Offizier zu unterhalten, falls er nicht gerade in seine Berechnungen vertieft ist. Eine leichte Brise weht auf

Artur, der Erste Ingenieur

der Affeninsel, meiner Trauminsel. Die Sonne scheint. Ein paar Seiten schreiben, ein Schläfchen zwischendurch. Mittagessen, fotografieren, Notizen redigieren, schwimmen im Pool. Abendessen um 18 Uhr, ein Videofilm oder eine Lektüre, und wenn wir uns um 21 Uhr schlafen legen, haben wir das Gefühl, es wäre schon tief in der Nacht. Ausgiebige Nachtruhe mit dem melodischen Singsang der leise schnurrenden Maschinen, dem Schaukeln der Wellen; oder ein Gang auf die Brücke um vier Uhr morgens. Da wir von einer Zeitzone zur nächsten fahren, kann der Tag 25 Stunden haben. Und doch vergeht die Zeit wie im Flug.

Ob am helllichten Tag oder in der Dunkelheit, Stanislav läuft unruhig wie ein Löwe im Käfig durch den Brückenraum, hin und her, auf der gesamten Länge von 25 Metern, unablässig. Manchmal verharrt er einen Augenblick, um die Anzeige seiner Instrumente zu überprüfen, dann setzt er sich erneut in Bewegung. Beißt in einen Apfel, dann noch einen. Er ernährt sich hauptsächlich von Äpfeln, die er durch Nachspeisen ergänzt. Bob, der Offiziersanwärter, pflegt seinem Chef, nachdem er selbst gegessen hat, ein kleines Dessert-Potpourri auf einer Platte zusammenzustellen, das er ihm dann ins Brückenhaus bringt.

ZITAT SCHIFFSFÜHRER JON:
»200 Seemeilen sind für Großbritannien eine große Entfernung. Für die Vereinigten Staaten von Amerika sind 200 Jahre ein langer Zeitabschnitt.«

Das Karibische Meer ist aufgewühlt, glanzlos, trüb und grau: »Zum Glück haben wir keinen Gegenwind«, kommentiert Jon, »ich kenne dieses Meer nicht anders.« In meiner Vorstellung war es von romantischem Türkis, voller Geheimnisse unter Wolkenformationen, die so schnell wie französische Korsaren beim Angriff auf eine spanische Galeone über den Himmel fegen.

Seitdem Danielle nicht mehr hinter uns her ist, haben wir die Geschwindigkeit wieder zurückgenommen. Der gewaltige Wirbelwind ist erwartungsgemäß auf Nordkurs gegangen, auf den Spuren des Zerstörers Bonnie.

Grillfest. Auf seiner letzten Reise musste Kosta auf der Brücke das Schiff auf dem Ozean kreuzen lassen, damit die fröhliche Party, bei der sich die Mannschaft mit den Passagieren zusammentut und sich ausnahmsweise auch die Offiziere unter das Volk mischen, nicht unterging.

Nach dem Festessen folgen wir der Einladung des Ersten Ingenieurs, Artur, in seiner Kajüte in Gesellschaft zweier weiterer Offiziere ein letztes Glas zu trinken. Er nennt seine Kabine »Arturs Offshore Bar«. Den Alkohol stellt die Reedereigesellschaft zollfrei zum Selbstkostenpreis in Rechnung. Daher kommt es, dass ein Spitzenwein an Bord kaum mehr kostet als eine Flasche Mineralwasser ... Für uns holt der Sibirer seine kostbarste Flasche hervor.

Für Yucki gibt es ein Glas Rotwein. Sie schenkt mir einen ihrer rätselhaft lächelnden Mona-Lisa-Blicke. Wir heben die randvoll mit edlem Armagnac gefüllten Gläser, um mit einem herzhaften *nazdrovie* anzustoßen. Ich habe das Gefühl, dass man uns insgeheim testen will. Die Besatzung unterwirft uns einer Feuerprobe.

Yuckis Lächeln wird noch strahlender, als ich Artur nur so aus Spaß zum Kräftemessen herausfordere. Er ist 30 Jahre jünger als ich, einen Kopf größer und kräftiger gebaut. Etwas verdutzt über meine Leichtfertigkeit, akzeptiert er lachend. Ich bin nun mal ein unverbesserlicher Kindskopf ...

Es war ein ganz spontaner Einfall. Aber ich glaube, dass er etwas bewirkt hat; die Seeleute haben uns in ihren Kreis aufgenommen.

Wir haben den Aufnahmetest bestanden.

Panamakanal

Von Samstag, 29. August, 17.30 Uhr, bis Montag, 31. August, 3 Uhr,
Transit Cristobal – Balboa, 39 Meridianminuten = 72 km

Samstag, 29. August

Zwölf Uhr mittags. Langsam nähern wir uns Cristobal auf Ost-West-Kurs. Die 4758 Seemeilen von Le Havre bis zum Eingang des Panamakanals haben wir in 296 Stunden zurückgelegt.

Normalerweise halte ich mich mit dem Genuss von Alkohol zurück. Gestern Abend, als ich Arturs Kajüte verließ, habe ich den zweiten Rausch meines Lebens erlebt. Mit 18, nach meinem ersten Kater, schwor ich mir, dass es der letzte wäre. Aber gestern war ein Ausnahmefall – schließlich stand meine Ehre auf dem Spiel!

21.30 Uhr

Immer noch Kurs auf Cristobal; Mitternacht treffen wir ein und werfen Anker am Eingang des Kanals, ohne das Schiff zu verlassen. In dieser Nacht ist der Verkehr immer dichter geworden. Das Wasser reflektiert das Mondlicht. Nach Süden hin ist der Himmel von dichten Wolken bedeckt, die unter den grellen Blitzen eines Wärmegewitters plastisch hervortreten. Die opalene Transparenz der riesigen, tief herabhängenden Kumuluswolken kontrastiert mit den dunkel verschleierten Wolkenformationen im Hintergrund. Das Ganze fügt sich zu einem stundenlangen dramatischen Schauspiel der entfesselten Natur mit sporadisch aufleuchtenden Blitzen, die ein wildes Zickzack in die Wolkenfront zeichnen und sich am Ende in der undurchdringlichen Finsternis auflösen.

Kapitän Jon sagte mir, er hätte in den 20 Jahren, die er zur See fährt, noch nie ein Gewitter von dieser Intensität erlebt.

23 Uhr

Die Lichterkette vor uns markiert nicht den Kai, sondern eine Reihe von Frachtschiffen. Der Himmel ist ein einziges Feuerwerk, und ich habe den Eindruck, auf einem festlich beleuchteten Jahrmarkt zu sein.

Spät in der Nacht erscheint ein kastenförmiges Versorgungsschiff. 1217 Tonnen Schweröl, 424 Tonnen Diesel, 300 Tonnen Süßwasser; es dauert elf Stunden, bis alles in die Tanks eingeleitet ist ...

Auf den Frachtschiffen ist Ruhe eingekehrt. Die Zeit steht still.

Sonntag, 30. August

Wir warten bis 15 Uhr: Eine schwarzbraune Wolke von Riesenschmetterlingen fliegt über uns hinweg. Die Monarchenfalter ziehen in einen geheimen Wald in Mexiko, wo sie sich fortpflanzen und dann sterben.

Die Kanalverwaltung setzt den Zeitpunkt für den Beginn der Kanaldurchquerung fest. Bei einem derart hohen Aufkommen von Ozeanriesen, die sich in den Pazifik schleusen lassen, hätten wir bei einer selbst verschuldeten Verspätung mehrere Tage warten müssen, um den nächsten Termin zu bekommen.

Cristobal. Wir lagen die ganze Nacht außerhalb des Hafens vor Anker. Im Lauf des Vormittags erhalten wir grünes Licht zum Einfahren in den Hafen, wo die Aufstellung des Konvois für die Ost-West-Passage in der kommenden Nacht beginnt. Ein Lotse kommt an Bord und hilft beim Manövrieren. Zwischen den anderen Schiffen hindurch gleiten wir langsam an den uns zugewiesenen Platz im Abstand von einer Seemeile zu einem etwas dubiosen Schüttgutfrachter namens *L'Amitié des Océans*. Dubios deswegen, weil er unter unbestimmter Flagge fährt und niemand weiß, woher er kommt und in welchem Zustand er sich befindet. Jede Havarie, der geringste Zwischenfall würde den Schiffsverkehr dieser internationalen Hauptverkehrsader für mehrere Tage lahm legen.

Nach einer kurzen Verabschiedungszeremonie lässt sich der Admiral vom Lotsenschiff zur Küste übersetzen und tritt von dort aus, um einige Erfahrungen, aufgefrischte Kenntnisse und Erinnerungen reicher, den Heimweg zu seiner grünen Insel an.

Einige Stunden später hisst unser Offiziersanwärter Martin die drei Flaggen eines anderen Lotsen, der inzwischen an Bord ist. Wir haben eine lange Nacht vor uns, und er hat eine große Verantwortung zu tragen. Die Farben Rot und Weiß stehen für »Lotse an Bord«; ein weißer Kreis auf blauem Grund steht für die Ziffer Zwei, ein verlängertes weißes Kreuz auf rotem Grund für die Ziffer Vier. Wir haben also einem Lotsen mit der Nummer 24 die Verantwortung für unser Schiff auf einer Länge von 72 Kilometern mit sechs Schleusen, zwischen Cristobal am Atlantik und Balboa an der Pazifikküste überlassen.

Im Gefolge des Lotsen kommen einige Hafenarbeiter an Bord, die bis Balboa mitfahren. Sie installieren Hängematten auf dem Deck. Ein großer stämmiger Mann in einem T-Shirt mit der Aufschrift »Bootsmann« wird dafür sorgen, dass sich unsere Squatter in der Nacht von den Aufbauten fern halten.

Als die Dunkelheit hereinbricht, setzt sich der Zug in Bewegung. An den Schiffsvibrationen bemerkt man, wie schwer die Maschinen arbeiten.

Binnen zehn Minuten haben wir die erste Schleusenstufe von Gatun passiert. Sechs Lokomotiven ziehen das Schiff ins Innere der Schleusenkammer und halten es dort fest. Die 700 Tonnen schweren Torflügel schließen sich und 102 000 Tonnen Wasser sprudeln in die Kammer, um das Schiff anzuheben.

Wir verbringen die Nacht abwechselnd auf der Brücke und auf der Affeninsel, um ja nichts von dieser märchenhaften Kanalpassage zu versäumen: Die Idee, auf einem Schiff über einen Kontinent zu setzen, um von einem Ozean in einen anderen zu gelangen, ist für mich nicht weniger bizarr als eine Opernaufführung in den Urwäldern Amazoniens.

Durch drei Schleusenkammern werden wir jeweils um weitere zehn Meter angehoben und schließlich in den ersten der beiden Stauseen, den Gatunsee gesetzt. Der zweite See ist der Miraflores. Inzwischen ist es völlig dunkel geworden, und wir gleiten ganz langsam auf dem spiegelglatten See dahin. Höchstwahrscheinlich handelt es sich um Brackwasser, denn die in umgekehrter Richtung von einem Meer zum nächsten aneinander vorbeifahrenden Schiffskarawanen rühren unterwegs gewaltige Wassermassen auf, die sich mit dem Süßwasser mischen.

Alle Schleusenanlagen sind von Scheinwerfern hell erleuchtet. Jeweils zwei Kammern liegen nebeneinander. Langsam, behutsam und lautlos gleitet die Karawane durch die Nacht.

Wir fahren aus dem Schleusentor hinaus und folgen gemächlich dem dunklen Fahrwasser zwischen den beiden Reihen bunter Leuchtbojen, die mich an nützliche Leuchtkäfer erinnern. Je nach Bedeutung tragen sie eine andere Farbe. Es ist eine gespenstische Fahrt: Mäander und Gräben, Seen, deren Ufer mit Leuchtfeuern markiert sind, Verengungen, Abzweigungen und Kurven, die sich jeweils durch zwei übereinander angebrachte weiße Schweinwerfer in der verlängerten Achse unserer Fahrtrichtung ankündigen.

Von der Steuerbordseite weht der moderige Geruch frisch ausgehobener Erde heran; dort sind Erdarbeiten für eine Kanalerweiterung in Gang. Wie einst für die Pyramiden von Sakkara gräbt man sich durch den Stein; das Graben unter Wasser übernehmen Schaufelbagger, die Tag und Nacht im Einsatz sind. Den Bau des Gaillard Cut mussten viele Menschen im 19. Jahrhundert mit dem Leben bezahlen. Damals gab es noch keine Baumaschinen, und die Arbeiter mussten sich mit Schaufel und Pickel behelfen.

Die aus der Ferne herüberleuchtenden Feuer rücken näher; sie markieren die drei aufeinander folgenden Schleusenanlagen von Miraflores, über die wir sukzessive die letzten Staustufen zum Pazifik überwinden.

Eine sonderbare Poesie schwebt über diesem so feenhaft anmutenden Kanal. Umgeben von all den Landmassen, erhält unser Koloss eine surrealistische Dimension.

Ein klarer Himmel, eine fast absolute Stille und Sterne zum Greifen nah. Wie schnell man sich doch an das Schöne gewöhnen kann!

Balboa – Papeete

Von Montag, 31. August, 03 Uhr, bis Freitag, 11. September, 05.45 Uhr,
4488 Meridianminuten = 8312 km

Montag, 31. August

Von jetzt an entspricht der Streckenabschnitt bis Papeete noch einer Länge von zwei Dritteln des Erdumfangs. Ankunft voraussichtlich am 12. September, gegen sechs Uhr.

Schon wieder ein Fest. Eine Grillparty für alle Schiffsinsassen in einer Vollmondnacht. Romantischer könnte es wirklich nicht sein. Normalerweise wird jeden Sonntag ein gemeinsames Fest im Freien organisiert. Nur wenn wir in einem Hafen liegen, fällt es aus.

Dienstag, 1. September

Obwohl wir das Schiff auf der Landenge von Panama nicht verlassen haben, beginnt mit der Durchquerung des Kanals vom Atlantik zum Pazifik ein neuer Reiseabschnitt für mich.

Vor 32 Stunden haben wir den Panamakanal verlassen. Die Lichter von Balboa, der Hafenstadt, die nach dem spanischen Eroberer und Entdecker dieses größten der Meere benannt ist, haben wir nur aus der Ferne gesehen. Es ist meine erste Bekanntschaft mit dem Pazifik. Und dass die Erde in der großen Galaxis zu einem winzigen Punkt zusammenschrumpft, ändert nichts daran, dass mir diese Entfernungen unendlich weit erscheinen.

Unter der Voraussetzung, dass wir unsere Durchschnittsgeschwindigkeit beibehalten, erreichen wir Papeete nach dem letzten Stand der Berechnungen am 11. September gegen fünf Uhr.

Während wir in gerader Linie in 40 Seemeilen Abstand an der Kokosinsel vorbeifahren, streifen wir die Ausläufer einer Bö. Der Gegenwind hat eine relative Geschwindigkeit von 90 km/h; davon müssen wir dann 30 km/h für unsere eigene Geschwindigkeit abziehen.

Kräftiges Stampfen und Schlingern, wobei die Amplitude auf jeder Seite zwar nicht mehr als drei Meter beträgt, sich aber deutlich bemerkbar macht.

Zwischen den vereinzelt auftretenden Regenvorhängen beschreibt der Horizont eine messerscharfe Linie; das schwache Sonnenlicht taucht das Wasser in ein bleiernes Grau. Rings um uns herum kurze schaumgekrönte Wellen, während der Bug der *Arunbank* das heranströmende Wasser durchschneidet und Garben von Gischt versprüht, die bei jeder siebten Welle über die Container auf dem Hauptdeck klatschen.

Seit wir den Panamakanal verlassen haben, begleiten uns schwarze Fregattvögel mit silbrig weißer Unterseite. Mit ihren weiten Schwingen gleiten sie auf den Winden vor unserem Bug, die Augen in der Hoffnung auf Nahrung unverwandt in die dunklen Fluten gerichtet. Wenn sie einen Fisch im Visier haben, legen sie die kantigen Flügel zusammen, Flugsauriern gleich, und stoßen ins Wasser.

Allzu reich sind die Pfründe hier im Westen von Balboa wohl nicht, denn von den zwölf Seglern, die uns gestern begleiteten, sind heute nur noch zwei zu sehen. Dass sie von ihrem Hochsitz auf unseren Aufbauten verschwunden sind, könnte aber auch damit zusammenhängen, dass sie nur darauf erpicht waren, ihre Fischgründe vor der Kokosinsel bequemer und schneller als sonst zu erreichen. Morgen im Seegebiet der Galapagosinseln werden uns dann wohl auch die letzten Vögel verlassen und sich in dieses Paradies mit seiner ursprünglichen Tierwelt zurückziehen.

Wir feiern die Feste, wie sie fallen: Zum Eintritt in den Pazifischen Ozean lässt der Kapitän den Passagieren im Salon Champagner auftragen. Und nach dem Abendessen setzen die ranghöheren Offiziere die Party mit den Passagieren in der Kapitänskabine fort.

Heute Nacht stellen wir die Uhr erneut um eine Stunde zurück.

Mittwoch, 2. September
4 Uhr

In gerader Linie fahren wir an den Galapagosinseln vorbei. Die Hauptinsel liegt noch rund 140 Seemeilen entfernt, einer der kleineren Inseln nähern wir uns bis auf 75 Seemeilen. Sie trägt Darwins Namen.

9 Uhr

An diesem Morgen stellen sich wieder vier Fregattvögel ein; eine Stunde später fliegen sie davon. »Sie haben gewiss Bindungen zu einem anderen Schiff, das sie vorziehen«, meint der Kapitän ... Kurz darauf gleitet der nächste Gast um die Aufbauten des Vorschiffs. Diesmal handelt es sich um einen weißen Vogel mit weiten, schwarz umrandeten Flügeln und einem feinen Schnabel. Vorgestellt hat er sich leider nicht.

12 Uhr

Thunfische, die sich für Delfine halten, umschwärmen unseren Bug, tummeln sich in den Fluten und vollführen zirkusreife Kunststücke über den Wellen; nach einem kühnen Salto durch die Luft tauchen sie in einer silbrig glänzenden Fontäne in das kalte Wasser, und katapultieren sich sofort wieder in die Luft, bevor sie sich wie übermütig spielende Kinder irgendwann nach Backbord entfernen. Der Anblick war so faszinierend, dass ich gegen eine Wiederholung nichts einzuwenden hätte. Vielleicht klappt es heute Abend noch einmal. Ich werde da sein und nach ihnen Ausschau halten.

Anekdoten und Scherze

Seeleute sind bekannt für ihren derben Humor, der sich nicht nur in ihrer Sprache, sondern auch in den Inhalten ihrer Anekdötchen, Lügenmärchen und Witze zeigt. Ich habe mir eine kleine Sammlung davon angelegt, weil sie aus dem Seemannsalltag nicht wegzudenken sind.

Hier eine Auswahl:

Eines Tages wird an einem der Kühlcontainer die optimale Betriebstemperatur von 18 Minusgraden nicht mehr erreicht. Normalerweise hat die Crew keinen Schimmer davon, was sich in den mitgeführten Metallcontainern befindet; wenn es die Umstände jedoch erfordern, muss man sie öffnen. In diesem Fall kam ein Mercedes Benz zum Vorschein, der durch den Zoll geschmuggelt werden sollte!

Als der Ladungsingenieur eines Tages bemerkt, dass er die Temperatur eines Containers nicht über die Fernbedienung regeln kann, macht er sich auf den Weg, um an Ort und Stelle nach dem Rechten zu sehen. Das Schiff hatte in einem Hafen festgemacht; besagter Container stand weit offen, und die Einheimischen waren gerade damit beschäftigt, das tiefgekühlte Geflügel auszuladen …

In Hamburg schifft sich ein Ehepaar ein, um eine viermonatige Frachtschiffreise zu machen. Unterwegs stellt sich heraus, dass ihnen die geringste Schlingerbewegung auf den Magen schlägt. Sie verschanzen sich in ihrer Kajüte und kommen nicht mehr heraus. Der Schiffsführer entscheidet sich schließlich, sie in Le Havre auszuschiffen und nach Deutschland zurückzuschicken. Er ist überzeugt, dass sie die Atlantiküberquerung nicht überstehen werden; wahrscheinlich zu Recht.

Sechs Tage lang war der Herrgott damit beschäftigt, die Welt zu erschaffen. Am siebten Tag besoff er sich, und als er daraufhin

morgens aufwachte, schuf er, noch in Katerstimmung, den Sueskanal, der deswegen den Beinamen Kloake oder Gosse trägt.

Donnerstag, 3. September
7.30 Uhr, in der Offiziersmesse
Auf den Frühstückstischen steht eisgekühlter Champagner bereit.
Aber es ist noch zu früh, die Korken knallen zu lassen. Die Äquatorüberquerung findet nämlich erst in einer halben Stunde statt,
und man muss nicht abergläubisch sein, um zu wissen, dass man
die Feste nicht im Voraus feiern soll … Deshalb finden wir uns erst
am späten Nachmittag zu einem kleinen Umtrunk zusammen.

Während wir Tahiti ansteuern, nähern wir uns dem großen
Breitenkreis, der unseren Planeten in eine nördliche und eine südliche Hälfte gliedert.

08 Uhr 08 Minuten 08 Sekunden Ortszeit, auf der Brücke
Hier also verläuft die imaginäre Linie, die Seefahrer, Globetrotter,
den Menschen schlechthin seit Urzeiten fasziniert. Die Passage
verläuft unspektakulär – abgesehen davon, dass unser Satelliten-
Navigationssystem von 00°00′001″N auf 00°00′001″S springt …

Neptun steigt aus dem Meer, umgeben von Tritonen und lo-
ckenden Sirenen in ihrem Bett aus Algen und Perlmutt. Die Sym-
bolik der alten Märchen- und Sagenwelt verleiht dem Unsichtbaren Gestalt – und uns wird um die Mittagszeit eine hübsch verzier-
te, in altenglischer Sprache abgefasste Urkunde mit der persönlichen Signatur des Meeresgottes verliehen!

Freitag, 4. September
Bei schönem Wetter und ruhiger See folgen wir unverändert unserem Kurs, bis wir einen eigentümlichen, beängstigenden Nebel
entdecken, der sich langsam, zögernd, lauernd auf dem Wasser
auf uns zubewegt und uns von allen Seiten einkesselt. Während
wir noch im Sonnenlicht stehen, sehen wir unter uns die Nebel-
wand tanzen, vor und zurück, sie springt uns an, weicht zurück, in

einem Tempo, das durch unsere eigenen 20 Knoten Geschwindigkeit noch rascher wirkt, sie verschlingt uns und blockiert uns die Sicht nach vorne. Schließlich verharrt die rätselhafte Erscheinung unterhalb der Affeninsel, wo wir den Tanz des Nebels beobachtet haben und jetzt den Anblick eines Regenbogens genießen, den die Sonne gerade auf die Rückseite des Vorhangs projiziert.

Irgendwann bricht das Phänomen freiwillig die Verfolgung ab, es fällt zurück und löst sich in unserem Kielwasser auf. Der gespenstische Traum ist vorbei. Was bleibt, ist ein strahlend blauer Himmel, Schönwetterwolken in der Ferne nach Backbord. Unser Schiff schaukelt genau wie sonst träge auf den leichten Wellen.

Seit heute früh befinden wir uns im Südäquatorialstrom, der mit zwei Knoten pro Stunde warme Wassermassen heranführt. Vielleicht war der merkwürdige Nebel eine Folge der Berührung mit den von Süden heranströmenden Wassern, einer Kollision von Kräften, die sich aufeinander zu bewegen. Als wir neulich vor den Galapagosinseln kreuzten, drangen wir in den Nordäquatorialstrom ein, der sich auf einer Länge von mehreren Tausend Seemeilen im Uhrzeigersinn dreht.

Samstag, 5. September
Rettungsübung. Ein durchdringender Ton wiederholt sich in kurzen Abständen, gefolgt von einer Ansage, die in allen Kajüten, im Aufenthaltsraum und auf den Schiffsgängen zu hören ist: »Bitte legen Sie die Schwimmwesten an und begeben Sie sich zu den Evakuierungsstellen.«

Besatzung und Passagiere wurden bereits durch einen Aushang darüber in Kenntnis gesetzt, welchem der beiden Rettungsboote sie zugewiesen sind.

Über dem Hauptdeck, zu beiden Seiten des Schiffs, hängt ein Rettungsboot in einer Halterung, der so genannten Talje. Es erinnert vage an das Yellow Submarine der Beatles, mit dem Unterschied, dass es leuchtend Orange ist. Es hat einen starken Motor, ist rundherum wasserdicht geschlossen, hat Bullaugen und einen

Lotsenturm. Zur Ausrüstung gehören Lebensmittel- und Wasser-vorräte, Wolldecken und eine Kochplatte für die Schiffbrüchigen. Mit Hilfe von SOS-Leuchtfeuern und Funkgeräten können sie den Suchmannschaften im Notfall die Orientierung erleichtern. Vier lange schmale Sitzreihen sind jeweils paarig einander gegen-über angeordnet.

Offiziere, Matrosen, Stewardessen und Passagiere verteilen sich über die stabilen Rettungsboote, die ihnen vielleicht eines Tages das Leben retten. Sollte eines der Boote wegen der fortge-schrittenen Schräglage des Schiffs nicht mehr zugänglich sein, bietet das verbleibende Boot jedoch genügend Platz für alle. Jedes Boot ist für 50 Personen ausgelegt und wir sind sowieso nur 39 ...

Sonntag, 6. September
Letzte Nacht stand ich auf dem fünften Achterdeck, mäßiger Wind kam auf, und ich war vertieft in den Anblick des Vollmonds, der sich hinter einem dichten Wolkenschleier verbarg. Das mir

Unser Rettungsboot

74

mittlerweile so vertraute gedämpfte Geräusch der Maschinen verebbte im Hintergrund, und nur noch das leise Klatschen der Wellen drang herauf.

Das »Nachtgestirn« war von einem riesigen Ring umgeben, einer Aura von Dunst, gesäumt von den langsam zerfließenden Formen eines Stratokumulus im Grauspektrum: von anthrazit bis zu einem milchigen Weiß, eisenfarben bis mausgrau, wie die auf den Bildern der Karavelle des Kapitän Haken aus »Peter Pan«. Das bewegte Wasser reflektierte den klaren Himmel. Das Auge gewöhnte sich an die Dunkelheit und folgte der unendlich langen Spur unserer modernen Galeone bis zum Horizont.

An einem strahlenden Morgen schiebt unser Schiffsbug ganze Populationen Fliegender Fische vor sich her. Aus der Fischperspektive könnte die *Arunbank* durchaus Furcht erregen – von der Größe eines Walfischs, eines wahren Ungetüms, dessen Fauchen und Vibrationen von den Wellen im Meer weitergetragen werden. Während die Fische instinktiv Abstand halten, bohrt es sich stur und beharrlich, blindlings, bedrohlich, unüberwindbar und gefräßig durchs Wasser, erbarmungslos zermalmend, was ihm zwischen die riesigen Rotorblätter der Schraube gerät.

Wie Raketen stoßen die 30 bis 60 Zentimeter langen Fliegenden Fische aus dem Wasser. Ihre riesigen Schwimmflossen entfalten sie dabei zu durchsichtigen, schillernden Flügeln. Wenn sie den Kamm der Welle erreichen, bewegen sie sich in großen Sätzen auf dem Wasser fort und tauchen nach 100 bis 200 Metern in ihr Element zurück.

Ab und zu Nebel; tiefe Wolkenformationen, die stellenweise das Wasser berühren, wenn gerade ein Platzregen niedergeht. Der Horizont beschreibt einen scharfen Strich am Rand der Kugel.

Als die Sonne untergeht, wieder das Schauspiel mit rötlichem Engelshaar, türkisgrünem Himmel und den Flecken der grauen Quasten; Dunkelheit, die unvermittelt hereinbricht, viel rascher als in anderen Breiten der Erde, die ersten Sterne, die ersten Planeten erscheinen am Himmel, und der Mond wirft sein fahles Licht auf das schimmernde Band unseres Kielwassers.

Eine kaum wahrnehmbare Nuance in der Farbe des Wassers, seidige Luft, sanfte, tänzerische, sinnliche Wellen und der effektvolle Glanz des perlenden, schäumenden Kielwassers verheißen mir die Nähe eines jener irdischen Paradiese, die einst die Seefahrer in ihren Zauberbann zogen. Oder sind diese Sinneseindrücke nur eine Ausgeburt meiner Fantasie? Nach einem Blick auf die Instrumente weiß ich jedoch, dass wir uns einer Küste nähern; um neun Uhr heute früh habe ich mir noch die Seekarten angesehen. Wir befinden uns auf 10°07' Länge und 128°38' Breite. Noch knapp vier Tage und wir gehen zum ersten Mal an Land, setzen den Fuß auf unbekannten Boden. Auf den alten Karavellen und Galeonen dagegen erwartete die Seeleute am Ende ihrer Irrfahrt entweder der Ruhm oder der Tod.

Nachdem wir eine Maschine gestoppt haben, beträgt die Geschwindigkeit sieben Knoten weniger als vorher. Den geänderten Kurs von 20° behalten wir eine Weile bei, bevor wir auf den alten Kurs zurückgehen. Die schwache Dünung des Südpolarmeers kommt von Backbord querab, die Haut des Meeres erschauert in winzigen, eiskalten Wellen.

Jeden Freitag, es sei denn, wir liegen am Kai, laden die Passagiere die Schiffsoffiziere zum Aperitif ein. Jeder Vorwand ist uns recht, um uns im Salon zu versammeln; von der offiziellen Welcome-Party des Kapitäns und der Passage des Panamakanals, der die Schnellstraße Amerikas verbindet, die von Anchorage bis nach Ushuaia an der Südküste in Feuerland führt, bis hin zum Eintritt in den Pazifischen Ozean und zu der späteren Äquatorüberquerung samt Verleihungszeremonie des altenglischen Neptundiploms.

Zur Abwechslung vom Schiffsalltag lädt dann einer der Schiffsoffiziere einige Passagiere oder Kollegen abwechselnd zu einem kleinen Umtrunk in die eigene Kajüte. Bei solchen Anlässen werden die sonst so kurz angebundenen Seeleute meist gesprächiger und offener; irgendwann geht das erste Foto von Hand zu Hand. Familienfotos, die Ehefrau, das Bild der Tochter, eine Bärenjagd in der Taiga rund um Wladiwostok, ein Häuschen in Newcastle … Gefühle von Wehmut und Einsamkeit … Seeleute sind so einsam wie Mönche, die allein in ihrer Zelle beten.

Zwei Wochen nach Reiseantritt, in Arturs Bar, habe ich zum ersten Mal das Gefühl, dass ich von der Crew akzeptiert werde. Wirklich akzeptiert. Die Sympathie beruht übrigens auf Gegenseitigkeit. Die »Chemie« scheint zu stimmen; und wir sind flexibel genug, alle sozialen, sprachlichen und kulturellen Barrieren, die uns trennen, zu überwinden. Ich habe den Test bestanden und mich chamäleongleich meiner veränderten Umgebung angepasst. Es ist ein Verhalten, das sich im Lauf der Jahre bewährt hat, und es hat nicht das Geringste mit Opportunismus zu tun. Selbstverständlich muss ich mich selbst dabei zurückstellen und mich in jeder Hinsicht auf mein Gegenüber einlassen. Ich glaube, dass die Besatzungsmitglieder, egal ob englischer oder russischer Herkunft, meine Bemühungen, mich mit ihnen zu verständigen, mich in ihre Lage zu versetzen und mich mit ihrer Rolle zu identifizieren, sehr wohl registrieren.

Mein Optimismus kennt keine Grenzen!

Vier Monate auf See bei einer täglichen Arbeitszeit von elf bis zwölf Stunden; danach 60 Tage Urlaub in der Familie. Diese Aussicht verleiht ihnen die Kraft, immer wieder von neuem über die sieben Weltmeere zu fahren. Was sie dazu motiviert, ist natürlich einmal die Notwendigkeit, ihren Lebensunterhalt zu bestreiten, zum anderen jedoch ist es die Liebe zu einem Beruf, der ihren Geist bildet und ihnen neue Horizonte eröffnet. Sie entdecken andere Welten, sie lernen fremde Sprachen. Sie respektieren andere Kulturen und Lebensweisen und üben sich in Toleranz. Unbeirrt folgt der stählerne Bug unseres schwimmenden Dorfs seiner vorgeschriebenen Bahn. Bei jeder Umdrehung der Schraube enthüllt sich uns eine neue Facette der Landschaft. Kann es wirklich sein, dass man die Linie des Horizonts auf der Grenze zwischen Himmel und Meer irgendwann als gleichförmig empfindet? An der Wasseroberfläche ist alles in ständigem Changieren; mal ist sie ruhig und glatt, dann wieder wild und aufbrausend, und die Farben präsentieren sich in den vielfältigsten Zwischentönen von Stahlgrau bis hin zu dunklem Blau über Perlmutt bis zu grünen oder auch blutroten Nuancen; und während die winzigen Wellen in der gleißenden Sonne funkeln, ziehen sich die Wolken am Himmel zusammen, dann entfernen sie sich, und, wie von einer unsichtbaren Riesenhand geformt, vereinen sie sich wieder, und der untere Rand verläuft als fast durchgehend horizontale Linie 200 bis 300 Meter über dem Wasser – eine Frage des Luftdrucks, nehme ich an … Durch das unablässige Spiel von Licht und Schatten erscheinen diese Formen plastisch wie aus dem Hintergrund herausgemeißelt. Im kupfernen Gold der Abenddämmerung mutieren sie zu wilden Fratzen, galoppierenden Wildgäulen und Furcht einflößenden Drachen. Die Erde ist eine große Wasserkugel, auf der von Zeit zu Zeit ein Hafen zu sehen ist.

QUELLE: INSTANT WORLD NEWS
London, Sonntag, 6. September
Nach offiziellen Meldungen des Seewetteramts wurde die Westküste Englands am Sonntag durch die vorbeiziehenden Ausläufer des Wirbelsturms Danielle von stürmischer See mit gewaltigen Wellenbergen heimgesucht.

Es ist derselbe Wirbelsturm, der uns am 26. August verfolgte. Ein kapriziöser Zeitgenosse mit Bumerangeffekt.

Dienstag, 8. September

Unverändert halten wir Kurs auf Tahiti. Nichts drängt uns zur Eile, denn wir liegen gut in der Zeit. Unsere Route ist auch in zeitlicher Hinsicht genau durchgeplant, und Abweichungen sind ausschließlich Sache der Reederei. Wir müssen jederzeit damit rechnen, dass wir zwischendurch unplanmäßig einen Hafen anlaufen müssen, um noch hier oder da eine Ladung aufzunehmen. Dafür müssen wir dann auf einen der vorgesehenen Landgänge verzichten oder in einem anderen Hafen, der bisher nicht im Gespräch war, an Land gehen. Was das Löschen der mitgeführten Container betrifft, sind wir jedoch unabänderlich an den vorgegebenen Zeitplan gebunden.

Wir fahren nur noch mit einer Maschine, nicht schneller als zwölf Knoten, aber bei voller Auslastung. Falls erforderlich, bringen wir morgen die geballte Leistung unserer 21 000 Pferdestärken ein und fahren wieder mit voller Kraft voraus.

Heute Vormittag regnete es. Es war ein kurzer Regen, der in wahren Sturzbächen niederging und sich durch dicke, graue Wolkenformationen zwischen Himmel und Meer vor unserem Bug ankündigte.

»Die große Himmelswäsche«, meint der Kapitän. »Das Süßwasser wäscht das ganze Deck und die außen gestapelten Container gründlich ab. Das erspart unseren Decksleuten einiges an Arbeit; sie müssen das Salz ja regelmäßig entfernen, weil es sich in den Stahl hineinfrisst ...«

Wenn ich dachte, die Decksleute könnten nach dem Ablegen eine Pause einlegen, weil es auf dem Meer nicht so viel zu tun gäbe, muss ich diese Meinung spätestens jetzt revidieren.

Sobald sie auf dem Meer sind, fangen sie an, den alten Anstrich abzuschleifen und die Roststellen abzuklopfen, beginnend auf dem Vorschiff an der Gangway. Danach kommt eine Grundierung und jeder Abschnitt wird mit zwei Schichten grauer Farbe be-

Auf der Jagd nach Rost

deckt; dann noch eine Schicht Lack und das Schiff erstrahlt in alter Schönheit. Grün für das Deck, Gelb für die Ladebäume und die Auslegerkräne, Rot für die Schläuche und die Feuer-Notrufsäulen … Schwarz für den Rumpf, Weiß für die Aufbauten.

In ihren weißen Schutzanzügen und den elastischen Schutzhelmen mit integrierter Sonnenblende muten die Männer wie die ersten Pioniere der Luftfahrt an. Da sie an ihren luftigen Arbeitsplätzen, auf den Masten über dem Schiffsdeck und auch über dem Wasser kaum Halt finden, sind sie durch Haltegurte vor dem tödlichen Sturz in die Tiefe gesichert. Trotz des hohen Risikofaktors, den ihre Arbeit besitzt, setzen sich manche von ihnen über die Anordnungen des Kapitäns hinweg und balancieren auf ihrem Hochsitz wie Akrobaten unter der Zirkuskuppel mit nacktem Oberkörper in der sengenden Sonne völlig ungesichert; man könnte es als eine Variante von Russischem Roulette bezeichnen. Anstatt unter ihren dicken Schutzanzügen in Schweiß zu baden, lassen sie sich lieber die Sonne auf den Pelz brennen und die Haut vom Fahrtwind peitschen.

Mit einem Pressluftnadelhammer rücken sie dem Rost zu Leibe, bevor er sich tiefer in den Stahl hineinfressen kann. Danach übermalen sie die Stellen mit dem Pinsel oder einer Rolle und tragen sukzessive vier Schichten Farbe auf, um das Schiff wieder auf Hochglanz zu bringen. Es ist eine zeitraubende Angelegenheit, die sich über die gesamte Dauer der Reise hinzieht. Und wenn sie am Ende angekommen sind, beginnen sie von vorn, weil bereits wieder Rost durch die ausgebesserten Schichten scheint. Diese endlos wiederkehrende Decksroutine wird nur unterbrochen, wenn ein Unwetter heraufzieht, weil der Kapitän dann allen Bordinsassen, Passagieren und Seeleuten, den Aufenthalt an Deck untersagt. Er hat beileibe nicht den Ehrgeiz, die Effizienz des Mann-über-Bord-Rettungsmanövers in der Praxis zu überprüfen.

Heute Abend tritt die Sichel des abnehmenden Mondes hinter den Wolken hervor und taucht das Meer in fahles Licht. Vor uns geht gerade ein Platzregen nieder, und ein »Mondregenbogen«

erscheint am Himmel. Ein Phänomen so selten wie der rätselhafte Nebel, der uns neulich früh schlucken wollte.

Mittwoch, 9. September

Dario ist vernarrt in seine Maschinen und freut sich jedes Mal, wenn ich bei ihm unter Deck auftauche, um mich von seiner Begeisterung anstecken zu lassen.

Heute Abend, während die Sonne hinter den dicken Wolken am Horizont in einem herrlichen Schauspiel untergeht, entdecken wir flache Inseln, die durch die Grisaille auf der Steuerbordseite schimmern: die Îles du Désappointement (wörtlich übersetzt »Inseln der Enttäuschung«), der nördliche Teil der Tuamotuinseln.

Der Name dieser Inseln geht auf die Enttäuschung der ersten Seefahrer zurück, die dort vor Jahrhunderten anlegten und ein lang ersehntes Paradies erwarteten, aber nur dieses verdorrte Land vorfanden, von dessen glanzvollem Potenzial sie nichts ahnen konnten. Hinzu kam, dass den Schiffen noch eine hochriskante Passage durch Korallenriffe und Untiefen bevorstand.

Auf dem Radar sind die Inseln beileibe nicht enttäuschend. Der kleine Archipel, Bestandteil der Tuamotuinseln, wird auf dem königsblauen kreisförmigen Schirm in Gelb und Grün dargestellt. Sieben Silhouetten können wir auf dem Schirm erkennen; sechs davon umgeben eine Lagune, und die siebte Insel hängt wie das Häkchen vom Q am unteren Rand der Gruppe.

Auf dem Weg zu ihren Nistplätzen auf den Inseln fliegen Vögel im abendlichen Dämmerlicht über uns hinweg.

Faszination Radar

Auf der Kommandobrücke, die sich zehn Stockwerke über dem Meer befindet, beträgt die Sichtweite bis zur gekrümmten Linie des Horizonts 16 Seemeilen. Die Reichweite der rotierenden Radarantennen, die das Peildeck 60 Fuß überragen, ist noch größer.

Bei maximaler Sichtweite von 105 Seemeilen sieht man bis zum Vulkan Orohena auf Tahiti.

Ein veränderlicher rosaroter Kreis auf einer Linie mit unserem Schiff erlaubt uns, den Abstand zu einer Gefahrensituation zu ermitteln, egal ob es sich um ein Schiff oder um eine Landmasse handelt. Der kreisförmige Schirm ist mit gelben, teilweise grün umrandeten Flecken gesprenkelt: Um herauszufinden, ob es sich bei einem dieser Flecke um einen festen Körper handelt, Wellenberge oder Wolkenformationen, betrachtet der wachhabende Offizier die Seekarte, auf der unsere Route durch kleine Kreise von einer Stunde zur nächsten mit Bleistift eingezeichnet ist.

In freien Gewässern, die bereits ausgelotet sind, kann sich der Wachoffizier etwas entspannen, doch in der Nacht oder bei schlechten Sichtverhältnissen muss er den Bildschirm ständig im Auge behalten und prüfen, ob die dort auftauchenden Schatten nur Wetterveränderungen anzeigen – oder ein anderes Schiff … Um Irrtümer auszuschließen, kommt eine zweite Wache, um sich die Schatten anzusehen, stets auf der Hut vor unerwarteten Ereignissen.

Während wir uns der Küste nähern, nimmt der Schiffsverkehr zu, und das Selbststeuer wird durch den so genannten Rudergänger auf Handbetrieb umgestellt.

Über einen zweiten Radar können unsere 20-jährigen Nautiker ihre bereits erworbenen theoretischen Kenntnisse in der Praxis überprüfen und sich in den unterschiedlichsten Berechnungen üben. Anhand von Computer, GPS und Kreiselkompass können sie auf die Sekunde genau den Zeitpunkt der nächsten Kursveränderung ermitteln. Außerdem berechnen sie die optimale Geschwindigkeit, die unser Schiff einhalten muss, um einen bestimmten Hafen in einer bestimmten Zeit zu erreichen. Sie ermitteln den Kraftstoffverbrauch und das Gewicht der Ladung, das sich nach jedem Ladevorgang verändert hat, und die Reihenfolge, in der man die Container auf Deck platziert, um den Zugang zu den Ladeluken nicht zu behindern. Die Auszubildenden müssen die von den erfahrenen Offizieren angestellten Berechnungen Schritt für Schritt nachvollziehen. Sie haben zwei Lehrmeister: den Kapitän auf der Brücke und Chefingenieur Dario unter Deck.

Donnerstag, 10. September
Durch die von zwei Gesellschaftsinseln gesäumte Fakarava-Passage laufen wir den ersten Hafen an, seit wir vor 25 Tagen in Le Havre in See gestochen sind.

Meine Mutter befindet sich nach einer Herzoperation auf der Intensivstation, zwölf Stunden von unserer Position entfernt. Zwölf Stunden oder anders ausgedrückt, 18 000 Kilometer. Ich segne den Fortschritt der Medizin und den der Kommunikationstechnik. In kürzester Zeit habe ich eine Satellitenfunkverbindung zum alten Europa am entgegengesetzten Ende der Welt hergestellt und versuche, meiner eigenen Ängste und Schuldgefühle Herr zu werden, weil ich jetzt nicht bei ihr an ihrem Krankenbett sein kann.

Mit einem frisch operierten Herzen, das jetzt in ihrer Brust schlägt, könnte meine Mutter theoretisch 100 Jahre alt werden, so alt wie ihre eigene Mutter. Sicher hat sie Schmerzen. Sie wird sehr tapfer sein, sie wird lächeln und Dankbarkeit bekunden für eine Herzchirurgie, die ihre eigenen Eltern noch nicht kannten. In ihrer Selbstlosigkeit wird sie mir mit vernünftigen Argumenten meine Skrupel auszureden versuchen und mir eine schöne Weiterreise wünschen, weil die Dinge nun einmal so sind wie sie sind und unsere Anwesenheit daran auch nichts ändern könnte … Am Ende wird sie dann noch dem Himmel danken eingedenk dessen, dass heute in aller Welt der Tag des Gebets begangen wird.

Unterdessen hat unser Frachter um zwölf Grad nach Backbord gedreht und kreuzt jetzt vor den flachen Atollen, die sich am Horizont abzeichnen. Ein Palmensaum, prächtige Blüten, weißer Sand, ultramarinblaues Wasser. Mit jeder Umdrehung unserer Schraube rücken wir dem Paradies ein Stückchen näher.

In einer Entfernung von vier Seemeilen Steuerbord taucht die Insel Toau auf, deren Kokospalmen das Wasser nur zehn bis zwölf Meter überragen – ein wahres Kleinod. Eine türkisfarbene Lagune leuchtet aus der Ferne herüber wie eine kostbare Schmuckschatulle, die nach Westen hin von Korallen und hoch aufspritzender Gischt gesäumt ist.

Hier leben vielleicht die berühmten schwarzlippigen Austern. Man setzt ihnen ein kleines Schildpattkügelchen ein, woraufhin sie unter dem ständigen Reiz ein Sekret absondern und den Fremdkörper im Laufe von Jahren mit einer Schicht Perlmutter umgeben, bis eines Tages eine der kostbarsten Perlen der Welt entstanden ist.

Die Schatten werden länger. Ein prachtvoller Sonnenuntergang mit einer Spur von Grün verheißt uns eine sternenklare Nacht; die symbolischen Farben der Hoffnung, des Glücks und glühende Flammen, eine Aura von goldenem Licht, das sich in Rot, Indigoblau, Marineblau, Königsblau, Nachtblau hüllt; dann erstrahlt der erste Stern am Himmelsgewölbe. Natürlich die Venus mit ihrem klaren, intensiven Licht, unzählige Sterne im Gefolge. In dieser reinen, wolkenlosen Dunkelheit ohne künstliches Licht leuchten sie noch intensiver.

Nie habe ich einen Sternenhimmel von dieser Vollkommenheit aus dieser Nähe gesehen. Die wunderschöne Milchstraße, die ein Gefühl von Wehmut hinterlässt, das Profil der Galaxis im Dunst von Myriaden von Sternen, deren Zahl sich nicht genau ermitteln lässt.

Unsichtbare Nebel, ferne Welten, Sturmwinde und in einem letzten Aufzucken verglühende Sterne, neue Sterne, die aus dem Dunkel hervorblitzen, Quasare, weiße Riesen, rote Zwerge, schwarze Löcher, aus denen nicht das geringste Licht entweicht, und andere Welten, die schon längst nicht mehr existieren, wenn wir sie nach Tausenden von Jahren wahrnehmen. Mir wird das Ausmaß meiner Ignoranz in Sachen Astronomie immer bewusster; ich besitze keinerlei Gespür dafür, ob sich in diesem Nichts, das sich vor meinen Augen zeigt, nicht doch ein Planet befindet. Ich muss mich in Zukunft unbedingt mit Himmelskunde befassen und mir ein Teleskop anschaffen.

In der südlichen Hemisphäre, wo der Große Wagen nicht mehr zu sehen ist, sieht man stattdessen das Kreuz des Südens. Der französische Schriftsteller Antoine de Saint-Exupéry war ein Liebhaber dieser Sternenkonstellation. Ich könnte mir vorstellen, dass auch der Kleine Prinz schon einmal dort gewesen ist.

Ein Himmelskörper fällt mir besonders auf, wie ein von Dunst verschleierter Vollmond, der sonderbar schimmert. Unser Kapitän, Astronom aus Leidenschaft, nennt ihn »Schneeball«. Dieser Ball mit seinen verschwimmenden Konturen, ein Faszinosum an diesem einzigartigen Sternenhimmel, hat mich sofort in seinen Bann gezogen, ein Riesenhaufen aus Abertausenden von Sternen, der sicher von vielen uralten wunderschönen Sagen und Legenden umwoben ist.

Papeete, Tahiti

Längengrad 17°32'Süd, Breitengrad 149°35' West

Freitag, 11. September, Sonnenaufgang
Von dieser Stadt, diesen Inseln mit ihren klangvollen Namen habe
ich lange geträumt – nun holt die Wirklichkeit den Traum mit seinem Zauber ein.

Während wir entlang der Nordküste von Tahiti auf den Hafen zusteuern, gehen die Lichter in den Dörfern aus und der bisher so
eintönig graue Saum der endlosen Wolkenketten überzieht sich
mit einem Hauch von Rosé. Die Küste ist von Leuchtfeuern gesäumt. Hinter dem Leuchtturm an der Venusspitze tritt, im Abstand weniger Kabellängen, die Zwillingsinsel Moorea aus dem
Dunst, auf die ich später noch zurückkommen werde. Dann taucht
die gezackte Silhouette des Gebirges auf, mit scharfen, spitzen,
haifischartigen Zähnen. Sie sind durch vulkanische Aktivitäten im
Verlauf erdgeschichtlicher Katastrophen entstanden.

Die *Arunbank* hat ihre Geschwindigkeit gedrosselt und gleitet
einen Moment fast antriebslos dahin; am Korallenriff Weichmanöver nach Backbord. Ein Küstenschiff legt an unserer Seite an
und über eine Lotsenleiter, die der internationalen Norm entspricht, gelangt der Lotse, ein erfahrener Veteran der Meere, aufs
Deck, wo ihn der Erste Offizier empfängt. Der Lotse soll den Kapitän beim Anlegemanöver unterstützen und die Kommandos für
den Rudergänger geben; er bestimmt die Drehgeschwindigkeit
unserer Schraube und beaufsichtigt das Manövrieren der Schlep-

per. Bevor unser Schiff am Kai festmachen kann, muss es seine träge Masse durch eine Drehung von 180 Grad um die eigene Achse in Abfahrtsposition bringen und das auf engstem Raum, in der beklemmenden Enge der hin und her eilenden Küstenfahrzeuge und unzähliger kleiner weiß und rostbraun gestrichener Thunfischfänger, die unter chinesischer Flagge fahren.

Man hat uns einen Liegeplatz am Hauptkai des Hafens zugewiesen, direkt vor der Stadt. Obwohl es gerade erst sechs geschlagen hat, brennt die Sonne schon vom Himmel herab.

Von Dünkirchen bis Papeete haben wir 93 222 Seemeilen zurückgelegt, also ein Drittel unserer gesamten Fahrstrecke in Kilometern. Zeitlich gesehen, haben wir noch drei Viertel der Reise vor uns; dies ist der erste Hafen, den wir anlaufen, um Zement, Betonstahl und Nutzfahrzeuge zu entladen. Nach dem aktuellen Fahrplan sollen wir danach ein gutes Dutzend weiterer Häfen ansteuern.

Die Erkundung von Papeete haben wir erst einmal auf den morgigen Tag verschoben. Momentan genießen wir einfach das Gefühl, zum ersten Mal seit Europa den Fuß auf festen Boden zu setzen. Kaum erhalten wir grünes Licht, sind wir schon unterwegs zum Pier, wo die Fähren nach Moorea anlegen. Unser Schiff liegt direkt daneben. Doch zuvor müssen wir noch einen Abstecher durch den Zoll machen. Das wochenlange Geschaukel auf See ist uns schon so sehr in Fleisch und Blut übergegangen, dass uns eine Art »Landkrankheit« überkommt, die uns etwas unsicher auf den Beinen macht.

Als wir dann die Anlegestelle erreichen, will die *Aremiti* gerade ablegen. Es gelingt uns, im letzten Moment aufzuspringen. Die Überfahrt nach Moorea war kurz und ereignislos.

Moorea
Gleich am Hafen befindet sich eine Touristeninformation, wo uns eine bezaubernde junge Frau begrüßt. Unser Taxichauffeur Justin

verrät uns, dass sie zur Miss Tahiti gekürt worden ist. Sie hat ihn für uns gerufen, damit er uns in der kurzen Zeitspanne, die uns zur Verfügung steht, seine Insel zeigt. Es gibt zwar auch öffentliche Busse, aber da hätten wir Probleme, den Fahrer zum Anhalten zu bewegen, wenn Yucki der Sinn nach einem Foto steht; und er würde uns weder den verborgenen Garten eines Freundes noch die auf der Insel verstreuten Relikte der Geschichte zeigen.

Das Wahrzeichen der Insel ist ein gelber Gecko: *moo* bedeutet Eidechse und *rea* heißt gelb.

»Die schönste Insel des Pazifiks«, meint Justin während der Besichtigungstour mit Yucki und mir durch dieses Paradies.

Erstaunt muss ich feststellen, dass Moorea den Inselparadiesen anderer Meere, wie z. B. Martinique im Atlantik, Mauritius und Rodriguez im Indischen Ozean sehr ähnlich ist. Das betrifft ebenso die Vegetation wie die Freundlichkeit der Insulaner sowie die schwülwarme, von intensiven exotischen Düften erfüllte Luft. Für mich sind alle tropischen Inseln schön; es sind Refugien einer anderen Welt, in der wir den Stress unseres Alltags vergessen können und wo wir uns am liebsten für immer niederlassen würden.

Von seiner eigenen Inselwelt abgesehen, kennt Justin keine anderen Orte im Pazifik. Er ist Miteigentümer einer Perlenfarm auf der Insel Kaa Kura im Tuamotu-Archipel bei Rangiroa, die seine Familie dort betreibt. Da fällt mir ein, dass ich Yucki eine schwarze Perle als Andenken an unseren ersten Landgang im Pazifischen Ozean schenken möchte.

Die Frauen wickeln sich Tücher um die Hüften und stecken sich Hibiskus- und betörend duftende Tiareblüten ins Haar oder hinter die Ohren. Damit signalisieren sie, ob sie ledig oder verheiratet sind oder auch, im einen wie im anderen Fall, ob sie einen Liebhaber suchen. Auf den Antillen geben die Frauen solche Hinweise durch die Anzahl der Knoten in ihren Turbanen. Eigentlich ist es eine schöne Sitte, die zur Vermeidung unnötiger Kränkungen und Missverständnisse beiträgt.

Wir folgen der schmalen, kurvenreichen Küstenstraße, die von einer reichen Vegetation gesäumt wird: Kokospalmen, Bougainvilleen und vielen anderen exotischen Pflanzen. So auch vom legendären Brotfruchtbaum, den die Besatzung der *Bounty* verpflanzen sollte, oder vom als Aphrodisiakum geschätzte Ingwerstrauch.

An den schönsten Plätzen der Insel wurden Touristenzentren errichtet. Die komfortablen Hütten von zweifelhafter Authentizität beherbergen eine bleichgesichtige, gestresste Spezies, die hier auf luxuriösen Passagierschiffen und mit hoffnungslos überfüllten Flugzeugen eintrifft, um sich von einem aufreibenden Alltag in den gigantischen Metropolen der Welt zu erholen. Die so genannte Zivilisation der westlichen Welt hat aus den Fischern von Tahiti Fremdenführer, aus ihren Frauen Dienstmädchen gemacht. Trotzdem sind noch nicht alle Traditionen zerstört.

Sicher kann es mir niemand verdenken, dass mir schon der Begriff Tourist zuwider ist. Ich möchte mich nur als einfacher Gast fühlen, auch wenn ich die unberührte Wildnis, von der ich träumte, nirgendwo finden kann. Es ist mein erster Aufenthalt auf Moorea, und in den wenigen Stunden, die mir zur Verfügung stehen, möchte ich mir einen Einblick in das wahre Moorea verschaffen, eine Realität, die sich hinter dem vordergründigen Klischee verbirgt. Allein das macht mich zum Forscher, wenn auch nur für einen allzu kurzen Augenblick. Ich vergesse, dass man diese Inseln bereits seit Jahrhunderten kennt und ich mich nur wenige Stunden hier aufhalten werde.

Meine bruchstückhaften Eindrücke fügen sich rasch zu einem pointillistischen Gemälde der Insel zusammen: das Lächeln, die Freundlichkeit der Polynesier trotz der aus Norden heranrollenden Touristenströme, ein Menschentypus, der sich am Schnittpunkt verschiedener Ethnien und dreier Kontinente herausbildete, und das türkisgrüne Wasser der Lagune, in Korallen gefasst.

Moorea hat keinen öffentlichen Friedhof: Die Toten werden von ihren Familien im Garten, direkt am Haus begraben. Vor den

Unbilden des Wetters geschützt, ruhen sie dort unter einem flachen, von kleinen Säulen getragenen Stein.

In dieser knappen Zeit haben wir gerade noch die Möglichkeit, die Schönheiten der Natur zu genießen; die Kokospalmen, die man durch Aluminiumplatten gegen Ratten schützt, die Hibiskussträucher mit ihren gelben oder rosaroten Blüten und die Ananasplantagen in der Cook-Bucht. In Pau-Pau (von *paopao*, also Papaya) befindet sich ein Meer von Pistazien- und Filaobäumen, in denen das Raunen des Windes zum Crescendo schwillt. Hinzu kommen üppige Vanillesträucher und die großen gelben Blüten der Alemondas. Die ganze Insel explodiert in den prachtvollsten Farben der Frangipanibäume, die statt Blätter unzählige orangefarbene Blüten tragen, und die weißen Blüten der Tiaresträucher verströmen ihren betörenden Duft.

Unter den kastanienartigen *mape*-Bäumen eines eingezäunten Geländes entdecken wir Steinskulpturen. Es stellt sich heraus, dass sich hier eine Tempelanlage aus dem 13. Jahrhundert befindet, in der die Einwohner Tahitis Menschenopfer darbrachten.

Aus dem Inneren der Insel kommen wir zur Küste zurück: Ein imposanter Gipfel, der Opunohu (Steinfischbauch), trennt den westlichen Abschnitt der Bucht von der Marae Titirosa; *marae* bedeutet heilige Stätte und *titirosa* dicker Busen.

Um die Mittagszeit machen wir es uns auf einer schattigen Terrasse am Ufer der leise plätschernden Lagune bequem und laben uns an einer heimischen Spezialität aus rohem marinierten Fisch, der mit Zitrone und Kokosmilch zubereitet wird. Ich hebe mein Glas mit Roséwein, um mit meiner Frau anzustoßen. *Manuia* – zum Wohl!

Die Polynesier kannten weder Bücher noch Schriftzeichen. Der Vater gab die Geschichte des Clans an den Sohn weiter, dem sie buchstäblich auf den Leib geschrieben wurde – von Kopf bis Fuß in

Der Berg Mauaputa auf der Insel Moorea

kunstvoll tätowierten Mustern. Anhand dieses Stammbaums ließen sich seine Ursprünge bis zu den Anfängen des Stammes, vielleicht sogar bis zu den Ursprüngen der Menschheit zurückverfolgen. »Tätowierung« und »Tabu« sind übrigens Ausdrücke, die wir aus Tahiti übernommen haben.

Rückfahrt über die Küstenstraße. Als wir unter praller Sonne an einer riesigen Scheune vorbeikommen, erklärt uns Justin, dass sich dort an den Samstagnachmittagen ganze Familien zum Kinotag einfinden und sich ein oder zwei Filme ansehen. In der Pause wird auf der großen Wiese das mitgebrachte Picknick verzehrt. Darunter auch eine beliebte Delikatesse namens *fafaru*, in Meerwasser gesottener Fisch mit Reis.

Der Berg Mauaputa, der auf dem Münzgeld von Tahiti abgebildet ist, hat oben ein Loch, eine Legende erzählt warum:

Ein erzürnter Gott aus Tahiti schleuderte seinen Speer gegen
den Gott von Moorea. Er verfehlte ihn jedoch, stattdessen
riss sein Speer ein Loch in den Berg. Der Geist der gelben Eidechse rettete sich mit einem Sprung ins Meer. Bei der Landung brach er mit den Vorderbeinen an zwei Stellen durch
die Korallenbank. Die beiden Öffnungen dienen bis heute
als Durchfahrt.

Wir halten an einer Vanilleplantage. Unter schattigen Gitterkon-
struktionen, Volieren gleich, befindet sich ein Berieselungssystem
für die Palmen, die in Symbiose mit den Vanillepflanzen leben.
Von 17 000 erfassten Orchideenarten ist die Vanille die einzige, die
Früchte trägt – die kostbaren wohlriechenden schwarzen Schoten.

Allmählich wird es Zeit, dass wir uns wieder auf die Hauptinsel
übersetzen lassen. Wir müssen unbedingt noch einmal nach Moorea zurückkommen. Immer wenn ich mich in einen Ort verliebe,
schwöre ich mir, eines Tages wiederzukommen. Aber das Leben
ist zu kurz, um alles machen zu können.

Ankunft in Papeete, 16 Uhr. Wir malen uns schon aus, dass wir unsere ersten Eindrücke morgen vertiefen. Auf der Hafenpromena-
de treffen wir unsere vier jungen Anwärter und gehen mit ihnen
ein Glas Bier trinken. Dann flanieren wir bei Sonnenuntergang
noch eine Weile. Wir setzen uns auf die Terrasse eines Lokals und
bestellen Weißwein; ein Stück von uns entfernt sitzt eine hinrei-
ßende Schönheit, deren Beine mit Tätowierungen bedeckt sind; es
sieht aus, als hätte sie Strümpfe an.

Wir essen in einer belgischen Brasserie zu Abend, wo man uns
mit Linsensuppe und Räucherspeck überrascht. Ich hätte ein Ge-
richt aus der heimischen Küche vorgezogen.

Um 21 Uhr klettern wir wieder an Bord. Da die Lade- und Lösch-arbeiten wider Erwarten bereits abgeschlossen sind, verlassen wir Tahiti noch in derselben Nacht. Um Mitternacht legen wir ab ... ABC - *all be changed.* Dieser Ausdruck, den ich bis dahin noch nie gehört hatte, bringt es auf den Punkt, dass sich alles jederzeit ver-ändern kann. Es wird übrigens nicht die einzige Erfahrung dieser Art bleiben. In Nouméa hätten wir unsere *Arunbank* um ein Haar nicht mehr erreicht ...

Papeete – Auckland

Von Samstag, 12. September, Mitternacht, bis Sonntag, 18. September, 19.30
Uhr, 2206 Meridianminuten = 4086 km

Samstag, 12. September
Mangaia-Atoll, Cookinseln
Wissen Sie, warum so viele Matrosen einen goldenen Ohrring tragen? – Weder aus Eitelkeit, noch aus modischen Gründen; es ist ein alter Brauch.

Immer wieder kommt es vor, dass ein Seemann über Bord geht und ertrinkt. Wenn sein Leichnam an einen Strand gespült wird, soll der Finder dem Toten aus dem Erlös des Ohrrings eine anständige Beerdigung finanzieren.

Sonntag, 13. September
Am Nachmittag überqueren wir den südlichen Wendekreis und halten Kurs auf Neuseeland. Der australische Winter neigt sich gerade dem Ende zu, und so schwimmen noch Eisschollen auf dem Wasser, die erst 1400 Seemeilen vom Packeis abdriften müssen, um schmelzen zu können. Wir sind zur richtigen Zeit am richtigen Ort und könnten mit etwas Glück das faszinierende Schauspiel des Südlichts sehen, dessen Pendant auf der anderen Erdhälfte als Nordlicht bekannt ist. Schottische Dichter verliehen ihm den Beinamen *perry dancers* (kleine Tänzer). Für meine Begriffe ein zu »hübscher« Name für dieses Lichtballett aus dem All ...

Bräuche auf hoher See
Neben Taufzeremonien und Eheschließungen hat der Kapitän zuweilen auch Bestattungen abzuhalten, bei denen der Leichnam

95

dem Meer überantwortet wird. Kommt ein Kind zur Welt, wird es in einer alten bronzenen Schiffsglocke getauft, die früher der Einteilung der Wachschichten diente. Die Ablösung der Wache wurde durch acht Schläge markiert. Wie so viele andere Seemannstraditionen hat sich auch diese bis heute in der Handelsmarine erhalten. Steht die Taufe eines Kindes an, wird die Glocke umgedreht und mit Wasser gefüllt. Nach der Zeremonie wird der Name des Täuflings auf die Innenwand der Glocke graviert.

Seit einem Monat haben wir erstmals schlechtes Wetter. Drei Meter hohe Wellen, am Himmel eine dichte Wolkendecke. Unser sonntägliches Grillfest wird entgegen den Gepflogenheiten in die Mannschaftsmesse verlegt. Mir gegenüber sitzt der 27-jährige Jurij. Er gehört zu den »einfachen« Seeleuten ohne spezielle Ausbildung. Ein waschechter Matrose, vom Meer geprägt, der nicht viel von Schulen und Diplomen hält. Jurij ist ein freundlicher, offener, entgegenkommender Mensch. Übrigens spricht er fließend Englisch, und er hat eine breit gefächerte Allgemeinbildung.

Die Besatzung besteht aus 30 Männern und vier Frauen, davon sieben Engländer und 27 Russen, zehn Offiziere und vier Offiziersanwärter, die Azubis der See. Egal ob Gruppenleiter, Maschinist, Öler, Elektriker, Decksingenieur, Experte komplizierter Berechnungen im Hinblick auf die optimale Verteilung der Ladung oder Schiffskoch, jedes Mitglied der Besatzung ist für bestimmte Arbeiten zuständig.

Da manche Namen gleich doppelt und dreifach vertreten sind, wie z.B. Wladimir, Aleks, Jurij oder Sergej, haben wir sie, also Yucki und ich, insgeheim mit Beinamen ausgestattet. Um sie leichter zu unterscheiden. Wir geben ihnen Namen nach prägenden äußerlichen Merkmalen oder Zuständigkeiten, unser »Stämmiger« zum Beispiel oder unser »Schönling«, unser »Goldzahn«, der »Bootsmann« oder der »Smutje«.

Ein Matrose, der sich zunächst sehr distanziert verhielt, ist inzwischen zugänglicher geworden. Aus mir unbekannten Gründen hat er es sich verbeten, fotografiert zu werden (und taucht auf keinem Foto dieses Buchs auf). Vielleicht handelt es sich um einen Deserteur oder einen ausgebrochenen Sträfling? Natürlich verraten wir ihn nicht. Er ist dabei, sich eine neue Existenz aufzubauen, und so werde ich seinen Namen verschweigen.

Nach und nach lerne ich alle Vornamen auswendig – Mikhail, Anatolij, Valeri, Egor, Ivan, um nur einige davon zu nennen.

Während sich unser Schiff stampfend und rollend aus dem Kern eines Tiefs entfernt, laufen die Wellen zum Heck ab. Das fröhliche Ambiente an Bord ist ungetrübt. In kleinen Gruppen verteilen wir uns über die Messen und den Salon, wo gerade ein Video mit einer US-Comedy läuft. Auch die Passagiere sind integriert wie in einer Großfamilie, und die Offiziere haben mit der Uniform die Rangunterschiede in der Garderobe abgegeben.

Montag, 14. September

Die Temperatur ist auf 17 Grad gefallen. Unterhalb des südlichen Wendekreises endet der Winter. In knapp drei Tagen erreichen wir Auckland, das sich auf dem 45. Breitengrad Süd befindet – wie Turin und Bordeaux auf dem 45. Breitengrad Nord. Das wird unser einziger Abstecher außerhalb der äquatorialen Zone bleiben; den Rest der Zeit navigieren wir in den warmen, blauen Meeren, wo sich die Jahreszeiten nur durch den Wechsel von Leben spendendem Regen und Hitze unterscheiden.

Auf unserem Weg in Richtung Auckland holt uns ein Containerschiff ein. In Papeete lag es während der Löscharbeiten neben uns am selben Kai. In Neuseeland haben wir es wiedergesehen. Dort sollte es vor uns Anker lichten, und wenn wir in Nouméa einlaufen, wird es bereits am Kai liegen, das Be- und Entladen in vollem Gange.

»Sie gehen jedes Risiko ein«, kommentiert unser Kapitän. »Sie fahren nicht nur mit großer Kraft, sondern noch schneller, mit äußerster Kraft voraus, und das bei jedem Wetter, ohne Rücksicht auf Verluste. Mit einem Leichtsinn, der schon kriminell ist, aber

Profitstreben ist das Einzige, was diese Gesellschaften kennen. Die heuern wahre Kamikazeleute an!«

Die metallischen Wände unseres schwimmenden Dorfes hallen wider von Gerüchten, Legenden, Anekdoten und Informationen aller Art. Kritische Äußerungen oder Klagen kommen mir jedoch nie zu Ohren. Der Informationsaustausch beschränkt sich auf die Seewetterberichte, die Kommentare zu den Tagesmenüs, die Aleks und Valentina für uns in der Küche zusammenstellen, Shoppingtipps für den nächsten Landgang: die schwarzen Perlen von Tahiti, Opale und Perlmuttmuscheln von den neuseeländischen Inseln, billiger Schmuck und Baumwollkleidung auf den Fidschis. Der Kapitän empfiehlt uns eine Kneipe namens Rose and Crown und einen Besuch auf einem der umliegenden Weingüter. Des Weiteren hören wir von einem Hafenrestaurant vor der Anlegestelle der Fähren, von der Einkaufsgalerie auf der Queen Street und der neuen Sky City, die wie ein moderner Turm von Babel anmutet. Ich hätte Lust auf den Kneipenbesuch, wegen des Ambientes, und auf einen Bummel durch die Innenstadt. Für einen Abstecher in die Umgebung ist keine Zeit. Auch hier nehme ich mir fest vor, auf einer künftigen Reise wiederzukommen. Auf dieser Reise hat der Schiffsalltag samt Lösch- und Ladeoperationen im Hafen Vorrang vor der Besichtigung touristischer Ziele.

Noch in den weiten Wüsten Afrikas, in den höchsten Bereichen der Alpen und in den spärlich besiedelten Polargebieten muss es bestimmte Frequenzen geben, über die sich Gerüchte über eine Fahrzeugpanne, ein Bergsteigerunglück oder einen Blizzard in Windeseile verbreiten. So ist es auch auf dem Meer, wo man über Funksatelliten, Fernschreiber und Radio mit dem Rest der Welt in Verbindung steht. Dennoch wird, noch bevor der Seenotruf hereinkommt, noch bevor die Brücke durch den Alarmton in Vibrationen versetzt wird, hinter vorgehaltener Hand gemunkelt, vor den Philippinen sei ein Schiff mit 300 bis 400 Personen an Bord in einen Taifun geraten!

Dienstag, 15. September

Wir nähern uns dem Tiefseegraben der Kermadecinseln. Auf dem Meer, wo der Tag nur durch die Mahlzeiten gegliedert wird, verbringen wir oft mehrere Stunden in unserer Suite. Yucki ordnet ihre Fotos, fertigt individuelle Bildlisten für jeden Film an und schreibt kleine Briefe an Freunde und Bekannte, die sie dann im nächsten Hafen dem Reedereiagenten mitgibt.

Ich selbst redigiere unterdessen meine stichwortartigen Notizen über den Alltag an Bord, oder ich stehe vor der Wand an einer Seekarte, auf die ich die täglich neu von mir ermittelten Positionen eintrage, um den Routenverlauf nachzuzeichnen. Manchmal halte ich auch ein kleines Schläfchen, damit ich morgens pünktlich aufstehen kann und auf der Kommandobrücke mit Stanislav den Sonnenaufgang um vier Uhr erlebe.

Mittwoch, 16. September

Um Mitternacht nach Bordzeit wird das Datum umgestellt. Wir haben die internationale Datumsgrenze des 180. Längengrads zwar schon gestern in Richtung Westen überquert, aber der Kapitän wollte die Uhr nicht an zwei aufeinander folgenden Tagen zurückstellen.

Donnerstag, der 17. September, findet nicht statt!

Man hat mich um einen Tag betrogen. Obwohl ich weiß, dass es in Wirklichkeit nicht so ist, bin ich frustriert.

Ein voller Tag und eine Stunde sind verloren. Von Mittwoch den 16., eine Sekunde nach Mitternacht, springen wir direkt in den Freitag, 18. September, 23 Uhr und eine Sekunde. Dieses trickreiche System hat man sich ausgedacht, um den weltweiten Austausch von Daten, der durch die rasanten technischen Entwicklungen im Transportwesen und der Telekommunikation immer dichter wird, zu erleichtern.

In meinem vier Monate währenden Wachtraum hat dieser Tag natürlich trotzdem existiert.

Freitag, 18. September

Noch knapp 100 Seemeilen bis Auckland. Aus der tropischen Klimazone kommen wir in ozeanische Breiten, und mich fröstelt ein bisschen. Der Wind weht aus West, und die Wellen erreichen, zusammen mit der Dünung, eine Höhe von 6,54 Metern. Das Wasser wird hoch bis über die Back gespült.

In gleichförmiger Routine, die durch diese Art des Reisens vorgegeben ist, ziehen wir beharrlich und stur durch die Meere, wobei sich in jedem Moment neue Nuancen ergeben; die Beobachtung der Wetterlage ergänzt das Studium der Seekarten und die Ermittlung der Schiffsposition.

Jedes noch so geringe Vorkommnis ist uns eine willkommene Abwechslung. In den letzten zwei Tagen begleiteten uns drei Albatrosse; über Stunden hinweg patrouillierten sie in langsamem Gleitflug dicht über den Wellen, den Blick unverwandt in unser Kielwasser gerichtet. Derweil sah ich mir ihr Treiben von der Brücke aus an und deklamierte meinen Baudelaire in den Wind. Heute dagegen genießen wir das Schauspiel der hoch aufspritzenden, zerstäubenden Gischt, die Salzflecken auf der Back hinterlässt.

Gegen 14 Uhr Ortszeit – oder vier Uhr früh in Paris – entdecke ich mit meinem Fernglas die ersten Umrisse der Inseln vor den Küsten Neuseelands. Aus dem Hintergrund treten die Konturen eines gezackten Gebirgskamms plastisch hervor. Bei Sonnenuntergang verlangsamen wir unsere Fahrt, um den Lotsen an Bord zu nehmen.

Nach einem festgesetzten Ritual, das wir bereits bei der Durchquerung des Panamakanals und vor Papeete beobachten konnten, steuert ein schnelles, stabiles Küstenboot auf uns zu, stimmt sich auf unser Tempo ein und legt sich an unsere Seite. Dann klettert der Lotse die an der Bordwand herunterhängende Strickleiter zum Schiffsdeck hoch. Er wird uns bis zu unserem Liegeplatz führen. Von unserer Weltumrundung erlebt er nicht mehr als diese paar Kabellängen, die wir mit verlangsamter Fahrt zurücklegen.

Die Lotsenleiter ist an der Reling der Kommandobrücke befestigt; sie besteht aus ungleichmäßigen Querhölzern, die nach einem bestimmten Schema zwischen zwei dicke Handläufer aus Tauwerk gespannt sind. Jedes Mal, wenn ich den Lotsen auf dieser Leiter heraufkommen sehe, überkommen mich Heidenängste. Nicht auszudenken, wenn er eines Tages das Gleichgewicht verlöre! Er fiele direkt in den Abgrund zwischen Bordwand und dem sich entfernenden Lotsenboot, in die sich drehende Schraube! Auch während dieses Manövers haben wir noch eine Geschwindigkeit, die immerhin acht bis zehn Knoten beträgt.

Seit wir den gestrigen Tag, wenn nicht aus unserem Leben so doch aus dem Kalender, streichen mussten, kommen wir jetzt mit jeder Zeitstufe, die wir durchqueren, der mitteleuropäischen Zeit schrittweise wieder näher. Die Präzision der Berechnungen im Hinblick auf die geografischen Angaben hat Vorrang. Langsam und gemächlich ziehen wir auf einer fast schnurgeraden Linie – auf Kurs 230° – um die halbe Welt.

Innerhalb der nächsten sechs Wochen werden wir den Kurs des

Bei immerhin acht bis zehn Knoten Geschwindigkeit klettert der Lotse über eine Strickleiter an Bord

Öfteren ändern. Wir werden in rascher Reihenfolge zahlreiche Häfen anlaufen, mit nur ein bis zwei Tagen auf dem Meer dazwischen. Wir werden Mehl entladen, Kraftfahrzeuge, Zucker und die tolle Jacht, die auf dem Deck zwischen die Container geklemmt wurde und eines Tages ohne uns in südlichen Meeren kreuzen soll. Danach werden die leeren Tanks mit neuen Waren beschickt, die wir nach Europa mitführen: Kaffee und Kopra (Kokosfleisch), Palm- und Kokosöl. Dieser Abschnitt der Reise erstreckt sich über einen Zeitraum von 45 Tagen und gliedert sich in zirka zwölf Etappen. Dann geht es zurück ins alte Europa. Aber lassen wir das lieber im Moment.

Wir haben zwölf Landgänge vor uns, eventuell werden es 14, denn nach dem Wahlspruch eines Hochseekapitäns kann sich alles jederzeit ändern. Eine E-Mail, ein Fax der Reederei, und der geplante Zwischenstopp in Suva auf den Fidschis wird gestrichen und durch Zielhäfen in Malaysia und Sumatra ersetzt ... im Prinzip jedenfalls. Welchen Hafen wir als nächsten anlaufen, wissen wir mit hundertprozentiger Sicherheit erst dann, wenn Kosta oder Stanislav sich in die Kursberechnungen vertiefen, die Entfernungen zum neuen Zielhafen ermitteln und die errechneten Werte dann mit Bleistift und Radiergummi auf die Seekarte übertragen.

Das Kreuz des Südens, verloren in einem Meer von Sternen, in dem sich selbst ein Astronom nur noch mit den richtigen Karten und Computerprogrammen zurechtfinden kann ... In dieser Nacht erläutert uns Jon wieder einmal die Position der Gestirne am Himmel: hier der »Schneeball«, dort Saturn, dessen Ringe ich in Cap Canaveral anlässlich des Starts eines bemannten Weltraumflugs bewundern konnte, und da drüben leuchtet Jupiter. Aber eigentlich brauche ich keine Namen, um ihre Schönheit zu genießen.

Auckland, Neuseeland

Breitengrad 36°50' Süd, Längengrad 174°50' Ost

Freitag, 18. September (Fortsetzung)

Vor dem Kurswechsel gehen wir noch einmal auf die alte Kurslinie zurück. Auf der Steuerbordseite liegt Great Barrier Island. Vor uns der Leuchtturm, der ganz anders ist als der von der Insel Martinique. Nach Backbord die Nordinsel Neuseelands. Eine Bucht öffnet sich an der Küste mit Auckland in der Mitte; die »Brüllenden Vierziger« sind nicht weit.

In diesen nicht sehr tiefen Gewässern liegt das Wrack der *Rainbow Warrior,* die hier 1985 durch einen Anschlag des französischen Geheimdienstes in die Luft gesprengt wurde. Opfer waren die Umweltschützer auf dem Schiff. In den Medien ebenso wie in den Kreisen der französischen Regierung erregte die Nachricht großes Aufsehen.

Um 19.30 Uhr werfen wir Anker. Nach einem erfolglosen Versuch, ein Taxi ausfindig zu machen, finde ich mich neben Yucki eine halbe Stunde später auf dem Zubringerbus des riesigen Containerschiffs wieder, das mit uns seit Papeete um die Wette fährt und schon wieder startklar macht. Unsere erste Besichtigungstour findet »Kopf nach unten« statt; schon machen sich die Hebevorrichtungen an unserem Schiff zu schaffen. Offenbar hat man hier keine Zeit zu verlieren. Weder mit den rund um die Uhr stattfindenden Lade- und Löschmanövern noch mit einem Landgang, dessen Zeit höchst knapp bemessen wurde.

Wie überall in den Tropen sind auch in dieser Stadt die Straßen nach Einbruch der Dunkelheit verwaist ... Wir kommen in eine enge Gasse, wo uns eine Neonreklame *Park in the Bar* über einer Haustür anstrahlt. Die drei Gorillas, die man dort postiert hat, erweisen sich als unerwartet freundlich und einer von ihnen begleitet uns über die Schwelle ins Innere.

Allem Anschein nach befinden wir uns in einem Szenetreff der Jugend von Auckland. Sie sind ganz in Schwarz gekleidet, von einer direkten, unverblümten, freundlichen Art. Auch ein paar Stadtstreicher und Muskelprotze sind da und trinken ihr Bier in einer 50er-Jahre-Filmkulisse. Die Stimmung ist gut, die Luft verraucht, und aus den Lautsprechern dröhnt Musik.

Ich gehe zur Theke und bestelle eine Flasche Cabernet der Region, der übrigens ganz ausgezeichnet ist. Als ich mich nach einem Tisch umsehe, erkenne ich in der Dunkelheit am entgegengesetzten Ende des Saals ein paar Mitglieder unserer Crew. Aleks, Artur, Anja, Yevgenia und ein Blonder, mit dem ich noch nicht Bekanntschaft geschlossen habe. Unsere Blicke kreuzen sich, sie lächeln zu uns herüber, etwas unsicher, wie sie sich verhalten sollen.

Wir zaudern nicht lange und steuern direkt ihren Tisch an; sie bieten uns Plätze an, und kaum haben wir es uns bequem gemacht, beginnt ein großes Palaver, alle reden durcheinander, eine Runde folgt der nächsten. Yucki meint auch, dass sie uns jetzt in die Familie aufgenommen haben. Wir gehören dazu, ohne dass jemand ein Wort darüber verliert. Die Kluft zwischen Besatzung und Passagieren ist aufgehoben. Ich bin sehr glücklich, dass uns die Crew der *Arunbank* in dieser Geschlossenheit akzeptiert hat.

Eine Legende

Am Anfang war das Meer und nichts als das Meer. Dann kamen die Götter der Maori auf die Idee, einen Köder auf einen Angelhaken zu stecken, um die Nordinsel wie einen Fisch aus dem Meer zu ziehen. So entstand Maoriland.

Können Sie verstehen, dass ich diesen mündlich überlieferten Entstehungsmythos viel romantischer finde als die Kontinentaldrifttheorie? Dieser Archipel ist nicht durch vulkanische Aktivitäten entstanden, sondern durch tektonische Verwerfungen.

Das Instrument der Götter wird heute von heimischen Handwerkern als Glücksbringer aus Büffelknochen nachgebildet; die symbolische Bedeutung richtet sich nach der jeweiligen Form. Eine Muschel oder ein stilisierter Delfin bringen dem Seemann Glück auf dem Meer, ein Vogel oder ein lächelndes Gesicht stehen für Glück in der Liebe.

Die Völker und Kulturen der Maori gingen in einem Schmelztiegel der Nationen auf, die aus allen Teilen des Pazifiks, aus China, Russland, Vietnam, Japan, Australien, Kanada, den Vereinigten Staaten von Amerika, Mexiko, Mittel- und Südamerika und Europa in das Land strömten.

Voller Bewunderung besichtigen wir ein Kriegsschiff der Maori, das bis zu 60 Krieger aufnehmen konnte. Das 30 Meter lange Karry wurde aus einem Baumstamm herausgeschnitten; heute benutzt man es noch, um Inselwettbewerbe im Fischerstechen auszutragen. Im Hafen von Papeete konnten wir uns zu unserer Freude selbst davon überzeugen, als sich dort bei Sonnenuntergang Frachter, Fähren und kleine, elegante, aber verrostete chinesische Thunfischfänger zum Trainieren versammelten.

Samstag, 19. September

Vom Fernsehturm, hoch oben über der Sky City, schweift unser Blick hinüber zu der geschützten Reede, wo unser Schiff vor Anker liegt. Aus dieser luftigen Vogelperspektive sieht es wie ein winziges Spielzeug aus. Die Stadt, die sich auf demselben Längengrad wie Patagonien befindet, kennt keinen Schnee. Unsere Vorfahren wussten schon, wo es sich leben lässt.

Auckland hat eine vorwiegend moderne Architektur, dazwischen liegen verstreut jedoch noch alte viktorianische Häuser mit Stuckverzierungen und Ziegeldächern. Das erinnert mich an

Städte wie Houston und Montreal in der Größenordnung von anderthalb Millionen Einwohnern.

Wir gehen zum Patio. Als wir auf der Terrasse zu Mittag essen, fühle ich mich beinahe wie im Vieux Carré von New Orleans. Das hübsche Bistro war uns sympathischer als das Drehrestaurant in luftiger Höhe über der City. Die Kalbshaxe ist eine lokale Spezialität, und sie mundet hervorragend.

Das Grün der öffentlichen Anlagen leuchtet wie Smaragd. Tulpen und Narzissen blühen schon. In zwei Tagen beginnt der australische Frühling.

Auckland – Nouméa,

Von Samstag, 19. September, 18 Uhr, bis Dienstag, 22. September, 07.30 Uhr,
967 Meridianminuten = 1791 km

Samstag, 19. September

Nachdem wir die Fahrrinne hinter uns gelassen und dem Schlepper und dem Lotsen Adieu gesagt haben, erneut Kursänderung voll nach Norden unter Beibehaltung der normalen Reisegeschwindigkeit von 18 Knoten. Über unserem Schiffsheck glänzt das Kreuz des Südens; morgen überqueren wir erneut den südlichen Wendekreis.

19 Uhr, und es ist schon dunkel. Einzellige Lebewesen, die durch unsere Passage aufgeschreckt werden, treiben ein leuchtendes Band in unser Kielwasser. Diesen Vorgang bezeichnet man als Biolumineszenz. Nicht der fotosynthetische Vorgang, sondern die chemische Reaktion eines Enzyms ist der Auslöser für dieses Phänomen.

Das faszinierende Schauspiel vermittelt mir den Eindruck, auf einem Meer aus flüssigem Kristall und Aquamarin zu schweben. Auch in den kommenden Nächten treibt das Plankton als leuchtendes, zartgrün bis hellblau reflektierendes Band in unserem Strudel.

Irgendwie verwirrt es mich ein wenig, dass ich mich hier nicht an einer Landkarte mit eingezeichneten Städten und Straßen orientieren kann, sondern mit Hilfe meines GPS Koordinaten ermitteln muss und sie nach dem Abgleichen der Ergebnisse mit den drei auf der Kommandobrücke untergebrachten Systemen auf die

Seekarten an der Wand unserer Kajüte übertrage. Keine Straßennamen, sondern Passagen, Kaps und Koordinaten.

Sonntag, 20. September

An der Nordspitze der Nordinsel Neuseelands streifen wir die Grenze der Tasmansee, überqueren sie aber nicht.

Nach wie vor tragen die Nautiker die von ihnen ermittelten geografischen Werte samt Anmerkungen ins Logbuch ein, im Allgemeinen mit dem Bleistift, manchmal auch mit dem Kugelschreiber. Tinte ist wegen ihrer Wasserlöslichkeit für diesen Zweck nicht geeignet. Sollte das Schiff kentern, wären alle Eintragungen dieses zentralen Speichers verloren; die chronologischen Aufzeichnungen der letzten Stunden vor dem Unglück wären verschwunden, und niemand könnte mit Sicherheit sagen, ob der Unfall durch menschliches Versagen oder höhere Gewalt verursacht worden ist.

Im Kartenraum sind mehrere 100 äußerst detaillierte Karten untergebracht. Die mit Bleistift eingezeichneten Markierungen werden nach jeder Reise ausradiert, um das kostbare Kartenmaterial wieder verwenden zu können.

Die Dünung erreicht Stärke acht; trotz strahlender Sonne schaukelt das Schiff auf dem Wasser; der Horizont bildet eine gestochen scharf gezogene Linie.

Unter unserem Schiffskiel sind seit 50 Jahren die Wracks des Kriegs im Pazifik begraben. Jetzt bestätigt sich übrigens ein Gerücht, das in der letzten Woche kursierte: Vor Mindanao kenterte ein philippinisches Fährschiff mit 400 Passagieren. Taifun George tobt über die Antillen hinweg, ein anderer Wirbelsturm verwüstet Shanghai.

Ich bin mit Yucki auf der Affeninsel, als wir die Sirene hören, zwei Töne: Wale auf der Backbordseite!

In großer Entfernung befinden sich drei Wale, gut erkennbar an ihren Fontänen, die sie beim Ausatmen in die Luft spritzen. Dann ein kräftiger Schlag mit dem Schwanz, und sie verschwinden in den Fluten.

Während vier Meter hohe Dünungswellen von Nordosten nach Südwesten rollen, befiehlt der Kapitän, unverzüglich den Kurs zu ändern, um den Meeresriesen auszuweichen. Er möchte sie nicht durch die Geräusche unserer Maschinen oder die Schwingungen unseres Propellers erschrecken.

Zum ersten Mal in meinem Leben sehe ich, wie eine Haifischflosse vor mir die Wasseroberfläche durchschneidet. Heute ist ein Glückstag: Jetzt kommt auch noch eine Delfinfamilie, die sich rund um unser Schiff im Wasser tummelt!

Nach dem Abendessen feiern wir Geburtstag: Offiziersanwärter Bob wird 21. Neben einer Geburtstagstorte mit brennenden Kerzen erhält er noch kleine Geschenke. Der junge Mann ist hoch gewachsen, selbstbewusst, schlagfertig, witzig und humorvoll. Nach einigen Jahren Erfahrung auf See wird er bestimmt Karriere machen. Ich kann ihn förmlich vor mir sehen, wie er als Schiffsführer sein wird. Der Kapitän hat ihm den Spitznamen »Peanut« gegeben: Im Russischen, unserer zweiten Bordsprache, bedeutet Bob nämlich Erdnuss.

Als die Sonne untergeht, beruhigt sich die See. Die Luft ist hier wärmer als bei unserem Landgang in Neuseeland, doch die nächsten Hundstage kommen bestimmt. Im Bereich zwischen dem nördlichen und dem südlichen Wendekreis gibt es keine so ausgeprägten Unterschiede zwischen Sommer und Winter wie bei uns, sondern nur eine kalte und eine warme Saison. Auch die Kälte ist übrigens eine relative Größe: Das Thermometer fällt nie unter 17 Grad.

In dieser Nacht war ich wieder mit Yucki auf der Affeninsel um den Sternenhimmel zu bewundern, wir können uns nicht satt sehen an diesem Zauberspiel! Ganz besonders intime, romantische Augenblicke unter den Myriaden von Sternen, die so nah scheinen, so nah ...

Dienstag, 22. September

Wie so oft, gehe ich auch heute Morgen wieder um vier Uhr in den Brückenraum. Wenn ich aus den hell beleuchteten Gängen eintrete, dauert es eine Weile, bis sich meine Augen an das Halbdunkel gewöhnt haben. Heute brauche ich keinen Kaffee zu kochen. Stanislav ist schon da; morgens und nachmittags jeweils von vier bis acht kommt er hierher in die Schaltzentrale unseres Schiffs zu seiner Wache. Wortlos genießen wir das Schauspiel des dem Meer entsteigenden Sonnenballs. Um sechs Uhr überqueren wir einen aktiven Vulkan, der sich auf dem Meeresgrund im Cook-Graben befindet.

Im Süden der Korallensee, mit dem Großen Barriereriff im Westen, beginnen die Hoheitsgewässer Neukaledoniens. Zwei oder drei Stunden, bevor wir in den nächsten Hafen einlaufen, kommt Unruhe in das bis dahin so stille Ruderhaus, und es stellt sich eine konzentrierte Arbeitsatmosphäre ein. Fünf Männer, Schemen im diffusen Licht der Radarbildschirme und Leuchtskalen. Kapitän Jon hat die Aufsicht; Stanislav bewacht den Radarschirm, und Offiziersanwärter Bob befindet sich am Echolot, denn wir navigieren hier in der Tat nicht in tiefen Gewässern. Obwohl die Seekarten ausführliche Angaben enthalten, gibt es große Bereiche, die noch nicht erforscht sind. Wenn wir uns über einer untermeerischen Bodenerhebung befinden und die Anzeige sich auf die Untergrenze von zwölf Metern zubewegt, wird es kritisch ... wehe uns, wenn wir hier auf einer unsichtbaren Sand- oder Korallenbank auf Grund laufen!

Ein Matrose, unser »Stämmiger«, steht am Steuer, während Robert am Ausguck Wache hält. Die Sicht reicht kaum weiter als bis zum Buglicht. Das Wetter ist scheußlich. Der Regen prasselt auf die schräge Glasfront, die den 25 Meter langen Raum auf einer Seite begrenzt. Die Sicht ist praktisch auf null reduziert. Ich halte mich so diskret wie möglich im Hintergrund, um nicht zu stören. Jon erweist mir schließlich einen großen Gefallen damit, dass er mich auf der Brücke als Zuschauer duldet, so dass ich ihm die Rücksichtnahme schuldig bin.

Nach dem Seegesetz verpflichtet sich der Kapitän, das Manövrieren seines Schiffes beim Ansteuern eines Hafens selbst zu übernehmen und dies dem wachhabenden Offizier durch ein klar und deutlich vernehmbares »Ich übernehme« kundzutun. Seine Anwesenheit bedeutet nicht, dass er automatisch die Verantwortung übernommen hat.

Jon hat einen Teil der Nacht damit verbracht, die Frachtpapiere und sonstige Dokumente für den Zoll, die Spedition und den Reedereiagenten vorzubereiten.

Ein grauer Tag verdrängt die Finsternis. Als die Sicht besser wird, lässt die angespannte Konzentration langsam nach. Das blinde Navigieren nach Instrumenten ist kein Kinderspiel. Sie können technisch noch so ausgefeilt sein, die Aufmerksamkeit und das Reaktionsvermögen des Menschen in kritischen Gefahrensituationen werden sie nie ersetzen.

Das Korallenriff wird von drei Passagen durchbrochen. Wir wählen die weiteste Öffnung, an der auch das Wasser am tiefsten ist. Die beiden anderen Passagen sind eher für Fischerboote und kleinere Küstenschiffe geeignet.

Die Kommandos werden laut und deutlich in rascher Reihenfolge hintereinander angesagt.

»Kurs null, vier, sieben«, sagt der Kapitän, und der Rudergänger spricht nach:

»Kurs null, vier, sieben.«

»Danke.«

Nach einer Weile, wenn der gewaltige Frachter auf dem gewünschten Kurs liegt, kommt die Rückmeldung des Rudergängers:

»Kurs null, vier, sieben liegt an.«

Ein »Dankeschön« erfüllt den selben Zweck wie das »Okay« der Funkdialoge.

»Stan, siehst du den Lotsen auf dem Radar?«, fragt Jon. Die Frage wird bejaht.

»Peanut, du nimmst das Funksprechgerät und bringst den Lotsen direkt auf die Brücke, sobald ich es dir sage.«

»Kurs null, fünf, null.«

»Ruder null, fünf, null.«

»Danke. Achtung, meine Herren, überprüfen Sie die Position anhand der Karten und des GPS; es gibt starke Strömungen.«

Das Lotsenschiff kommt uns ziemlich weit entgegen; die Passage in der Höhe des Leuchtturms Amédée, zwölf Seemeilen vor der Küste, gilt als gefährlich. Das Boot dreht bei, stimmt seine Geschwindigkeit auf unsere ab und begleitet uns einen Moment, dann legt es an unserer Seite an, der Lotse steigt die Leiter hoch, und das Boot entfernt sich.

»Auf Steuerbord.«

»Steuerbord okay«

»Sehr langsam.«

»Sehr langsam okay«

Mit *starboard* (engl.) oder zu Deutsch Steuerbord bezeichneten die Wikinger die rechte Seite ihres Drachenbootes, wo das Steuer untergebracht war.

Bei der Einfahrt in den Hafen passieren wir eine große Nickelverarbeitungsanlage; Nickel ist das »grüne Gold«, ein Hauptexportgut des Landes. In dieser Fabrik wird das Metall von den sulfidhaltigen Ausgangsmaterialien getrennt. Bestimmt wurde das kostbare Erz auch durch vulkanische Aktivitäten aus den Tiefen der Erde nach oben befördert.

Früher war Nou eine Insel; mit der Zeit ist es jedoch durch die Schlackenablagerungen mit dem Land zusammengewachsen. Die Gebäude der alten Irrenanstalt, die dort einmal betrieben wurde, stehen noch, sind aber leer.

Während wir in den Hafen hineinfahren, zeichnen sich backbord die Umrisse des Îlot du Maître ab, eine flache, von Palmen gesäumte Scheibe im Meer. Die Japaner haben sie zu ihrer Hochzeitsinsel gekürt und dort eine weiße Kapelle mit dem Glamour einer Hollywoodkulisse errichtet. Ehen werden dort geradezu am Fließband geschlossen.

Der Kapitän gibt die Empfehlungen des Lotsen an den Rudergänger und die Maschinisten weiter. Nach und nach gelingt es, unser massiges Schiff in einem butterweichen Landungsmanöver glatt und ohne anzuecken in unsere Lücke am Kai zu legen.

Um 7.30 Uhr stoppt Dario die Maschinen. Drei Deckseleute lassen bereits die Gangway herunter, und wir warten schon ungeduldig darauf, zum ersten Mal im Leben einen Fuß auf neukaledonischen Boden zu setzen.

Der Regen wird stärker.

Nouméa, Neukaledonien

Breitengrad 22°18' Süd, Längengrad 166°24' Ost

Dienstag, 22. September (Fortsetzung)

8 Uhr

Nouméa befindet sich direkt am südlichen Wendekreis. Während der gesamten Zeit, die wir uns dort aufhalten, bleibt die Sonne hinter den Wolken verborgen. Es regnet immerzu, aber wir sehen auch ein paar Regenbogen.

Wir werden erwartet. Freunde unserer Kinder in Paris haben erfahren, dass wir nach Nouméa kämen. Jean-Paul und Anne-Marie stehen bereits am Kai, als die Gangway heruntergelassen wird. Sie begrüßen uns strahlend und nehmen uns dann mit auf den Markt. Obwohl sie noch nicht alt sind, hat Jean-Paul in einem legendären französischen Fallschirmbataillon in Indochina gedient.

Fische und Früchte mit klangvollen Namen. Die Brasse heißt *bec-de-cane*, der Steinbeißer wird *mérou* genannt. Hinzu kommen Papageifische und der Dawa, ein Kuriosum der Meere, das sich nur von pflanzlicher Kost ernährt, keine Schuppen hat und kräftig riecht. Die rote Süßkartoffel kannte ich ja schon, aber dass sie in ihrer Heimat *taro* genannt wird, wusste ich nicht. Die Yamswurzel und die Brotfrucht sehe ich zum ersten Mal, ebenso *bougna*, das uns auf einer Bananenschale präsentiert wird. In dieser Form wurde mir bereits einmal Reis serviert, in einem Bambusstock in Asche gegart. Damals war ich mit Yucki in einem Kriegsgebiet, um über die kambodschanischen Flüchtlingslager zu berichten.

Nach dem Stadtrundgang folgt ein Mittagessen am Hafen: Hirschfilet-Carpaccio und ein köstliches Mahï-mahï auf der

Grundlage eines lokalen Verwandten des hellen Thunfischs. Unsere liebenswürdigen Gastgeber leisten uns noch bis in den Abend hinein Gesellschaft.

Wir gehen ins Tjibaou-Museum für soziale Anthropologie, wo wir uns faszinierende Exponate des traditionellen melanesischen Kunsthandwerks ansehen. Die Sammlungen sind über eine Gruppe ovalförmiger, mit feinem Lattenwerk verkleideter Konstruktionen verteilt. Entworfen wurden sie von Renzo Piano, einem der Architekten des Pariser Centre Pompidou. Das Museum umgibt ein wunderschöner Park, durch den sich der Kanakpfad windet.

Während wir noch dabei sind, die Antipoden Europas zu entdecken, hat die Besatzung ihre Arbeit an den Ladebäumen und in den Ladeluken aufgenommen. Die Hafenarbeiter stellen die Container nach einer präzise festgelegten Ordnung bereit, um den Aufwand späterer Ladeoperationen möglichst gering zu halten. Die riesigen Behälter werden durch die Ladeluke auf den Boden hinuntergelassen. Anschließend werden die Ladeluken geschlossen und andere Ladungen auf dem Deck bereitgestellt. In denselben Laderäumen, die bisher Betonstahl oder Nutzfahrzeuge beherbergten, befinden sich nun Pflanzenöltanks, Kopra in Form von Schüttgut, Holz und sonstige Güter verschiedener Art. Die *Arunbank* ist eben wirklich ein universell ausgelegter Frachter.

Mittwoch, 23. September
Es regnet immer noch. Wir besuchen das Aquarium. Höhepunkt ist eine in der Dunkelheit grünorange fluoreszierende Korallenbank, deren sonderbare Formen mich an die Reisterrassen im vietnamesischen Bergland erinnern. Dass man Korallen bei Knochentransplantationen in der Chirurgie einsetzt, ist mir allerdings neu!

Dann widmen wir uns dem volkskundlichen Museum mit den unterschiedlichsten originellen Exponaten aus dem gesamten südpazifischen Raum. Es sind ihrer so viele, dass ich meine Aufzählung auf eine kleine Auswahl beschränken muss:

Stoffe aus gepresster Banyanrinde in verschwenderischer Fülle, Penishüllen, die als Kriegerrüstung dienen, Dolche, aus dem Stachel des Rochenfisches gefertigt, Küchenreiben, Messer aus rosa Perlmutt zum Schälen von Yamswurzeln, gewellte Scheiben als Einsatz für Hackapparate und zahlreiche Geduldsspiele.

Im Nordwesten von Papua, im wilden Sepik, tragen die Eingeborenen eine kleine Holzmaske als persönliches Ausweisdokument auf der Brust. Jeder Stamm hat eine andere Maske. Ich würde gerne ein paar Exemplare mit nach Hause nehmen.

Im nächsten Saal der Ausstellung geht es um den Brandrodungsfeldbau: Man sieht Knüppel, die zum Umgraben des zuvor aufgelockerten Erdreichs benutzt werden; die Bodenbearbeitung ist eine Sache, die das ganze Dorf angeht und gemeinschaftlich durchgeführt wird.

Hinzu kommen Steine für Taro, die zur Kennzeichnung des persönlichen Eigentums mit roten Bändern verziert werden. Die Taroknollen werden in Brackwasser gesetzt und anschließend nach alter Sitte kultiviert. Ein Stein soll das Wasser sprudeln lassen; Bambusstäbe mit eingeritzten Tänzer- und Fischmotiven, Ohrgehänge aus Schildpatt, ein Kopfputz aus Paradiesvogelfedern.

Tanz- und Opferrituale für den Regen, zur Abwehr des Zyklons. Boote aus bunt angemaltem Bugholz. »Einweg-Masken« zur Überführung der Totenschädel zu ihrer letzten Ruhestätte in Flüssen und Meeren.

Einweihungsrituale unter Verwendung von »Schweinegeld« und Kopfputz aus Holz und Stroh. Durch die Überwindung der drei Entwicklungsstufen – Korallenriff, Pflanze, Haus – mehrt der Kandidat sein Ansehen im irdischen Leben und sichert sich eine hohe Stellung im Reich der Toten. Weitere Riten, z. B. Ahnenopfer, papuanische Perücken aus Pflanzenfasern und Tanzmasken.

Der Regen lässt nach. Wir stehen gerade vor der Solferino-Bar, einer Seemannskneipe im Hafen, als im Abendrot ein prachtvoller dreifacher Regenbogen am Wolkenhimmel erscheint. Dann wenden wir dem Ufer den Rücken zu und schlagen uns über braches Gelände in Richtung Altstadt. Vor einem der wenigen noch offenen Speiserestaurants mit bedeckter Terrasse werden wir schwach. Nachdem wir den ganzen Tag über auf den Beinen waren, knurrt uns der Magen, und eine Pizza wäre uns gerade recht, um den Tag würdig ausklingen zu lassen. Um 22 Uhr müssen wir auf der *Arunbank* sein. In der Regel endet unsere Abwesenheitserlaubnis zwei Stunden vor der planmäßigen Abfahrtszeit. Auf diesem dritten Landgang fühlen wir uns schon so erfahren, dass wir unseren allzu knapp bemessenen Landurlaub unbedingt bis zum Schluss voll auskosten wollen.

Am Nebentisch sitzen zwei junge Uniformierte der französischen Marine beim Aperitif, um einen Schock zu verdauen, den sie gerade erlebten. Sie erzählen uns, was passiert ist. In den Tropen lebt man bekanntlich mit der Sonne. Sobald es dunkel wird, werden die Geschäfte geschlossen und die Bürgersteige hochgeklappt. Da wurden unsere Seeleute von einer Schar junger mit Beilen und Messern ausgerüsteter Rebellen attackiert. Angesichts der zahlenmäßigen Überlegenheit ihrer Angreifer hatten die beiden keine andere Wahl als die Beine in die Hand zu nehmen und um ihr Leben zu laufen.

Wir lassen es uns gerade schmecken, als um 19 Uhr eine Sirene vom Hafen herüberschallt. Ein leiser Verdacht steigt in mir auf; ich glaube, dass wir gemeint sind.

Da ist irgendetwas im Gange, was nicht vorgesehen war ...

Wir lassen alles stehen und liegen, die Teller sind noch halb voll; ich zahle in aller Eile und bitte den Wirt, ein Taxi zu rufen. Wir sind noch drei Kilometer vom Hafen entfernt, und die Straßen sind völlig ausgestorben. Jetzt fehlte uns nur noch, dass wir unterwegs von einer dieser Banden mit gezückten Waffen aufgehalten werden.

Am Hafentor lungern einige aufgedonnerte Gestalten herum. Es sind Transvestiten, die hierher kommen, um Matrosen »aufzureißen.«

Direkt hinter dem Lotsen steigen wir über die Gangway an Bord. Kaum sind wir oben, wird sie hochgezogen, und unten am Kai machen sich die Hafenarbeiter bereits an unseren Leinen zu schaffen.

Kapitän Jon sieht uns grinsend von der Brücke entgegen. Aber er ist stolz auf uns. Er hätte uns vor Ablauf des Zeitlimits, das er uns am Morgen gesetzt hatte, nicht erwartet.

»Ihr habt also verstanden, dass die Sirene euch galt? Guter Reflex. Die anderen sind schon an Bord, und das Be- und Entladen ging schneller über die Bühne als erwartet. Wir sind gezwungen abzulegen, wenn der Lotse an Bord ist. Und der kam heute vier Stunden vor der Zeit!«

Das ist eben der Unterschied zwischen einem Frachtschiff und einem Luxusliner. Als Passagier eines Frachters muss man ständig auf der Hut sein, weil sich alles jederzeit wieder ändern kann. Ich glaube jedoch, dass ein Quäntchen Disziplin niemandem schadet. Und außerdem verleiht es unserer Reise ein gewisses Etwas. Aber diesmal war es knapp. Nur fünf Minuten später, und wir hätten unserem Schiff nach Lautoka hinterherfliegen müssen ... wobei es nicht so sicher ist, ob Lautoka überhaupt von Nouméa angeflogen wird!

Nouméa – Lautoka

Donnerstag, 24. September

Am helllichten Tag ist es stockfinster geworden, der Himmel ist dicht verhangen; unser Bug bohrt sich in vier Meter hohe Wellen, die Garben von Gischt auf die Back klatschen.

Am Nachmittag verstärkt sich das tropische Unwetter. Für die Fidschis ist dieser strömende Regen der erste seit einem Jahr. Hoffen wir, dass die regengesättigten Wolken, die uns von allen Seiten umgeben, bis zu den noch rund 400 Seemeilen entfernten Inseln vordringen.

Als die Nacht hereinbricht, wird die See noch schwerer. Die *Arunbank* erzittert, schlingert, vibriert unter heftigen erdbebenartigen Stößen, bäumt sich auf wie ein junges Fohlen und hebt ihre Nüstern über das Wasser. Dann findet der stählerne Koloss seine Balance wieder, und der wilde Tanz beginnt von vorn. Die immer stärker phosphoreszierenden Wassermassen hüllen unser Vorschiff in Nebel aus Gischt. Jede siebte Welle spritzt hoch bis an die Spitze unseres Auslegerkrans.

Unaufhörlich blitzt es durch die dichte Wolkenfront, die uns umgibt, die lautlosen Blitze zucken in der Ferne auf, und plötzlich sind sie so nah, dass der nachfolgende Donner das Brüllen unserer Maschinen schluckt. »Ich bin jetzt seit 20 Jahren auf See, aber das ist das größte magnetische Gewitter, das ich je erlebt habe«, sagt unser Kapitän. »Dagegen war das Unwetter in Cristobal vor einem Monat ja noch harmlos.«

Tapfer kämpft sich das Schiff durch die Wellen, die sich in senk-

119

rechten Wänden vor uns aufbauen. Die südpazifische Gegenströmung, die wir auf unserem Nordostkurs wieder gefunden haben, ist zu schwach, um ihren Einfluss spüren zu lassen.

QUELLE: INSTANT WORLD NEWS
Santo Domingo, 24. September
In der Dominikanischen Republik hat der tropische Wirbelsturm George nach den letzten Schätzungen mehr als 100 Opfer gefordert; weitere 70 Menschen starben nach einer Meldung des Seewetteramtes gestern Abend bei einem Unwetter. Die Lokalzeitung Listin Diario berichtet, 26 Menschen hätten in den Überschwemmungen ihr Leben verloren.

Freitag, 25. September
Um die Mittagszeit immer noch raue See, Stärke sechs; wir bohren uns durch eine acht Meter hohe Dünung.

16 Uhr
Vor der Navul-Passage kommt uns der Lotse entgegen. Wir dringen in die Lagune der Gewässer von Nadi ein und steuern langsam das Ufer an. Bis zu unserem Liegeplatz am Kai brauchen wir fast zwei Stunden. Es gibt zwar andere Passagen, die sich näher am Hafen befinden; sie sind jedoch nicht für unser Schiff geeignet, da unser Tiefgang bei Vollbelastung fast zwölf Meter beträgt. Selbst die Fischerboote haben dort Probleme mit Untiefen; sie müssen sehr wachsam sein und den richtigen Moment, die richtige See abpassen, wenn sie sich nicht den Rumpf von der scharfen Kante eines Riffs aufschlitzen lassen wollen.

Zu unserer Erleichterung liegt der von uns angesteuerte Küstenabschnitt nicht mehr im Einflussbereich der heftigen Dünung und der Winde aus Osten. Wir steigen wieder auf die Affeninsel und saugen die feuchtschwüle Luft in die Lungen.

Als die Sonne untergeht, wird es heller am Horizont. Yucki fotografiert die Insel Tavarua vor einem prächtigen orangeroten Himmel. Dann wird es langsam dunkel, und das Licht bricht sich in unzählige Farben. Der fünfte Hafen, den wir anlaufen, ist in diesem Moment eine einzige endlos lange Schnur schimmernder, bunter Perlen im Archipel der Träume.

Da wir wegen der schweren See unsere durchschnittliche Reisegeschwindigkeit um drei Knoten verringern mussten, legen wir vier Stunden später an als es nach dem in Nouméa erstellten Fahrplan vorgesehen ist.

Wie »Lotsenfische« erscheinen die Schlepper im schäumenden Wasser, um uns beim Anlegemanöver im Licht der Scheinwerfer zu unterstützen. Unwillkürlich denke ich, dass ich das schon mal gesehen habe und fühle mich wie ein alter Seebär.

Lautoka, Fidschiinseln

Am Kai, Breitengrad 17°36'25" Süd, Längengrad 177°26'27" Ost

Samstag, 26. September

8 Uhr

Die ganze Nacht über zogen sich die Ladevorgänge unter unserem Bullauge hin. Zwei Männer hocken auf den lichtüberfluteten Containern und haken die Zugketten an den vier Ecken ein; einem überdimensionalen Spielwürfel gleich, wiegt jedes dieser Behältnisse rund 30 Tonnen, präzise ausgedrückt 30 480 Kilogramm. Da es an geeigneten Hafeneinrichtungen mangelt, muss der Kranführer jeden Behälter einzeln auf eine schwergutgeeignete Ladungsplattform hieven. Jon macht mich darauf aufmerksam, dass sich die Anordnung der Container auf dem Deck nach jedem Ladevorgang verändert.

Viti Levu ist die Hauptinsel dieses 360 Inseln umfassenden Archipels. Im dämmernden Morgen schweift mein Blick über die Docks bis Lautoka, einer Hafenstadt mit niedrigen Häusern, inmitten von Mangroven und nackten Hügeln. 60 000 Menschen leben dort.

Im Grunde ist die Anlegestelle für ein so großes Schiff ungeeignet; mit 170 Metern ist die *Arunbank* so lang, dass sie mit Bug und Heck nur ganz knapp in die Lücke zwischen den pendelnden Fährschiffen und den kleinen Thunfischfängern und Küstenbooten passt.

Jetzt erhebt sich ein kräftiger, regengesättigter Wind aus Nordost, genau in der Achse unseres ankernden Schiffs.

122

Da die Taue durch die Überbeanspruchung zu Bruch gehen könnten, hat man ihre Zahl um zwei auf insgesamt neun erhöht. Wir haben an einem Betonpoller im Wasser, 100 Meter vor der Küste, festgemacht. Die neun Taue haben jenseits der Reling aus Sicherheitsgründen eine Metallbeschwerung. Bei einem Leinenbruch könnte es in Folge der gewaltigen Rückschlagkraft zu entsetzlichen Unfällen kommen.

Die Gangway ist hochgezogen, niemand kommt von außen aufs Schiff und niemand kann es verlassen, die Ladeoperationen sind unterbrochen, die Kräne stehen still. Aus einem geplatzten Schlauch, der den Tankwagen mit unserem Reservetank verbindet, spritzt gelbes Kokosöl über die weiße Karosserie.

Jeder Container wiegt 30 480 Kilogramm

Die Windböen haben uns fünf bis sechs Meter vom Kai abgetrieben; die Schlepper fordern Unterstützung an, um uns wieder in Arbeitsposition bugsieren zu können.

Nachdem das Wetteramt drei weitere Schlechtwetterfronten erwartet, empfiehlt uns der Kapitän, nicht ohne seine Begleitung an Land zu gehen. Er hat unsere Ausgeherlaubnis soeben von elf auf 14 Uhr verschoben. Sollte der Wind noch stärker werden, wird Jon möglicherweise beschließen, noch einmal aufs Meer hinauszufahren, dort Anker werfen und das Abflauen des Windes abwarten. Um uns bei dem schwierigen Manöver zu unterstützen, würde man Schlepper für uns bereitstellen und die beiden Segelschiffe, die uns den Weg verstellen, entfernen.

Das Gebot der Sicherheit ist vorrangig, und alle Manövrier-, Lade- und Löschoperationen werden mit großer Gewissenhaftigkeit ohne jede Hast abgewickelt. Die Sicherheit der Personen und der Ladung hat absoluten Vorrang.

Sollte der Sturm noch länger anhalten, würden wir die Lösch- und Ladeoperationen abbrechen und zunächst nach Santo, dem nächsten Anlaufhafen, der anderthalb Tage von hier entfernt ist, weiterfahren. Anschließend würden wir dann noch einmal hierher fahren.

Die *Arunbank* drückt sich wieder an den Kai, der Sturm flaut ab. Der Kapitän verwirft seinen Plan, auf hoher See das Ende der Wetterfront abzuwarten. Schließlich können die Ladevorgänge fast pünktlich abgeschlossen werden, das Umfüllen der 3004 Tonnen Kokosöl mit eingerechnet. Um 13 Uhr hätten wir ablegen sollen; dann wurde der Termin auf 16 Uhr verschoben, und nun warten wir immer noch auf die Ankunft der drei angekündigten Transporter. Sie kommen aus Suva, der Hauptstadt der Fidschiinseln, 200 Kilometer von hier, und haben noch wichtiges Ladegut für uns. Aber sie sind auf dem Weg. Mit fünf Stunden Verspätung laufen wir von Lautoka aus.

Gegen Mittag regt sich kein Lüftchen mehr. Kapitän Jon begleitet mich zum Kai hinunter, wo ich mich in der Nähe einer Arbeitergruppe, die gerade Mittagspause hat, unter einem Palmendach niederlasse. Jons Grinsen lässt mich vorsichtig werden, er weiß anscheinend, was mich erwartet …

Es wird eine herzliche Begrüßungsrunde.

Im Büro der Hafenarbeiter, genauer gesagt in einer Ecke einer Wellblechhütte, zeigen sie mir ein Foto vom Juli 1964. So sah es damals hier aus: der Kai und die Mangrovensümpfe, das war alles. Die Stadt ist extrem schnell gewachsen.

»Sie bringen uns den Regen«, sagt ein Hafenarbeiter und strahlt mich unter seinem gelben Schutzhelm an. »Es ist der erste Regen seit neun Monaten. Wir heißen Sie willkommen.«

In der Tat wirken die Kokospalmen ziemlich traurig und schlaff, und der Rasen ist braun … Ob die Trockenheit auch auf das Konto des berüchtigten El Niño geht, der neuerdings weltweit als Erklärung für alle Klimakatastrophen herhalten muss?

Kawa

Ein älterer Mann, den sie Dikki nennen, bietet mir einen Schluck Kawa an. Aus einem Wassereimer schöpft er den vergorenen Saft in eine ausgehöhlte halbe Kokosnuss. Er überreicht sie mir. Die beigefarbene, trübe Flüssigkeit sieht wie Spülwasser aus. Aber das ist noch nicht alles, es kommt schlimmer … Fader Geschmack mit einer bitteren Note. Unter der aggressiven Adstringens dieser obskuren Flüssigkeit ziehen sich meine Geschmacksknospen zusammen; meine Zunge fühlt sich noch Stunden danach taub an. Mein pelziger Gaumen ist wie abgestorben.

Inzwischen haben mich die Männer nach der bestandenen Feuerprobe freundlich grinsend umringt. Verkrampft lächele ich zurück. Ich habe Kawa noch nie probiert; aber was die Männer nicht wissen können, ist, dass ich am 23. September im Lokalanzeiger von Nouméa, den *Nouvelles calédoniennes* unter der Schlagzeile

»Vorsicht vor unkontrolliertem Kawagenuss« folgende Warnung gelesen habe: »Obwohl die Kawapflanze bekanntlich berauschende und narkotisierende Wirkstoffe enthält, wird sie nicht als Rauschgift oder Betäubungsmittel geführt ...«

Ich würde ja schon gerne wissen, was diesen widerlichen Nektar zum Gären bringt! In Kalifornien machen Kawa in Pillenform gerade Furore. Auch wir haben Kawapflanzen »zu Forschungszwecken« für medizinische Labore in Hamburg an Bord genommen.

An diesem Abend kommt es auf der Kommandobrücke zu einer regen Diskussion: Da die Wurzel nur unter Speicheleinwirkung fermentiert, wird sie nicht im Mörser zerkleinert, sondern gründlich durchgekaut und eingespeichelt, angeblich von Kindern. Ob von »kleinen Buben« oder »kleinen Mädchen«, bleibt der Fantasie überlassen.

Kawa ist ein traditionelles Kultgetränk der melanesischen Völker und Bestandteil eines uralten, religiösen Rituals. Ausschließlich männliche Erwachsene, ohne Rücksicht auf Äußeres, Alter, verfaulte Zähne oder üblen Mundgeruch, sind befugt, die Wurzeln einzuspeicheln. Anschließend spucken sie die breiige Masse auf ein Bananenblatt, verdünnen sie mit Wasser und füllen das Ganze dann in Kannen ab. Frauen und Kindern ist der göttliche Genuss verwehrt; sie dürfen nur aus größerer Entfernung zusehen. Plötzlich wird mir so übel wie noch nie; selbst der ärgste Sturm auf hoher See hat mir nicht so zugesetzt.

Es regnet schon wieder. Die Luft riecht angenehm würzig, undefinierbar. Nelken, Jasmin, Sandelholz? Alles falsch. Es ist einfaches Kiefernharz: Wir haben Holzspäne für Japan geladen, sie werden zu Spanplatten weiterverarbeitet. Auf Viti Levu wurden der großflächigen Aufforstung mit Kiefernwäldern alte Primärwälder geopfert. In Colo Suva, einem Hochtal oberhalb der Hauptstadt, gibt es eine Baumschule, die sich dem Schutz der heimischen Arten widmet.

Irgendwo in der Nähe hatte der kanadische Filmschauspieler Raymond Burr, der den Starverteidiger Perry Mason auf der Leinwand verkörperte, einen Orchideengarten angelegt, den er nach dem Gebirgskamm, der sich im Hintergrund erhebt, als schlafenden Riesen bezeichnete.

»Das letzte Mal, als ich auf den Fidschis an Land ging, habe ich mich dort umgesehen«, erzählt Dario. »Plötzlich war es dunkel. Du weißt ja, wie schnell es in den Tropen dunkel wird. Um in das Hochtal zurückzukommen, musste ich durch ein verschlafenes Dorf. Irgendwann hielt ein Jeep neben mir und ein freundlicher Waldhüter bot mir an, mich mitzunehmen und am Schiff abzusetzen. Er war ganz aufgeregt. ›Sie haben Glück, dass man Sie nicht

Siesta nach dem Kawa

niedergestochen hat. Bevor man hier durch ein Dorf geht, muss man den Häuptling um Erlaubnis fragen.‹«

Quelle: Instant World News
Auf seinem Weg durch die Karibik hat der Wirbelsturm George mindestens 180 Todesopfer gefordert. Seit Freitag früh tobt er weiter in Richtung Südflorida, wo die Bevölkerung die letzten Sicherheitsvorkehrungen getroffen hat. Die evakuierten Zonen sind militärisch abgeriegelt.

Am frühen Nachmittag gehen wir in die Stadt, nachdem die Abfahrt wetterbedingt verschoben werden musste. In der Naviti Street reihen sich, wie so oft in den Tropen, unzählige kleine Geschäfte aneinander, von Chinesen geführt, alle mit demselben Sammelsurium an Alltagsutensilien, schönen Stoffen, kitschigen Andenken und Lebensmitteln.

Die ganze Stadt pulsiert anlässlich des soeben begonnenen Zuckerfestivals, das hier alljährlich stattfindet. Mit Jahrmarktbuden unter dem Riesenrad, Tandoori-Verkaufsständen und Zithermusik, die aus den Lautsprechern schallt. Die halbe Stadt hat sich auf dem Festgelände eingefunden; alle haben sich herausgeputzt. Die Frauen tragen indische Saris und malaiische Wickelröcke, *sarongs* genannt. 25 Prozent der Bevölkerung sind muslimisch; auch Christen leben hier, die Mehrheit der Inselbewohner jedoch verehrt Krishna. Die Zuckerraffinerie bleibt während der gesamten Festivitäten in Betrieb. Wenn die kleinen Waggonreihen mit Zucker und Melassetanks beladen über die schmalen Gleise fahren, hat man den Eindruck, in den Kulissen eines Theaters zu sein.

Da ich ein kommunikativer Mensch bin, pflege ich mir bei jedem Landgang ein paar Wörter in der Landessprache zu merken. Das ist so eine Gewohnheit von mir, auch wenn mir bewusst ist, dass ich meine Vokabeln in Tamashag (Sprache der Tuareg), Arabisch, Hebräisch oder Inuktitut (Sprache der Inuit) bald schon wieder vergessen habe. Zumal hier im südpazifischen Raum, wo sich im Lauf der Jahrhunderte durch den kulturellen Schmelztiegel eine besonders reiche Vielfalt an Sprachen und Mundarten ausbilden konnte.

AUSDRÜCKE IN DER SPRACHE DER FIDSCHI,
DIE SEHR WEICH AUSGESPROCHEN WIRD:

bula	guten Tag
vinaka	Dankeschön
moce	auf Wiedersehen

7. Etappe:
Lautoka – Santo

Von Samstag, 26. September, 16 Uhr, bis Montag, 28. September, 7.30 Uhr,
590 Meridianminuten = 1093 km

Samstag, 26. September (Fortsetzung)

Wie immer vor dem Auslaufen herrscht eine fieberhafte Hektik.
Das Entladen der Güter ging rasch. Trotz ihrer Verspätung ist die
Arunbank der Zeitplanung des australischen Superintendenten
für den pazifisch-ozeanischen Raum noch um einen vollen Tag
voraus. Mit diesem Zeitvorsprung lassen sich eventuelle künftige
Verzögerungen ausgleichen. Der Reedereivertreter ist zuständig
für die Reiseplanung der vier Frachtschiffe, die im Verlauf ihrer
Erdumrundung im Abstand von 10 000 Kilometern Monat für
Monat in diesen Gewässern aufkreuzen.

Der Bogen der riesigen Mondsichel berührt die Horizontlinie; die
beiden Spitzen weisen zum Zenit. Das Meer streift seine Haut ab,
chamäleongleich changierend von wolkigem Grau und Himmel-
blau bis hin zu prächtigem Türkis, das sich aus der Mischung von
Salz und Korallen ergibt.

Helle Schleierwolken, so genannte Zirrostrati, stehen schönes
Wetter verheißend am dunklen Himmel. Die beiden Wolken an
der Spitze bilden zusammen einen weit aufgerissenen Rachen, der
im nächsten Augenblick den Mond verschlingt, der Schwanz des
Ungeheuers windet sich in Mäandern dem Horizont entgegen.
Immer noch treiben die Algen ihre leuchtenden Bänder in den
Schaum unseres Kielwassers. Eine warme, klare Nacht beschließt
die vorangehenden zehn stürmischen Tage. Im fahlen Licht des
Mondes wiegt uns die Dünung in den Schlaf.

130

Santo, Vanuatu

Breitengrad 15°30'925" Süd, Längengrad 167°11'287" Ost

Montag, 28. September

Vanuatu ist der neue Name für die Inselgruppe der Neuen Hebriden. Bis Ende 1980, als das franko-britische Kondominium auslief, hieß die kleine Stadt Santo Lugainville.

Der Hafen ist so eng, dass man bei Dunkelheit nicht einfahren darf. Wir fahren mit einer Maschine, um nicht zu früh einzutreffen, und haben unsere 18 Knoten auf 15 gedrosselt.

In Santo gibt es keine Schleppboote. So vollführt die *Arunbank* ohne Hilfe eine halbe Drehung um ihre eigene Achse, bis der Bug in die Richtung der Hafeneinfahrt zeigt; dies ist eine Vorsichtsmaßnahme für den Fall, dass wir von einem Zyklon überrascht werden. Vor sechs Jahren tobten zwei verheerende Wirbelstürme gleichzeitig über dieses Gebiet hinweg, Nigel und Numa. Und jetzt ist ja gerade »Saison« ...

Wir halten schräg auf den Kai zu. Ein Boot kommt uns entgegen und bringt unsere Wurfleinen mit den schweren Knoten an den freien Enden zum Kai. Dort warten die Matrosen, um unsere Bug- und Heckleinen über die Poller zu legen. Danach lassen wir uns unter Zuhilfenahme unserer Winden Stück für Stück an den Kai heranziehen, bis sich der Schiffsrumpf dicht an die Pier legt.

Die Lagerhäuser sind halbrunde türkisgrüne Blechschuppen, die einst von amerikanischen Truppen errichtet wurden. Die ersten

131

Relikte des Zweiten Weltkriegs, die ich in diesen Breiten sehe, zeigen mir die strategische Bedeutung dieses Gebiets. Während der Pazifikfeldzüge diente es den Amerikanern als Stützpunkt. Fünf Millionen GIs wurden durch Santo geschleust, so auch ein gewisser John Fitzgerald Kennedy. Als Lieutenant befehligte er das berühmte Patrouillenschiff PT 109, das in Santo stationiert war. 1943 wurde Kennedy auf die Salomonen versetzt, und 17 Jahre später zog er ins Weiße Haus ein.

Genau in dem Moment, als wir anlegen, exakt um 7.30 Uhr, geht ein kurzer aber doch heftiger tropischer Regen auf uns nieder. Der Geruch nach verbrannten Kokosschalen erfüllt die Luft. In den angrenzenden Plantagen wird das Fleisch der Kokosnüsse getrocknet und zu Kopra weiterverarbeitet.

Sogleich werden die Schüttgutcontainer geöffnet und in Bewegung gesetzt, damit der Inhalt auf Feuchtigkeit und Gewicht kontrolliert werden kann. Sobald der Regen nachlässt, wird man den Inhalt in unsere Laderäume einleiten.

Wenn Kopra feucht wird, setzen Gärungsvorgänge ein, die es nicht nur unbrauchbar machen, sondern auch eine stille Oxidation in Gang setzen, die einen Schwelbrand in den Laderäumen verursachen kann. Unter dem Achterdeck stehen zur Sicherheit mit Kohlendioxid gefüllte Metallbehälter zur Brandbekämpfung bereit.

Nachdem wir nun die Hälfte unserer Seereise zurückgelegt haben, wird der Crew ein Kurzurlaub von zweieinhalb Tagen zugestanden, und auch wir haben endlich einmal Gelegenheit, die Region zu erkunden, ohne ständig auf die Uhr schauen zu müssen. Die Besatzung hat in den letzten sieben Wochen, die für mich so rasch vergangen sind, Schwerstarbeit geleistet. Nach dem Auslaufen in Hull kamen sie über Antwerpen und Hamburg nach Dünkirchen, wo sie uns an Bord genommen haben. Santo ist der zehnte Hafen, den sie anlaufen, und sie hatten noch keinen einzigen Ruhetag.

Wenn wir auf dem Meer sind, lösen sich die Männer im Maschinenraum und auf der Kommandobrücke rund um die Uhr mit dem Wachdienst ab. Die Matrosen, die beim Anlaufen eines Hafens für das Vertäuen des Schiffs, das Manövrieren der Schiffskräne und die Kontrolle der Lade- und Löschoperationen zuständig waren, müssen auf dem Meer das Schiff auf Vordermann bringen. Alle Oberflächen werden bis in die hintersten Ecken Zentimeter für Zentimeter abgeschmirgelt, um den Rost zu beseitigen und das Schiff rundherum aufzupolieren, bis es in seinen ursprünglichen Farben in neuem Glanz erstrahlt.

Yucki und ich gehen jedes Mal unverzüglich von Bord, wenn uns der Zahlmeister die Erlaubnis dazu erteilt. Bis zu der kleinen Stadt sind es zwei bis drei Kilometer; zu unserem Glück hält gerade ein Taxi am Hafeneingang, und ein Fahrgast steigt aus. Ich wende mich an Kenneth, der uns in den nächsten drei Tagen, die wir hier verbringen, das Land zeigen wird. Unsere Interessen beschränken sich nicht auf touristische Ziele. Freilich zeigt uns Kenneth auch eine Reihe der eher unspektakulären Highlights seiner Inseln, aber er hat rasch begriffen, dass uns hauptsächlich die Bewohner und ihre Lebensart interessieren.

Innerhalb weniger Minuten haben wir die Hauptstraße von Santo hinter uns gelassen. Auf der Heckplattform der kleinen Transportfahrzeuge, die hier für den öffentlichen Nahverkehr eingesetzt werden, drängelt sich eine bunte Menge geduldig lächelnder Passagiere. Am Ortsausgang müssen wir wegen einer Baustelle eine Zeit lang im Stau warten. Ein anderes Überbleibsel aus der Ära der amerikanischen Streitkräfte ist die behelfsmäßige Eisenbrücke über den Fluss, die nach über 50 Jahren endlich durch eine neue Betonbrücke ersetzt wird. Die letzten Spuren der Geschichte werden beseitigt.

Über enge holprige Pisten dringen wir ins Herz dieser friedlichen Insel vor, die ohne ihr Zutun zwischen die Fronten des Weltkriegs geraten war. Die alten, mit Erdreich getarnten Blechbunker dienen den Bauern heute als Zuflucht vor dem herannahenden Zyklon. Baufällige Hütten. Hinweisschilder aus Lochstahlplatten, im Recyclingverfahren aus behelfsmäßigen Landebahnen gewonnen und mit roter und weißer Farbe bemalt, kündigen Baustellen und Fahrbahnverengungen vor den Brückenübergängen an. Fragmente anderer Landebahnen aus Beton und Motorschrott von alten Bombern verrosten unter Sträuchern und handtellergroßen Spinnweben im Dschungel.

Während wir mit dem Taxi Kilometer um Kilometer über den Asphalt rollen, entfaltet sich vor unseren Augen ein wahres Feuerwerk tropischer Vegetation. Yucki hegt von Haus aus eine Liebe zu Pflanzen, egal ob wild in der Natur oder im Garten wachsend, und so halten wir immer wieder an, damit sie fotografieren kann: Kakao- und Bananenbäume, Kaffeesträucher, Kawapflanzen,

Die prachtvolle Blüte einer Ingwerpflanze

Ananas, Brotfruchtbäume, die hier das Fleisch auf dem Speiseplan ersetzen, Banyanfeigen, auf den Mauritiusinseln *pied-la-fourche* genannt, Ingwerblüten und was weiß ich noch alles.

Eine Landstraße. Kinder in Uniform verlassen die Schule, wo man sie zu gehorsamen Untertanen erzieht. Fröhlich winken sie uns zu, als wir vorbeifahren. Auf einem Schild der stolze Hinweis »Französische Gemeinde von Fanafo, Bildungszentrum«.

Kurz darauf umfängt uns eine völlig andere Welt, die seit Jahrtausenden stillzustehen scheint.

Fanafo

Kenneth bittet Saen, den Häuptling von Fanafo, um Einlass in das Dorf. Die Erlaubnis wird erteilt.

Unberührt von der modernen Zivilisation, leben die Menschen hier noch wie in der Steinzeit. Aber sie tun es aus freien Stücken. Sie ernähren sich von Süßkartoffeln und Tapioka. Dieser museale Ort scheint auf der Grenze zwischen Traum und Wirklichkeit zu schweben. Aber was wird aus diesen Traditionen, wenn man die Kinder zur Schule schickt?

Wir schließen Bekanntschaft mit der ungefähr 35-jährigen Viarai und ihrem kleinen Enkelsohn; eine andere Frau in der Nähe ist gerade dabei, Taro zu reiben.

Vatu, ein junger Mann, bietet uns frische Erdnüsse zum Probieren an. Sie schmecken so köstlich, dass sie mit dem, was wir in Europa unter dieser Bezeichnung erhalten, kaum vergleichbar sind.

Sie sind schön anzusehen, diese Überlebenden der Jungsteinzeit. Die meisten von ihnen gehen nackt; manche Frauen haben ein Tuch um die Hüften geschlungen. Sie hausen in Großfamilien in dunklen, hohen, mit Palmenblättern bedeckten Gemeinschaftshütten; in der Mitte befindet sich eine in den Boden eingelassene Mulde, wo ständig ein Feuer brennt. Ein Bereich ist durch Bodenmatten abgeteilt; dort werden Kinder gezeugt und zur Welt gebracht, dort wird gelebt, geschlafen und gestorben. Alt und

Jung, alles durcheinander, ohne einen Schimmer davon, dass der Rest der Welt inzwischen über ein virtuelles Netz Informationen tauscht, dass man in kürzester Zeit den Kontinent wechseln kann, dass Astronauten in fremde Galaxien vorstoßen ... Aber vielleicht bin ich ja selbst ein Anachronismus.

Durch den Dschungel

Auf dem Rückweg zur Küste nehmen wir zunächst den Big Bay und kämpfen uns dann auf einer schlechten Piste zwei Stunden lang durch den Urwald. Oberhalb der Baumfarngewächse steigt der Wald noch mehrere Stockwerke weiter hoch. Die Baumkronen sind in *rewele* gehüllt, das sind extrem starkwüchsige Wildreben mit übermäßig großen Blättern, die von einer Stunde zur nächsten alles überwuchern und das Meer aus Laub zu einer einzigen grünen Masse verbinden.

Ohrenbetäubendes Gekreisch begleitet uns auf unserem Weg. Grüne Loripapageien stieben in Schwärmen auf, und wild lebende Schweine laufen uns vor die Räder. Unter diesen atemberaubend hohen Laubwänden steuern wir einen paradiesischen Strand an.

Der Champagnerstrand

Das Wasser ist so durchsichtig, als wäre es Luft, nur das zarte Plätschern verleiht ihm Substanz. Ich tauche ein, bis mein Körper seine Schwere verloren hat. Der samtig weiche, in Licht gebadete glitzernde Korallensand wird von einem *napangura* überschattet. Im Erdreich verwurzelt, schwingt dieser Baumriese sein Geäst weit über den Sand bis zum Wasser und neigt seine Krone über die Wellen.

Dass der Champagnerstrand nach wie vor unberührte Natur ist, hat er den Weisen des Obed-Stamms zu verdanken. Es gab bereits etliche Kaufangebote von diesem oder jenem Bauunternehmer, der die Absicht hatte, das Paradies für Millionen von Pauschaltouristen mit Bettenburgen zu verschandeln.

Eine Familie in Fanafo in ihrer Hütte

Million Dollars Point

Gegensätze prallen aufeinander. Nur wenig entfernt schließt sich ein anderer Strand an, eine einzige Schrotthalde. Die verrostete Achse eines Lastkraftwagens liegt neben den Überresten eines Motors und eines vom Salzwasser angefressenen Gewindes. Ausgediente Gerätschaften eines Krieges, die nach der Beendigung der Feindseligkeiten rücksichtslos an der Pforte des Paradieses entsorgt wurden.

Unweit dieser Landzunge das Wrack der *President Coolidge*. Der Luxuspassagierdampfer wurde nach Kriegsausbruch für den Truppentransport im Pazifik requiriert. Als der Schiffskommandant eines Tages meinte, von einem feindlichen U-Boot gesichtet worden zu sein, wollte er sich rasch in seinen Hafen zurückziehen, doch nahm er trotz richtiger Karten die falsche Passage. In seinem dummen Stolz verzichtete er auf die Unterstützung eines Lotsen, den Verstoß gegen das Reglement bewusst in Kauf nehmend, obwohl er wusste, dass die Passage vermint war. Das Schiff geriet in das Unterwasser-Minenfeld des eigenen Lagers und explodierte. Einziges Todesopfer war ein Offizier, der in einem Anflug von heroischem Mut zum sinkenden Schiff zurückkehrte, um einen seiner vermisst geglaubten Männer zu suchen. Der hatte sich jedoch bereits allein aus seiner misslichen Lage befreit. Die anderen Besatzungsmitglieder und Soldaten kamen unversehrt ans Ufer. Später wurden die persönlichen Besitztümer zusammengesucht und die Briefe der Liebsten in der Sonne getrocknet.

Dem Toten wurde ein Denkmal am Rand des Dschungels gesetzt, und das Wrack ist heute eine Tauchstation; das erste untermeerische Museum der Welt, in absoluter Stille.

Ein einheimischer Sporttaucher, selbst ernannter Hüter dieses Unterwasserschreins, führt die Besucher durch das Labyrinth luxuriös eingerichteter Salons, in denen heute noch alles bis auf den letzten Teelöffel genauso ist, wie es zum Zeitpunkt des Untergangs gewesen war.

Wir nehmen die schmale, gewundene Küstenstraße. Aber zwischen den Schlaglöchern befinden sich noch die Reste des Asphalts aus Kriegszeiten. Kenneth hält den Wagen an. Wir bahnen uns einen Weg durch dichtes Gestrüpp bis zu einer der vier Landebahnen, die während des Krieges hier angelegt wurden.

Ein Jagdbomber, der bei einem Luftgefecht mit den Japanern getroffen wurde, setzte zur Notlandung an, verfehlte die Landebahn und zerschellte am Boden. An einem zerfetzten Flügel der Maschine sind im Halbdunkel der schattigen Bäume noch Spuren des rot-weiß-blauen Sterns auszumachen.

Während die Kriegserinnerungen im Rest der Welt nach 50 Jahren verblasst sind, wurden die Narben des Krieges hier zum touristischen Highlight erhoben.

Den Älteren ist das paradiesische Dasein an der Grenze zwischen Müßiggang und Kontemplation, das diese Insel regierte, bevor sie von der Geschichte eingeholt wurde, noch in Erinnerung. Später wurden ihre uralten Traditionen durch die Invasion der Touristen erschüttert. Gleichwohl haben sich die Melanesier ihre Freundlichkeit bewahrt und lächeln über den Touristen, der sich so eifrig bemüht, ein paar Wörter der Landessprache mitzunehmen. An Toleranz sind uns diese Völker weit überlegen.

Aleks

Rückkehr an Bord um 18 Uhr. Auf dem Gang kommt uns Aleks, der Zweite Offizier, entgegen. Er stöhnt vor Schmerz und steht noch unter Schock: Während des Lademanövers wurde er plötzlich von einem der 20 Tonnen schweren Container unaufhaltsam an die Wand gedrängt. Er wäre wohl zerquetscht worden, hätte er nicht im letzten Moment eine Lücke nutzen können, um seiner Falle zu entfliehen. So ist er mit einer gebrochenen Rippe, Prellungen im Hüftbereich und einem gewaltigen Schrecken davongekommen.

Wir gehen duschen, ziehen uns um und laden ihn ins Hotel Santo zum Essen ein, was ihn hoffentlich auf andere Gedanken bringen wird. Bei einer angeregten Unterhaltung trinken wir eine Flasche neuseeländischen Wein. Der junge Offizier erzählt uns Geschichten aus seinem Leben, von der Familie, von früheren Seereisen und dem Alltag in Wladiwostok.

In der sternenklaren Nacht treten wir zu Fuß den Rückweg zur *Arunbank* an. Als wir an einem kleinen chinesischen Restaurant vorbeikommen, hören wir vertraute Stimmen. Die Besatzung hat sich dort zum Abendessen eingefunden. Wir setzen uns dazu, lassen uns von der Fröhlichkeit anstecken, trinken mit ihnen und haben unseren Spaß. Ein paar Gläser Bier, dann scheint auch Aleks wieder fit zu sein.

Dienstag, 29. September

Heute ist das Fest des heiligen Michael, des Schutzpatrons der Fallschirmspringer.

Am Vormittag lassen wir uns von unserem Chauffeur Kenneth den Süden zeigen. Vor der Küste liegt Aura, eine Insel wie von der Ansichtskarte; das Wrack eines Lancaster-Bombers unter einem Frangipanibaum.

Kurz darauf erreichen wir einen Strand, auf dem sich Einbäume aneinander reihen. Sie gehören den Pendlern aus Tangoa, die täglich damit aus ihrem eigenen Paradies nach Santo übersetzen, um dort ihrem Broterwerb nachzugehen.

Auf unserer Fahrt passieren wir mehrere Furten. Der Duft der Vanilleplantagen hinter undurchdringlichem Gestrüpp erfüllt die Luft. Im Gras unter dem Saum der Kokospalmen und dem schwirrenden Geräusch der Feldheuschrecken weiden brahmanische Stiere; auf den abgeweideten Böden lassen sich die Kokosnüsse leichter aufsammeln.

Obwohl unser Führer am liebsten weitermachen würde, ist es Zeit für den Abschied. Artur, der nette Zweite Ingenieur, hat uns eingeladen.

Aoré

Auf unserer Fahrt von Neukaledonien nach Vanuatu haben die Offiziersanwärter das in einer Halterung hinter dem Schornsteinblock befindliche Arbeitsboot aufpoliert und neu gestrichen. Eigentlich wird die Jolle nur eingesetzt, wenn wir bei einem Zwischenaufenthalt die Konstruktionswasserlinie nachbessern oder den Zustand des Schiffsrumpfs inspizieren. Aber heute soll sie als Vergnügungsjacht dienen.

Unsere »Azubis der See« haben den alten Schiffsnamen *Wladiwostok* durch *Arunbank, Douglas* ersetzt. Und die Schiffsingenieure haben den Motor überholt. Das Boot wird mit Hilfe des Heckkrans für Kosta, Artur, Sergej, Anja und Yevgenia von Viti Levu zu Wasser gelassen. Sie wollen auf die Insel Aoré übersetzen und sich dort ein paar Stunden erholen. Yucki und ich fühlen uns sehr geehrt, dass sie uns mitnehmen wollen.

Trotz des bedrohlichen Himmels und der rauen See überlassen mir meine russischen Gefährten das Ruder. Vielleicht wollen sie sich amüsieren oder meine Reaktionen testen. Vielleicht wollen sie mir auch nur eine Freude machen.

Wer zuletzt lacht, lacht am besten: Die Besatzung kann nicht wissen, dass ich einen Bootsführerschein gemacht habe, und meine Geschicklichkeit scheint sie zu verblüffen. Es macht mir viel Spaß, wieder einmal Bootsführer zu sein, und es gelingt mir, uns zügig und ohne einen Patzer bis zur Anlegestelle zu bringen.

Die Insel Aoré ist nur für Segel- und Motorboote zugänglich. Ein paar Bungalows unter Palmen säumen den Strand; strahlend weißer Sand, ein auf Körpertemperatur angewärmtes Wasser, vollreife, saftige Papayas und jene köstlichen, farbigen Hummer der südlichen Meere, deren rosa Panzer sich während des Garvorgangs mit dunkelroten Sprenkeln überziehen. Sie sind so groß, dass zwei davon eine Großfamilie wie unsere satt machen. Entspanntes, fröhliches Ambiente. Drei herrliche Stunden in einem irdischen Paradies jenseits der Welt. Ab und zu erhebt sich einer von uns und verlässt die üppige Tafel unter dem Flechtwerk, um es sich mit einem Glas Wein im »Schwimmbecken« bequem zu machen.

Yucki und ich sehen uns an. Jeder Tag dieser Reise ist Vergnügen pur für uns, und heute ist es noch größer als sonst, weil wir es mit der Besatzung teilen.

Jon und Dario

Abends wird weitergefeiert. Wir laden Jon und Dario zum Essen ein. Das Restaurant Bougainville befindet sich außerhalb der Stadt. Kenneth, der freundliche Chauffeur, der uns seit unserer Ankunft herumfährt, holt uns ab. Ein kurzer tropischer Regen geht auf uns nieder. Auf einer geschützten Terrasse, am Rand eines Swimmingpools, tafeln wir in geselliger Runde. Die neuseeländischen Weine schmecken vorzüglich, was immer ein traditionelles Weinbauland wie Frankreich davon halten mag, und das Filet war noch nie so zart und würzig wie hier. Ich bin sehr froh, dass ich die beiden von mir so geschätzten ruhigen, kompetenten, erfahrenen Männer zu meinen Freunden zählen darf.

Mittwoch, 30. September
Der letzte Vormittag in Santo. Der letzte Kaffee in Leslies Bistro auf der Hauptstraße. Die Eigentümerin stammt aus San Francisco und hat sich einen Lebenstraum erfüllt, als sie sich auf dieser Insel eine neue Existenz aufgebaut hat.

Eine Rechenaufgabe
Eine Tonne Kopra kostet 480 US-Dollar, davon 70 Dollar Fracht. Demnach repräsentiere ich als sprechende Ladung für die Buchhaltung der Reederei den Wert von 142,857 Tonnen Kopra ... Und jetzt raten Sie doch einmal, was ich wiege (annähernd) und wie hoch die Reisekosten sind (die ich angemessen finde, angesichts dessen, dass sie nicht nur Kost, Logis und Transportgeld für vier Monate decken, sondern mir obendrein die Entdeckung der Welt ermöglichen).

VOKABELN VANUATU

niakoro	Dankeschön
segrenvovo	guten Tag
tiavoira	auf Wiedersehen

Wie ich erfahren musste, sind diese Wörter veraltet. Die Jüngeren haben gelacht, als ich sie benutzte, aber sie lachen sowieso andauernd. Mich verunsichert nur, dass ich nicht so recht weiß, ob sie unsere Sprachexperimente amüsant finden oder ob sie sich über uns lustig machen. Ein Mädchen wollte tatsächlich von mir wissen, in welcher Sprache ich mich gerade bei ihr bedankt hätte!

In meinem Bislama-Wörterbuch sind die drei Wörter nicht zu finden. Aus dem Pidginenglisch stammen sie nicht, wahrscheinlich handelt es sich um eine veraltete Mundart. Zu diesem Zeitpunkt weiß ich noch nicht, dass sich der südpazifische Raum durch eine ungeheure Vielfalt an Sprachen und Dialekten auszeichnet.

Heute Abend wieder ein Festbankett im Salon: Offiziersanwärter James wird 21. Der Schiffskoch hat ihm eine Riesentorte gebacken. Und der Kapitän lässt den letzten Champagnerkorken knallen.

Santo – Alotau,

Samstag, 3. Oktober

Frühmorgens auf der Brücke.

Vor der Zeit dringen wir in die Salomonsee ein; die uns vorausfahrende *Speybank* hingegen hat sich um einige Tage verspätet, weil das Kopra wegen des anhaltenden Regens nicht verladen werden konnte.

Der Kapitän hat beschlossen, die riskante Einfahrt in den Hafen von Alotau nur bei Tageslicht in Angriff zu nehmen.

Seit gestern fahren wir nur noch mit einer Maschine, und heute kreuzen wir mit gedrosselter Geschwindigkeit, sprich zehn Knoten, zweimal anderthalb Stunden vor der Insel Rossel. Kurs 291°, 111°, 291°, 111° usw.

Da wir noch reichlich Zeit haben, beginnt Jon zu erzählen, den Radarschirm behält er dabei immer im Auge:

»Jetzt kommen wir in die Gebiete, wo an jeder Hafeneinfahrt Piraten auf der Lauer liegen können. Vor allem nachts in der Gegend zwischen Papua-Neuguinea, Malaysia und Indonesien. Piraten, Banditen, Dealer und Schmuggler versuchen es mit den unterschiedlichsten Methoden; eine klassische Variante ist, dass sie unter dem Vorwand an Bord eines Frachtschiffs kommen, sie hätten kein Trinkwasser mehr.«

144

An die Besatzung der *M.V. Arunbank*. Verhaltensregeln bei der Durchquerung fernöstlicher und speziell malaysischer Gewässer.

Da das Piratenunwesen in diesen Regionen besonders stark verbreitet ist, empfehlen wir, alle nur erdenklichen Sicherheitsmaßnahmen zur Piratenabwehr zu ergreifen. Neben der Bereitstellung adäquater technischer Mittel sind zwischen 21 Uhr abends und sechs Uhr morgens zusätzliche Wachen am Ausguck vorzusehen und die Zugänge zu den Laderäumen und Aufbauten abzusperren.

Anschließend wird erläutert, welche Sicherheitsmaßnahmen wir für die Strecke von Bitung bis nach Singapur zu treffen haben, insbesondere auf der Fahrt durch die Makasar- und die Malakkastraße: Öffnung der Hydranten, Bereitstellung der Feuerlöschpumpen, zusätzliche Scheinwerfer, die unser Elektro-Offizier Oleg bereits angebracht hat und die das Wasser rund um das Schiff beleuchten sollen. Verdoppelung der Wachen und mit Funkgeräten ausgerüstete Patrouillengänger auf dem Deck, auf hoher See beschleunigte Fahrt, um kleinere Boote potenzieller Angreifer abzuhängen; die Bereitstellung von Schalltrichtern und Alarmsirenen.

Dass man die Passagiere dazu verpflichtet, sich in ihren Kabinen aufzuhalten und den Schlüssel von innen umzudrehen, verletzt mich nun aber doch in meinem Stolz. Schließlich gehöre ich ja selbst ein bisschen zur Besatzung.

»Einmal näherten wir uns der Einfahrt eines Hafens«, erzählt der Kapitän, »als der Ausguck ›Piraten‹ brüllte. Unser britischer Offiziersanwärter, der auf den Lotsen wartete, hörte stattdessen ›pilot‹, das englische Wort für ›Lotse‹, und er ließ die unerwünschten Gäste unbehelligt über die Lotsenleiter an Bord kommen. Als Dank dafür bekam er von ihnen eins mit dem Knüppel über.«

Makabre Geschichten

»Ich war Zweiter Offizier auf einem Passagierdampfer«, erzählt mir Jon später. »Ein Fahrgast war gestorben und seine Leiche sollte nach altem Brauch dem Meer überantwortet werden. Während der kurzen Bestattungszeremonie lag der Tote auf einem Holzbrett, das dann einfach nur gekippt werden sollte, um den Körper ins Wasser zu befördern. Aber diesmal blieb das Leichenhemd an einem Splitter hängen, so dass der Steuermann mit einem Fußtritt nachhelfen musste ... Als einige Tage später wieder ein Passagier das Zeitliche segnete, wurde ein neues Brett organisiert. Und um uns weitere Peinlichkeiten zu ersparen, wollten wir eine Stunde vor der Zeremonie die Sache testen. Diesmal ging der Tote schwuppdiwupp ins Wasser und verschwand in den Fluten ... Daraufhin bastelten die Matrosen in aller Eile eine Puppe aus einer alten Matratze, die sie mit dem Leichentuch bedeckten. Als der Kapitän seine Trauerrede beendet hatte, wurde die Attrappe mit Schwung ins Meer gekippt. Weder die Witwe noch die Trauergäste haben den Schwindel bemerkt.«

Ein ehemaliger Hochseekapitän hatte verfügt, dass man ihn nach seinem Ableben verbrennen und die Asche ins Meer streuen solle. Um diesen letzten Willen zu erfüllen, brachte Jon seinen Frachter auf hoher See zum Stillstand. Aber plötzlich kam eine Bö – die Asche wurde aufgewirbelt und ging in einem Regen auf das Schandeck nieder, wo es auf dem frischen Anstrich haften blieb.

Und so fuhr der Verstorbene noch Jahre lang mit demselben Schiff um die Welt ...

Gebet

»Der Ozean ist die Wiege des Lebens. Möge sie uns in Zeiten der Gefahr Sicherheit und Geborgenheit geben ...«

20 Uhr

Wir fahren an den Deboyne-Inseln vorbei, zu denen auch der aktive Vulkan Panaete gehört. Auf diesen Inseln verehrt man den Gott des Feuers, einen berüchtigten Zerstörer und Dämon. Wir befinden uns auf dem zehnten Breitengrad Süd; der Abstand zum Äquator beträgt 600 Seemeilen. Vor zwei Stunden brach unvermittelt die Dunkelheit über uns herein.

Weit hinten auf unserer Backbordseite tauchen zwei Vulkankegel auf; der glühende Strom der Lava bietet in der Finsternis ein unheimliches, faszinierendes Schauspiel.

Der Hauptkrater ragt 725 Meter aus dem Meer. Helle Flammen schlagen aus der gewaltigen Trichteröffnung, der dünne Wolken von Schwefel und Rauch entweichen; glühende Gesteinstrümmer werden in die Luft geschleudert. Auf halber Höhe des Kegels erscheint der unregelmäßige Feuerstrom eines zweiten Kraters. Die abkühlende Lava färbt sich von fahlem Gelb über Orange nach Blut- und Granatrot. Langsam und unaufhaltsam fließt sie herab und ergießt sich in das brodelnde Wasser.

Obwohl wir es sind, die sich an ihnen vorbeibewegen, hat man den Eindruck, die beiden Höllenschlunde drehten sich in einem tödlichen Tanz um die eigene Achse.

Ich habe Panaete auf der Karte gesucht und musste entsetzt feststellen, dass sich auf der uns abgewandten Küste ein Dorf in eine Bucht schmiegt. Es liegt direkt am Fuß des Ungeheuers, an einem vermutlich idyllischen, von Palmen und weißem Sand gesäumten Flecken und wartet angstvoll, was die Zukunft bringt.

Alotau, Papua-Neuguinea

Breitengrad 10°18'946" Süd, Längengrad 150°27'292" Ost

Sonntag, 4. Oktober

Morgengrauen, 5.30 Uhr

Sintflutartiger Regen und Nebel. Fünf Männer wachen auf der Kommandobrücke; Blindnavigation nach Radar bei ausgeschaltetem Selbststeuer. Durch eine enge Passage gleiten wir langsam in die ringförmige Bucht mit der staatlichen Agrarstation von Papua. Zum Glück ist das Wasser in der Lagune ruhig und glatt. Eine Gruppe von Delfinen schwimmt auf uns zu, umringt uns, tummelt sich im Wasser und bleibt dann achteraus zurück.

Verschwommen tauchen die Konturen der Küste auf, im Hintergrund zeichnen sich die unregelmäßigen Linien des Gebirges ab. Dichter Nebel behindert die Sicht und erzeugt in mir ein beklemmendes Gefühl.

6.45 Uhr

Jon kennt diese Gewässer aus einer Zeit, da er als Erster Offizier auf einem anderen Schiff hierher kam; er möchte jedoch nichts riskieren. Dass diese Vorsicht nicht unbegründet ist, zeigt mir ein Blick auf eine detaillierte Karte: Es wimmelt nur so von Korallenriffen, Sandbänken und Untiefen.

Kein örtlicher Lotse. Wir funken den früher georderten Lotsen von Port Moresby an, der Hauptstadt von Papua-Neuguinea. Keine Antwort auf Jons Frage, wann und wo der Mann an Bord kommt.

Ebenfalls ungehört verhallten die langen Töne unserer Schiffssirene. Vielleicht ist das Funkgerät des Lotsen ausgefallen. Oder es ist ihm etwas passiert. Vielleicht ist er einfach nur eingeschlafen. Der Schalthebel steht auf »sehr langsam«, als Kapitän Jon Stanislavs Wache übernimmt.

Die Anwesenheit des »Chefs« auf der Brücke bedeutet nicht, dass er automatisch die Verantwortung übernimmt. Solange er dieses Verlangen nicht laut und deutlich kundtut, ist er als Brückengast den Weisungen des jeweiligen Wachoffiziers unterstellt.

Zur Not könnten wir das Anlegemanöver auch ohne den Lotsen durchführen, aber Jon ist es lieber, in diesen Gewässern, die noch nicht ganz ausgelotet und in denen er sich nicht so gut auskennt, die Hilfe eines Ortskundigen in Anspruch zu nehmen. Ein einziger Schiffbruch, und seine Karriere wäre beendet. Umso mehr liegt ihm an der Hilfe eines Mannes, der sich mit den Hindernissen und Untiefen dieses kleinen, aber lebenswichtigen Gebietes des Pazifischen Ozeans auskennt. Es hätte keinen Sinn Fliegenden Holländer zu spielen und nie wieder Anker zu werfen.

Stanislav geht zum Radar.

Laut und vernehmlich artikuliert der Kapitän seine Kommandos in die Dunkelheit. Er führt einen fast weihevoll anmutenden Wechselgesang mit Rudergänger Robert.

»Auf Steuerbord fünf, bitte.«

»Auf Steuerbord fünf«, erwidert der Rudergänger.

»Danke.«

Kurz darauf ist die Anweisung ausgeführt.

»Steuerbord fünf liegt an.«

»Danke ... Kurs 305 ... 302 ...«

Der Kapitän orientiert sich an einem Leuchtfeuer im Hafen.

»Mittschiffs.«

»Mittschiffs.«

Die Ausführung eines Kommandos dauert etwa 15 Sekunden.

Unvermittelt lässt der Regen nach, und die ersten Häuser an einem Hang tauchen auf. Bei Sonnenschein ist es hier wahrscheinlich wunderschön. Unter dem sich auflösenden Dunst erscheint ein Wasserfall, der sich steil in den Abgrund stürzt. Ein norwegischer Fjord mit tropischer Vegetation.

Auf den letzten Funkversuch folgt das Jaulen einer Sirene, deren Echo von der regengesättigten Luft geschluckt wird. Endlich nähert sich ein Boot. Der Lotse kommt an Bord und navigiert uns langsam durch die Bucht. Da es hier keine Schleppboote gibt, muss sich unser Schiff wenige Kabellängen vom Kai entfernt ohne fremde Hilfe drehen, bis sich seine Nase in der Abfahrtposition direkt gegenüber der Einfahrt befindet. Unsere Leinen werden auf zwei Booten an Land gebracht. Die Matrosen ziehen so lange, bis sie die Schlaufen der Taue über die beiden Poller legen können. Danach werden die armdicken Taue mit Hilfe der Winden an Deck der *Arunbank* langsam straff gezogen, um uns ganz allmählich an den mit elastischen Fendern behängten Kai heranzuziehen.

Das Dorf erwacht. Die Geschäfte bleiben aber geschlossen. Heute ist Sonntag. Aus einer fensterlosen Kirche tönt Chormusik. »Wir haben viele Religionen«, sagt Ben. Er ist Mischling, so wie viele Menschen im pazifischen Raum. Er floh aus Rabaul vor einem verheerenden Vulkanausbruch am 19. September 1994 und ließ sich in sicherem Abstand hier in Alotau nieder.

Im Tempel der »Getauften des letzten Regens« und der »Geretteten der 25. Stunde« finden sich über vier Monate hinweg Musikliebhaber zu Gesangswettbewerben ein und beurteilen das Repertoire der Chöre anderer Inselgemeinden. Ein Zeitvertreib, der nicht schädlicher ist als andere und dem ein Geist zu Grunde liegt, der alle Glaubensrichtungen nährt. Es ist einfache Neugier oder auch die Suche nach dem Sinn, nach einer Erklärung für den Urknall. Wahrscheinlich ist der Animismus in uns allen auf irgendeine Weise genetisch angelegt.

Nachdem sich ein wohlwollender Grenzpolizist im Beisein unseres Zahlmeisters die Pässe angesehen hat, lässt er Yucki und mich in den Kasten seines Lieferwagens steigen und fährt mit uns zum Markt. Die Bank in Alotau, so es eine geben sollte, ist sonntags ebenfalls geschlossen. Wir können unsere Dollars jedoch am Stand eines Bankers wechseln, der sich in Sandalen direkt auf der Straße installiert hat.

Kina, der hübsche Name der papuanischen Währung, ist von einer kostbaren Muschel abgeleitet. Vor der Einführung von Banknoten wurde mit Muschelgeld bezahlt – und natürlich mit Schweinen, die nicht nur hier als Wohlstandssymbol gelten.

Für eine gut aussehende, fruchtbare, fleißige, junge Ehefrau musste ein Mann früher bis zu 60 Schweine aufbringen. Im Inselinneren ist diese Tradition übrigens noch lebendig, mit dem Unterschied, dass der Markt die Preise für Ehefrauen mittlerweile in die Höhe getrieben hat. Da die Insel jedoch vom Matriarchat regiert wird, wäre es vielleicht noch interessanter, sich über das Wohnrecht der Männer unter dem Dach ihrer Frauen Gedanken zu machen.

Ein Stückchen weiter wird uns auf unser Lächeln hin die Fotoerlaubnis erteilt. »Dann war das eure Sirene, die uns heute früh aufgeweckt hat?«, neckt uns eine Frau … Wir kaufen alle möglichen Produkte aus reiner Neugier: Betelnüsse, *lime* und Senfkörner, die Grundzutaten eines papuanischen Rituals. Die Betelnuss nimmt in Papua ungefähr denselben Rang ein wie der Kaugummi in den USA.

Bei dem vorstehend erwähnten *lime* handelt es sich wohlgemerkt nicht um die grüne Limette, sondern um ein weißes Pulver, ein unverzichtbarer Bestandteil eines unantastbaren volkstümlichen Rituals. Es wird aus Korallen gewonnen, die fermentiert, getrocknet und gemahlen werden. Anschließend nehme man eine jener langen Rollen, die man hier als *moutarde* bezeichnet und die wie Zündschnüre aussehen. Man belecke sie an einem Ende, tunke das befeuchtete Ende in ein Tütchen mit dem Pulver, beiße ein Stückchen davon ab und schiebe ein Stück Betelnuss hinterher. Obwohl das Pulver und die Nuss einen weißlichen Farbton haben, bewirkt ihre Kombination eine blutrote Färbung von Mund und Gebiss. Man sieht am Ende aus wie ein frisch gefütterter Vampir. Manch einer glaubt, diese Angewohnheit habe aus der kannibalischen Ära überdauert. Oder ist die Betelnuss auch ein Rauschmittel, dem neuroleptischen Kawatrank der Fidschis von Vanuatu vergleichbar?

Gegen Mittag sitzen wir auf der Straße zu ebener Erde und feilschen mit dem Onkel des jungen Toisilabi um eine kostbare Ebenholzstatuette, als plötzlich eine Schiffssirene ertönt. Nach der Information, die wir heute früh der Schultafel an der Gangway entnehmen konnten, haben wir bis 16 Uhr Ausgeherlaubnis. Aber nach unserer Erfahrung von Nouméa ist nicht auszuschließen, dass die Ladeoperationen wieder einmal vorzeitig beendet sind und man uns an Bord zurückruft.

Lime und *moutarde*

Wir befinden uns in einem abgeschiedenen Randbezirk des verschlafenen Ortes. Kein Mensch weit und breit, abgesehen von der Familie des jungen Toisilabi, die jedoch kein Auto besitzt. Der Verkehr ist weit entfernt, hier ist alles still. Plötzlich hören wir Motorengeräusche. Ein gelber Lieferwagen nähert sich, und ich versuche den Fahrer mit einer entsprechenden Geste zu stoppen. Er erwidert die Geste und zeigt in die Richtung des Hafens, hält aber nicht an. Resigniert füge ich mich in mein Schicksal. Wir müssen uns zu Fuß auf den Weg machen. Ich kann nur hoffen, dass wir das Schiff noch erreichen. Nachdem wir ein Stück gegangen sind, sehen wir in einer Kurve den Lieferwagen, der soeben an uns vorübersauste. Der Fahrer ist ausgestiegen und sieht uns entgegen. »Sie standen direkt vor der Haustür meines Chefs«, entschuldigt er sich. »Er ist manchmal sehr kompliziert, und es hätte ihm nicht gefallen, dass ich Sie mitnehme! Schnell, steigen Sie ein!« Bis zu unserem Frachtschiff sind es vier oder fünf Kilometer. Aber als wir ankommen, müssen wir feststellen, dass wir uns geirrt haben: Es war die Sirene eines anderen Schiffs!

Einige Stunden später. Während wir uns sehr langsam aus dem Hafen herausarbeiten, entstehen gewaltige Strömungen. Das Sonnenlicht dringt tief in das jadegrüne Wasser ein. Die Farbe stammt von Mikroorganismen, die uns in den Tropen fast die ganze Zeit hindurch begleiten und unser Kielwasser in der Nacht in ein effektvoll schillerndes Band verwandeln. Wenn ich mir vorstelle, dass diese Kleinstlebewesen zu den Urformen des Lebens gehören!

Am selben Abend versammeln sich die Bewohner unseres schwimmenden Dorfes zum sonntäglichen Grillritual. Nur die Wachoffiziere fehlen.

Artur, der Zweite Ingenieur, setzt seinen Bericht über die Vergangenheit des Frachters fort.

»In den 80er-Jahren hieß die *Arunbank* noch *Bratsk* und gehörte mit ihren 17 Schwesterschiffen zu den modernsten Mehrzweckfrachtern der Welt. Im Nordland bezeichnete man sie in Anspielung auf ihren charakteristischen Farbton als Karotten. Sie waren mit einem selbstpolierenden Schutzanstrich versehen, der den Schiffswiderstand im offenen Meer und im Eis verringerte.

Wenn die Eisdecke höher als ein Meter war, bediente man sich eines Eisbrechers, der sich der Form unseres Hecks anpasste und uns durchs Eis schob. Bei Schiffskolonnen fuhr der Eisbrecher jedoch an der Spitze, um eine Fahrrinne in die Eisdecke zu pflügen, die sich innerhalb weniger Minuten wieder schloss. Wehe, man war nicht schnell genug! Wer im Packeis hängen blieb, war unter Umständen acht oder zehn Monate eingeschlossen, bis der nächste Eisbruch einsetzte!

Unser stählerner Schiffskörper war am Bug auf sieben Zentimeter und an den Seiten auf zweieinhalb Zentimeter verstärkt (ein Zentimeter war Standard), was uns die Möglichkeit gab, bis zu ein Meter dicke Eisschichten ohne fremde Hilfe aufzubrechen. Wenn unsere gewaltigen Maschinen zum Angriff übergingen, hob sich der Schiffsbug ein Stück, und das Eis brach unter der Belastung ein, dann kam der nächste Schub. So kämpften wir uns Stück für Stück bis zu einem Tempo von zehn Knoten durchs Eis.

Daneben existierte auch das Airbubbling-System. Bei dieser Technik wurde ein langer, perforierter Schlauch, mit zwei Kompressoren verbunden, am Kiel entlanggeführt, um das Eis in einem gigantischen Luftbläschenstrahl aufzuschmelzen. Über eine Schaltautomatik konnte man die Richtung des Luftstrahls von der Brücke aus regulieren – nach Backbord, Steuerbord oder auch nach beiden Seiten gleichzeitig. Bei Temperaturen von 40 bis 50 Grad unter null bildete sich an der Wasseroberfläche eine dicke Nebelschicht, die das Schiff ringsherum schön einhüllte und es dann wie auf einer Wolke weich über das Eis hinweggleiten ließ.«

Abschließend meint der Riese aus Wladiwostok noch:

»Bis vor ein paar Jahren kannte ich nur die Meere im Norden. Hätte mir damals jemand gesagt, dass ich eines Tages Tahiti sehen würde, hätte ich das für einen schlechten Witz gehalten!«

Alotau – Lae

Vom 4. Oktober, 16 Uhr, bis 6. Oktober, 5.30 Uhr,
395 Meridianminuten = 732 km

Montag, 5. Oktober

6 Uhr

Das Morgenlicht zaubert einen rötlichen Schimmer auf den Saum der behäbigen Dunstwolken, die auf Backbordseite tief über einem steil aufragenden Gebirgskamm hängen. Mit gedrosselter Geschwindigkeit gehen wir auf Kurs 328°. In den nächsten drei Stunden müssen wir den Kurs immer wieder ändern; wir durchqueren noch unerforschte Gewässer, in denen es von Korallenriffen, Untiefen, Sandbänken und überfluteten Inseln nur so wimmelt. Es gibt eine einzige Fahrrinne für alle Schiffe, die aus beiden Richtungen kommen; zwei Bojen kennzeichnen den Eingang und danach orientieren wir uns an den einfachen Leuchtfeuern am Ufer.

Die unsichtbare Fahrbahn folgt dem Verlauf der Küstenlinie von Kap Nelson, unterhalb des von ewigem Dunst eingehüllten erloschenen Vulkans Mount Trafalgar. Von diesen Hängen ergoss sich einst ein Strom brodelnder Lava ins Meer. Jetzt hat der Urwald seine Rechte zurückerobert; die unteren Stufen jedoch sind mit Kokosplantagen bedeckt, im Wechsel mit gewelltem Weideland, dessen dünne Krume keinen Feldbau gestattet, und an manchen Stellen erkennt man noch andere Kulturen. Die Landmasse ragt wie eine Riesenhand mit 100 gespreizten Fingern in das von roten Algen bedeckte Meer hinein.

Mit zehn Knoten Geschwindigkeit mühen wir uns vorwärts. Wir lassen uns nicht drängen, wir sind noch immer gut in der Zeit und wollen Lae sowieso erst morgen früh bei Tageslicht anlaufen. Ein wilder, aber besiedelter Landstrich zieht vorbei; hier und da lassen sich winzige weiße Buchten in dem grünen Saum ausmachen, und zwischen den Bäumen sind Pfahlbauten zu erkennen, mit trockenem, vergilbtem Flechtwerk aus Palmblättern abgedeckt. Auch die Insel vor den stillen Fjorden, die sich in die gespreizten Finger des Vulkans schmiegen, dient uns als Orientierung.

Mangrove Island macht seinem Namen alle Ehre. Ein Wald von Mangroven, die aus dem Meer wachsen, über eine Landzunge aus schwarzem Sand mit festem Boden verbunden.

Wir kommen an Oro Bay vorbei, wo wir jedoch nicht anlegen. Dort befindet sich die Endstation der Kabelbahn, die Tausende von Tonnen goldhaltige Erze in Fördermulden aus dem Gebirge herunterfährt.

Offiziersanwärter Bob betätigt nach dem Vorbild des Admirals einen Sextanten, um den Präzisionsgrad des Radars zu überprüfen und weil es eben auch zu seiner Ausbildung gehört. Morsezeichen, Fahnencode und die Positionsbestimmung nach Landmarken und Gestirnen sind zwar uralte Navigationsmittel aus den Anfängen der Seefahrt, können sich aber immer noch als nützlich erweisen. Wenn beispielsweise ein magnetisches Gewitter die fabelhaften elektronischen Geräte außer Betrieb setzt, greift man auf diese altbewährten nautischen Methoden zurück, um Menschenleben zu retten und das Schiff vor dem Untergang zu bewahren.

So hätte auch der Schalltrichter, mit dem der Kapitän seine Befehle von der Affeninsel aus an die Brücke weitergeben kann, immer noch eine Funktion. Wie der kleine Hebel des Maschinentelegrafen, mit dem die Geschwindigkeitsangaben in den Maschinenraum übermittelt werden: volle Kraft voraus, zurück, Restfahrt voraus, gedrosselte Geschwindigkeit. Und der einfache Kompass, den der Rudergänger, der heute früh vor Kap Nelson das Selbststeuer auf Handbetrieb umgestellt hat, jetzt unverwandt überwacht, während er die vom Schiffsführer vorgegebenen Kommandos nachspricht.

Ob wir wohl Zeit haben, uns in Rabaul umzusehen? Vier Tage vor der geplanten Ankunft haben wir auf diese Frage noch keine Antwort erhalten. Momentan steuern wir Lae an, wo wir leere Container abladen. In Papua ist mit denselben Unwägbarkeiten zu rechnen wie auf den anderen Abschnitten unserer Route. So wurde unser ursprünglich in Suva vorgesehene Stopp gestrichen. Vorübergehend war Darwin an der australischen Küste im Gespräch, ebenso Panjang auf Sumatra. Der Name dieser Insel ist abgeleitet von dem lateinischen Sumatera, was so viel wie »beste Erde« bedeutet. Aber diese Orte können jederzeit wieder aktuell werden. Am 6. September war ein Aufenthalt in Malaysia geplant, drei Wochen später wurde er gestrichen. Momentan ist ein längerer Aufenthalt in Bitung vorgesehen, im Norden von Sulawesi, dem ehemaligen Celebes. Als wir in Dünkirchen einschifften, hatten wir davon noch keine Ahnung. Wie lange ist das her, zwei Monate, zwei Leben?

Auch eine Verspätung der *Speybank,* die uns nicht mehr vier, sondern nur noch um zwei Wochen voraus ist, kann sich auf unsere Route auswirken. Solche Verspätungen können eintreten, wenn der Reedereiagent einen Auftrag in letzter Minute abschließen will oder ein schon bestehender Vertrag nicht erfüllt werden kann, weil sich eine Havarie ereignet hat oder das Wetter nicht mitspielt.

In Rabaul sollen wir zweitausend Tonnen Palm- und Kokosöl laden. Nach einer Mitteilung des Superintendenten der Gesellschaft könnte diese Ladung jedoch eventuell nach Kimbe überstellt werden, wo wir sowieso noch eine andere Ladung aufnehmen müssen.

Als Dario am Nachmittag ein paar Akten im Konferenzraum zu kopieren hat, kommt er anschließend auf eine Tasse Kaffee bei uns vorbei; Honiara ist nämlich gleich die nächste Tür.

»Es war 1994, einige Tage nach dem Vulkanausbruch von Rabaul. Ich glaube, damals war ich auf der *Foylebank*. Zum Glück hatten die Vulkanologen am Abend rechtzeitig Alarm gegeben. Die Bevölkerung wurde evakuiert. Asche und Gesteinstrümmer wurden 20 000 Meter hoch in die Luft geschleudert und begruben die Stadt unter sich.

Wir kamen nach Kimbe. Inzwischen hatte man unseren australischen Superintendenten mit einem Hubschrauber eingeflogen, damit er sich ein Bild von der Situation in Rabaul machen und unser Risiko abschätzen konnte. Es trat keine Lava aus, aber aus einem der Krater wurden immer wieder gewaltige Aschewolken in die Luft geschleudert. Die ganze Bucht, ein riesiger erloschener Krater und einer der besten Ankerplätze der Welt, lag unter einer kompakten, zwei Meter dicken Steinschicht … Die ganze Schifffahrt war dort über längere Zeit hinweg lahm gelegt. Ich weiß nicht mehr, ob es die *Speybank* oder die *Teignbank* war; eines der beiden Schiffe konnte jedenfalls erst vier Monate später in den Hafen zurückkehren. Es war das erste hochseetaugliche Schiff mit großer Tonnage, dem dies gelungen war. Die Häuser waren unter den Geröllmassen eingestürzt, die Stadt lag in Schutt und Asche. Ein einziges Hotel hatte die Katastrophe überlebt, weil die Angestellten mit Tüchern vor Mund und Nase nach und nach alles, was aus der Luft herunterkam, abräumten. Als ich sechs Monate später noch einmal dort vorbeikam, regnete es immer noch Asche vom Himmel. Der Vulkankegel war explodiert und als solcher kaum noch zu erkennen. Übrigens liegt der Hafen in einem uralten weitläufigen Krater, den das Meer unter Wasser setzte. Rabaul ist sozusagen die einzige Stadt der Welt, die sich im Inneren eines Vulkans ansiedelte, und sie hat einen hohen Preis dafür bezahlt!«

Lae, Papua-Neuguinea, erster Aufenthalt

Breitengrad 6° 44'508" Süd, Längengrad 146° 59'129" Ost

Dienstag, 6. Oktober

Mit gedrosselter Geschwindigkeit nähern wir uns der Hafenstadt, die sich in einem Halbrund unter dem grau verschleierten ausgezackten Gebirgskamm zum Meer öffnet.

Gerade ist die Sonne hinter uns in einem orangeroten Ball aufgegangen und rückt Zementsilos, Mangrovensümpfe und armselige Pfahlbauten ins Licht. Aus einer dunklen Wolke, die über dem kleinen erloschenen Vulkan am Rand der Bucht schwebt, ergießt sich ein heftiger Platzregen, während die Wälder und Palmenhaine im gleißenden Licht smaragdgrün leuchten. Ein kräftiger Regenbogen bildet einen malerischen Hintergrund für die vorbeiziehenden Vogelschwärme. Auf diese Entfernung kann ich sie zwar nicht einwandfrei identifizieren; in Anbetracht der großen Flügelspannweite würde ich jedoch auf Flamingos oder Pelikane tippen.

Das Schiff nähert sich der deutlich sichtbaren Grenze, die das dunkelblaue, salzhaltige Meerwasser von den Schlammfluten des Flusses trennt. Als wir diese fließende Grenze überqueren, schwimmen uns Delfine zur Begrüßung entgegen.

Auch diesmal kommt das Lotsenschiff in rasendem Tempo auf uns zu. Nachdem Jon den Kapitän eines Küstenfahrzeugs in höflichem, aber entschiedenem Ton über die Funksprechanlage davon abgehalten hat, sich vorzudrängeln, sind wir diesmal die Ersten.

Jon berät sich mit dem Lotsen und gibt seine Befehle mit großer Autorität und Präzision weiter. Wann die Leinen geworfen werden, wie schnell gefahren wird und auf welchem Kurs. Das Manövrieren beginnt.

Dieser Hafen bietet keine besonderen Schwierigkeiten. Ein Schlepper kommt uns entgegen, dreht bei und bleibt dann wie ein braves Kind an unserer Seite. Dann werden die Bugleinen zum Kai hinübergeschickt und das kleine, aber doch sehr stabile Schiff beginnt damit, unser Heck in Richtung Pier zu bugsieren. Zügig, aber ohne Hast. Auf einem Frachtschiff ist immer viel zu tun, aber nichts wird überstürzt. Alles wird schön der Reihe nach erledigt.

Wir legen uns mit der Backbordseite an die Kaimauer, weil wir keine Fahrzeuge laden und daher weder den Portalkran noch die Ladebrücke benötigen. Um sieben Uhr werden die Maschinen gestoppt. Der Kai ist noch verwaist. Dann ertönt eine Sirene, und Matrosen und Dockarbeiter nehmen die Arbeit auf. Leere Container werden abgeladen und in einigen Tagen, mit Kaffee gefüllt, wieder abgeholt. Außerdem laden wir noch eine Auswahl anderer Güter, insbesondere jenes sonderbare Mehl, Lime genannt, das wir in andere Häfen von Papua-Neuguinea befördern, wo die Menschen nicht weniger verrückt nach Betel sind.

Wir werden von freundlich lächelnden Hafenarbeitern mit rot gefärbten Mündern umringt. Sie wollen wissen, wie wir heißen, und stellen sich ihrerseits vor. Nach diesem Austausch von Höflichkeiten betteln sie um Zigaretten. Diesem Wunsch kommen wir gerne nach. Yucki steckt vor jedem Landgang extra für diesen Zweck zwei Schachteln Zigaretten in ihre Fototasche.

Am Hafeneingang sind Grenzbeamte postiert, die Passanten und Fahrzeuge kontrollieren. Bisher hatten wir in dieser Hinsicht noch nie Schwierigkeiten. Sie begrüßen uns freundlich, erkundigen sich neugierig nach unserer Route, nach den Häfen, die wir vorher angelaufen haben und welche wir noch anlaufen werden. Dann rufen sie uns ein Taxi und laden uns ein, in ihrer Bude zu warten. Es gefällt mir, dass sie uns nicht anders behandeln als die Besatzungsmitglieder.

Unsere Reisepässe wurden bereits an Bord im Beisein des Zahlmeisters kontrolliert. In Vanuatu haben sie mir sogar einen speziellen Stempel mit »Crew« in den Pass gedrückt. Ich freue mich wie ein Kind darüber.

Lae liegt an einem Hang, der den Hafen überragt. Das Dorf besitzt sogar ein kleines Zentrum. Hier und da gibt es moderne Häuser und sogar erste ökologische Ansätze in Form von Altglascontainern. Die Hinweisschilder sind in Pidgin abgefasst: *Empty botol blong hia* – Hier leere Flaschen einwerfen.

Ist es der übermäßige Bier- oder Betelkonsum, der die jungen *rascals* aus dem Bergland so aggressiv macht? Oder die Langeweile? Sowohl der Schiffscrew als auch den Passagieren ist es untersagt, sich nach Einbruch der Dunkelheit als Fußgänger außerhalb der bewachten Hafenzone aufzuhalten. Die Mehrheit der Papuas sind uns ja offensichtlich freundlich gesinnt; sie bekunden uns eine fast kindliche Neugier, aber auch hier ist man nicht gegen Kriminalität gefeit. Doch woran könnte man sie erkennen? Wie in Nouméa, gibt es hier Banden, die mit Beilen und Buschmessern bewaffnet sind.

Auf einer Straße im Dorfzentrum fällt mir ein alter bärtiger Papua-Mann mit zerfurchtem Gesicht auf. Vermutlich kommt er aus den Bergen und fühlt sich verloren in der Stadt. Er starrt mich an und streckt die Zunge heraus: Das ist der traditionelle Gruß aus einer Zeit, in der es in den großen Goldminen noch keine Schaufelbagger gab und das verlorene Paradies noch nicht von Goldrittern und Massentouristen belagert war.

Wir besichtigen einen Naturpark. Ein Biotop im Regenwald, das Exemplare von sämtlichen Pflanzen des Dschungels beherbergt und die vielfältigsten Tierarten, wie z. B. Paradiesvögel, Krokodile, ein Lemuräffchen, das hier unter der Bezeichnung Baumkänguru läuft, ein Kasuar, den die Einheimischen *muruk* nennen …

»Am Anfang konnte er fliegen; aber dann brach ihm ein Hahn in rasender Eifersucht die Flügel. Seitdem lebt der blauköpfige Vogel nur noch am Boden.«

Der unglaublichste Vogel, den ich je sah, stammt aus Papua-Neuguinea. Er hat den starren Blick einer Eule und sitzt mit weit aufgerissenem Schnabel da, um seine Beute in die dazwischenliegende leuchtend gelbe Höhle zu locken.

Wir kehren an Bord zurück, während die untergehende Sonne die vereinzelten Wolken am Himmel in ein Flammenmeer verwandelt.

Einer der Container mit *lime* hat sich versehentlich geöffnet, und das ganze kostbare Korallenpulver muss ins Meer geschüttet werden. Im Anblick der weißen Staubwolke, die das Schiffsdeck verhüllt, meint die Besatzung des hinter uns vertäuten kleinen Küstenschiffs, bei uns sei ein Feuer ausgebrochen und rettet sich laut schreiend auf den Kai.

Lae – Rabaul

Von Dienstag, 6. Oktober, 23 Uhr, bis Donnerstag, 8. Oktober, 07.30 Uhr,
411 Meridianminuten = 761 km

Mittwoch, 7. Oktober

Gestern Abend planmäßige Abfahrt in sintflutartigem Regen. Morgen früh Ankunft in Rabaul. Bis heute Morgen wusste selbst der Schiffsführer noch nicht genau, ob wir den Hafen anlaufen würden oder nicht.

Ich bin mit Kosta und Stanislav auf der Kommandobrücke. Ein Wal taucht in unserem Blickfeld auf, in 500 Metern Abstand vom Schiff prustet er seine Fontäne in die Luft. Die riesige dunkle Masse taucht auf und wieder unter und verschwindet irgendwann in den Fluten. Wahrscheinlich haben ihn die Schwingungen unserer Schraube verschreckt.

Im Morgengrauen haben wir Kap Huon passiert und folgen jetzt der Küstenlinie Neubritanniens, die sich zehn Seemeilen entfernt auf der Backbordseite abzeichnet. Die Silhouetten der dicht bewaldeten vorgelagerten Inseln erheben sich in monumentalen Terrassen, gesäumt von niedriger Strauchvegetation. Sie ähneln alten Azteken-Tempeln.

Bei dem schönen Wetter zeichnen sich auf der kräuselnden Wasseroberfläche hellere, glatte Streifen ab, wogende Bänder, verlassenen Fahrspuren gleich, obwohl sich in diesen Breiten seit Tagen kein Schiff am Horizont zeigte. Runzeln auf der Haut des Meeres, obwohl der Ozean nicht altert. Anzeichen vielleicht von unregelmäßigen Wellenbewegungen, von Untiefen, Temperaturschwankungen oder der Gezeitenunterschiede. Vielleicht werden

163

diese sonderbaren, zumeist konzentrischen Formen durch untermeerische Beben ausgelöst, oder sie stammen vom Ausbruch eines temperamentvollen Vulkans auf dem Meeresboden.

Rabaul, Papua-Neuguinea

Breitengrad 04° 12'139" Süd, Längengrad 152°09'959" Ost

Donnerstag, 8. Oktober

5.30 Uhr

Alles um uns herum ist trüb. Verschwommen im sintflutartigen Regen, der sich aus den tief herabhängenden Wolken über uns ergießt. Der lauwarme Regen stört mich nicht, ich könnte mich auch unterstellen. Wir navigieren nach dem Radar, backbords zeichnet sich eine unspektakuläre Küste ab mit ein paar Hütten inmitten spärlicher Vegetation.

Das Dorf heißt Kokopo. Von Dario habe ich erfahren, dass es 1994 nach dem verheerenden Vulkanausbruch, der den Hafen und die Stadt Rabaul dem Erdboden gleichmachte, durch die Flüchtlinge um ein Vielfaches gewachsen ist. Rabaul ist abgeleitet von *rabobol*, das heißt »Mangrove« in *kuanua*, der Sprache der Tolai.

Da man weitere Eruptionen befürchtete, beschloss die Regierung, jeder Einwohnerin einen Morgen Land zu schenken, damit sie sich in größerem Abstand zum Vulkan eine neue Existenz schaffen konnte. Grundbesitz ist hier Frauensache. Das Vermögen geht von der Mutter auf die Tochter über. Männer werden nur als Erzeuger und Krieger geschätzt.

Als sich die Sicht etwas bessert, taucht aus dem Dunst in einer Entfernung von sieben oder acht Seemeilen allmählich eine Landmasse auf.

Bei Kokopo war der Vulkan 732 Meter hoch, bevor er auf einen

Haufen toter Materie reduziert wurde. Der Krater explodierte drei Stunden nach dem großen Ausbruch. Im seismologischen Observatorium, das sich oberhalb des Hafenbeckens befindet, hatte man dies nicht vorausgesehen. Gleichwohl hatten die Vulkanologen die Stadt Rabaul zwölf Stunden vorher räumen lassen und dadurch das Schlimmste verhindern können. 30 000 Menschen wurden gerettet. Die moderne Wissenschaft hat uns ein zweites Pompeji erspart … Inzwischen liegt der Staubkegel wieder in einem tiefen Schlaf, und an den zerfurchten Hängen, die den Hauptkrater umgeben, erobert sich eine niedrige Vegetation ihr Terrain zurück.

Insgesamt gab es nicht mehr als vier Todesopfer, wobei es sich ausnahmslos um ältere Menschen handelte, die ihre Häuser nicht verlassen wollten oder an Herzstillstand starben.

Es regnet schon wieder. Auf dem unruhigen Wasser zeichnet sich ein Streifenmuster ab, das von helleren Strömungen stammt. Am Äquator kommt der Regen so rasch wie er aufhört. Steuerbord erscheint der nächste Vulkan, die Tochter des Südens, die immer noch mehrere Male in der Stunde einen bedrohlichen Strahl aus Asche, Dampf und Schwefel in die Luft speit. Dieser Krater hat dem gewaltigen Druck der Erdmassen aus der Tiefe widerstehen können. Aber die Vegetation ist verbrannt. Nur trostlose schwarze Baumstümpfe sind geblieben, und nur an wenigen Stellen siedeln sich wieder ein paar grüne Polster an.

Im Abstand von einer Seemeile folgen wir der Küste, plötzlich entweicht dem grollenden Rachen eine schwarze Aschesäule, die sich nach oben hin in so dicke Wolken auflöst, dass sich der Himmel verdunkelt. Der mächtige, senkrecht emporschießende Strahl hat eine gewaltige Kraft. Der Wind treibt ihn in unsere Richtung.

Allein in der kurzen Zeit, in der uns der Lotse zu den Docks hinüberbringt, kommt es zu drei Eruptionen; der Himmel bezieht sich mit einem grauen Leichentuch, das in einem Aschenregen niedergeht.

Vor unseren Augen schleudert der Tavurvur mehrmals Aschewolken
in den Himmel

167

Wenn ich diese weitläufige Reede vor der dantischen Kulisse sehe, kann ich mir kaum vorstellen, dass dieser überflutete Krater zu einem Monstrum von mehreren Kilometern Durchmessern gehört, von dem nur ein paar Ableger überdauert haben. Es ist eine Caldera aus vorgeschichtlicher Ära, der Kessel des bösen Feuergeistes *kaia*, der bereits in den Anfängen der Menschheit sein Unwesen trieb.

Wahrscheinlich handelt es sich um den Großvater. Der Legende nach hat sich Vater Uluwan 2300 Meter hoch in der Gegend zwischen Rabaul und Kimbe angesiedelt. Gegenüber dem Vulkan, der nach einem kurzen, heftigen Erwachen am Rand der spiegelglatten See wieder in Schlaf gesunken ist, erhebt sich Mutter Kombiu, von ihren Kindern flankiert: Taaranguna, Tochter des Nordens, und Tavurvur, Tochter des Südens.

Rabaul ist die Stadt mit der weltweit größten Erdbebenanfälligkeit. Die Erde bebt dort mehrmals täglich. Heute befindet sich an der Stelle der ehemals lebenslustigsten Stadt von ganz Papua-Neuguinea nur noch ein Panzer aus erstarrter Lava, eine schwarze, ausgestorbene Wüste, ein gespenstischer Friedhof.

Als vor Menschengedenken ein Fieber in den Eingeweiden des Meeres wütete, kam es zu einem Austritt von Basalt, der zwei haushohe nadelförmige Gebilde in der Mitte der Bucht zurückließ; so rasch sie gekommen sind, so rasch können sie eines Tages wieder verschwinden. Ihrem Beinamen »Bienenwaben« machen sie alle Ehre.

Hinter der neu angelegten Mole vor einer Mühle warten in einer Schlange die Lastwagen kleinerer Kopra-Produzenten, um ihre zwar geringen, aber intensiv duftenden Erträge abzuliefern. Vor unserem Kai bildet sich eine weitere Schlange, die ebenso geduldig wartet.

Über den ganzen Tag hinweg und bis zum nächsten Morgen kommt es immer wieder zu Platzregen, so dass die 20 Tonnen schweren Schiebetrennwände in unseren Laderäumen in fliegendem Wechsel geöffnet und geschlossen werden. Auf jeden Fall gilt es, die Spontangärung des Kopras zu verhindern. Gärendes Kopra könnte in einigen Tagen, wenn wir wieder auf See sind, einen Schiffsbrand verursachen. Nicht zuletzt richtet sich auch die Dauer unserer Landgänge nach den Launen des Wetters.

Am nächsten Tag begibt sich Yucki in aller Früh mit unserem Zahlmeister auf den kleinen Markt unterhalb der Klippe, wo sich, durch einfache Planen vor Sonne, Wind und Wetter geschützt, ein paar armselige Verkaufsstände reihen. Die wohl noch aus dem Fundus des Flüchtlings-Hochkommissariats stammenden blauen Zeltplanen dienten der evakuierten Bevölkerung nach der Eruption als Notunterkünfte. Yucki und John kaufen frisches Gemüse und saftige Früchte.

Danach nimmt uns die Eigentümerin der Bank Line Agentur zum Mittagessen nach Kokopo mit. Unterwegs zeigt sie uns einige Bunker und Tunnel, die von den Japanern während des Krieges als Versteck für ihre Patrouillen- und Beiboote angelegt worden waren. Ein Netz von engen, fast senkrecht gegrabenen unterirdischen Gängen führte zu den Aussichtspunkten auf den Klippen. An der Spitze thront heute das seismologische Observatorium, dem die Bevölkerung ihr Überleben verdankt. Die Bomben, die zu Tausenden von Tonnen auf die feindlichen Positionen abgeworfen wurden, haben keine sichtbaren Schäden hinterlassen. Das intakt gebliebene Kriegsmaterial wurde in einem Museum in der neuen Stadt untergebracht.

Auf dem Rückweg haben wir noch Zeit für einen Bummel über die Pier, wo unsere Heckleinen befestigt sind. An einem winzigen Verkaufsstand genehmigen wir uns eine Limo; die Dosen aus Alublech werden übrigens recycelt. Ich kaufe mir zwei oder drei der originellen 20 Zentimeter langen papuanischen Zigaretten: Der mildwürzige Tabak wird in altes Zeitungspapier gerollt, auf dem man noch die Nachrichten von vorgestern lesen kann ...

Als wir den Hafen von Rabaul verlassen, tritt der Vollmond hinter den Aschewolken hervor und holt die Umrisse der Gazelle Peninsula aus dem Dunkel. Sein weißlich schimmernder Ball spiegelt sich in der glatten See. Gerade sehen wir noch den aufgerissenen Rachen der Unheil verkündenden Tochter des Nordens, glühend rot vor Eifersucht auf ihre Schwester Tavurvur, bevor sich die Umrisse der Landschaft, die in unserem Kielwasser hin und her schaukeln, allmählich auflösen.

Rabaul – Madang

Von Freitag, 9. Oktober, 21 Uhr, bis Sonntag, 11. Oktober, 6.30 Uhr,
400 Meridianminuten = 741 km

Während ich schlief, haben die Männer auf der Brücke Wache gehalten. Keinen Moment dürfen sie unsere von Riffen durchsetzte, verkehrsreiche Strecke aus den Augen lassen. Ein Frachtschiff von mehr als 100 Metern Länge – das sieht man an den zwei weißen Scheinwerfen – signalisiert sein Vorfahrtsrecht durch ein rotes Licht auf der Backbordseite. Am Horizont tobt ein magnetisches Gewitter.

Um eine Stunde zu gewinnen, fährt ein Tanker mit uns um die Wette, als wir die Lotsenstation ansteuern; dabei hat der wachhabende Offizier über Sprechfunk garantiert mitbekommen, dass wir um sechs mit dem Lotsen verabredet sind.

Kapitän Jon sagt zum Ersten Offizier, Stanislav: »Ich übernehme das Kommando.«

Wie sonst sollte die Besatzung wissen, wer gerade das Sagen hat, wenn zwei Offiziere, wie es auf anderen Schiffen gang und gäbe ist, sich nicht einig werden? Bei uns herrscht ein angenehmes, entspanntes Arbeitsklima. Wem sollen sie folgen, dem Wachoffizier oder seinem Vorgesetzten? Es soll vorgekommen sein, dass ein Schiff kenterte, weil sich die polnischen Offiziere nicht mit den Matrosen aus Bangladesh verständigen konnten.

Jon aktiviert das Funkgerät und die Bordsprechanlage und gibt dann in rascher Reihenfolge seine Anweisungen. Dieser Vorgang ist auch für mich längst Routine geworden; gleichwohl faszinieren mich die klar und unmissverständlich formulierten Befehle.

An Dario im Maschinenkontrollraum: »Die aktuelle Geschwindigkeit von 11 Knoten beibehalten.«

Zum Rudergänger Bob: »Kurs 275.«

Kurz darauf erwidert der junge Mann: »Kurs 275 liegt an.«

Ein »Dankeschön« ist freundlicher als das förmlich-militärische »Verstanden«.

Dann funkt der Kapitän den Tanker *Blue Ship* an, der gerade zum Überholen ansetzt. Er setzt ihn darüber in Kenntnis, dass wir kein Wettrennen veranstalten möchten, sondern an unserer festgesetzten Ankunftszeit festzuhalten gedenken. Stille. Daraufhin versucht er, eine Verbindung zur Küstenwache herzustellen.

»An den Lotsendienst von Madang. Hier die *Arunbank,* hier die *Arunbank.* Guten Tag.«

Wieder keine Antwort. In der Zwischenzeit sind wir langsamer geworden. Der mithörende wachhabende Offizier eines dritten Schiffs, *Pacific Spirit* bietet uns an, unsere Nachricht dem Lotsendienst zu übermitteln. Bei dieser Gelegenheit erkundigt er sich, welches der beiden Schiffe zuerst an der Reihe ist … ein unverständliches Rauschen ist die Antwort. Der Lotse ist schon unterwegs.

»An den Lotsen: Nicht verstanden, bitte entfernen Sie ihr Sendegerät vom Motor und wiederholen Sie Ihre Antwort.«

Die *Arunbank* kommt zuerst an die Reihe.

»Weck mal unsere wackeren Matrosen auf«, sagt Jon zu »Goldzahn«, der gerade Wache geht. »Sie sollen die Leiter runterlassen, der Lotse kommt.«

Wir nähern uns den Mangroven, da bemerken wir vor unserem Bug einen kleinen Punkt, der sich rasch vergrößert. Das ist der Lotse.

Stanislav erscheint auf dem Oberdeck steuerbords und ruft dem stämmigen Wladimir, einem ausgebildeten Seemann, und einem der Jurijs zu:

»Die Leiter auf die andere Seite! Der Lotse kommt von Backbord!«

Ein kleines Fischerboot fährt durch unser Kielwasser, haarscharf am Ruder vorbei. Ein tiefblauer Himmel wölbt sich über den Mangroven und dem weißen Leuchtturm zu Ehren der im Zweiten Weltkrieg getöteten Küstenwachen.

In einem Anflug von Fairness dreht *Blue Ship* ab, um uns vorzulassen. Der Lotse braust uns entgegen, fährt um das Heck herum und legt sich dann in altbewährter Weise an unsere Seite.

Wir fahren in einen der reizvollsten Häfen überhaupt ein und werfen Anker, um die Drehung unseres Schiffs zu erleichtern. Als wir gerade dabei sind, uns mittels Ankerspill und Seilwinden an den Kai heranzuziehen, fliegt knapp 50 Meter über uns ein Jet auf die Küste zu. Der Flugplatz liegt direkt vor uns.

Nachdem wir die schwarze, zerstörte Hafenstadt Rabaul hinter uns gelassen hatten, waren wir zwei Nächte und einen Tag lang

Die *Arunbank* im Hafen von Madang

um den Norden Neubritanniens herumgefahren und hatten Kurs auf unseren nächsten Anlaufhafen gehalten, der sich auf der Hauptinsel befindet. Der durch die Reihenfolge der aufzunehmenden und zu löschenden Ladungen vorgegebene Reiseplan zwingt uns seit zwei Wochen zu einem unaufhörlichen Rondo, das uns kreuz und quer über die See und wieder zurück nach Lae führt, wo wir unsere frisch mit Kaffee – dem besten der Welt, wie die Papuaner beteuern – beschickten Container abholen. Wir tanzen mit unserem Schiff. Jeden Tag, den wir bis zum nächsten Anlaufhafen ohne größere Vorkommnisse auf dem Meer verbringen, empfinden wir als Wohltat. Wir brauchen diese Ruhe, um die Fülle ständig neuer Eindrücke zu verarbeiten, bevor wir uns auf die nächste kleine Stadt mit ebenso freundlichen, großzügigen Bewohnern einlassen können.

Als wir neulich unter den beißenden Rauchschwaden aus den Tiefen der Erde in die Caldera von Rabaul einfuhren, haben wir die Macht der entfesselten Natur hautnah und beklemmend erlebt.

Jetzt aber, da wir auf unserem Riesen langsam in den Hafen gleiten, erleben wir einen der fantastischen Höhepunkte dieser Reise. Madang im Licht des feurig glühenden Balls, der über unserem Heck aufsteigt, der von einer schmalen Passage durchbrochene Ring smaragdgrüner Mangrovensümpfe, die gewundene Küste mit weißen Häusern, die Prozessionen der Einheimischen auf dem Weg zum Markt, Körbe mit Früchten auf dem Haupt balancierend, ein Eiland, ein Meeresarm und irgendwann der Hafen, größer als erwartet, der sich bis ins Innere des Festlandes zieht; kleine Frachter, Fischkutter und Küstenschiffe liegen an den Kais vertäut, die sich den Dschungel entlangschlängeln.

Madang, Papua-Neuguinea

Breitengrad 145°48' Süd, Längengrad 05°13'4" Ost

Sonntag, 11. Oktober
Um 6.30 Uhr angelegt, um 22 Uhr Leinen los

So bald wie möglich verlassen wir das Schiff über die Gangway, um unser neues Territorium zu erkunden. Am Tor zum Container-terminal lassen wir uns in ein Gespräch mit einem Hafenarbeiter ein. Er heißt Edmond, und wir werden ihn nach dieser kurzen Begegnung wahrscheinlich nie wieder sehen. Er möchte wissen, wo wir herkommen und erzählt von einem Schweizer Arztehepaar, das sich in Aïap niedergelassen haben soll. Der Ort befindet sich in der Region Sepik, wo es am 17. Juni zu einer Flutkatastrophe gekommen war, die dreitausend Menschenleben gefordert hatte.

In Lae hatte ich bei der Heli Niugini (hübscher Name!) telefonisch einen Hubschrauber reserviert. Sonntag ist ein günstiger Tag, weil der Pilot, Dave, zur Verfügung steht. Werktags werden die Maschinen für den Personen- und Güterverkehr zu den Minen und Bergwerken im Gebirge gebraucht. Als wir dem Chefpiloten Ken von unserem Buchvorhaben erzählen, versichert er uns, dass wir uns als Gäste seiner Fluggesellschaft betrachten dürfen. Seine Einladung gilt auch für Kimbe und Lae. Nach einer Reihe von Telefonaten stellt sich jedoch heraus, dass der Flug in Kimbe nicht stattfinden kann. Die Maschine sei zu dem betreffenden Zeitpunkt bereits für einen Ausflug in die Berge gebucht.

Eine gute halbe Stunde fliegen wir über den Hafen, die Stadt, unseren in der Sonne strahlenden Frachter, das Korallenriff mit

dem glasklaren Wasser von einer Farbe, wie man sie von Ansichts-
karten kennt. Wir saugen die Bilder in uns auf, speichern sie als
einen der unzähligen Höhepunkte unseres langen Lebens. Unser
schwimmendes Haus, umgeben von kristallklarem Wasser und
Mangroven.

In der Stadt kommen wir an einem Teich mit Lotusblüten vorbei. Ein Warnschild: Achtung, Krokodile!

In der Bar des Madang Resort machen wir Pause und bestellen
einen Drink. Dave muss noch etwas besorgen und lässt uns einen
Augenblick allein. An den Ästen eines Eukalyptusbaums hängen
Riesenfledermäuse; wenn eine erwacht, fliegt sie davon. Die Flügelspannweite kann einen Meter erreichen. Man bezeichnet sie
auch als Flughunde; es sind harmlose und doch beunruhigende
Säugetiere, von Vampirlegenden umrankt.

11.30 Uhr

Zum Dank wollen wir unseren Piloten zum Mittagessen einladen,
letztlich aber führt er uns in ein typisches Restaurant in der Wildnis. Es liegt außerhalb der Stadt und ist Treffpunkt der Einheimischen, ohne Touristen, in der Nähe einer bezaubernden kleinen
Lagune. Ken, Chefpilot der Heli Niugini, setzt sich mit seinem Gefährten Neville zu uns an den Tisch, und wir trinken ein paar Runden Bier miteinander.

Der pausbäckige Grafiker Neville, Mitte 30, entpuppt sich
als unterhaltsamer Geschichtenerzähler mit einem unerschöpfli-
chen Repertoire. Eines Tages hatte er eine Suite im Raffles, jenem
legendären Hotel in Singapur. Er kommt gerade aus der Dusche,
als plötzlich die Zimmertür geöffnet wird und der Direktor des
Hotels, ein berühmter englischer Schauspieler (nie von ihm gehört …), mit einem Tross von Journalisten und Kameraleuten
hereinplatzt. Laut deklamierend dreht er mit seinen Besuchern eine Runde durch die ehemals von Somerset Maugham bewohnte
Suite und verschwindet samt Gefolge so schnell wie er gekommen
ist, während ihm der Zimmerinhaber völlig verdutzt hinterher-

sieht. Fünf Minuten später klopft es an die Tür. Es ist der Schauspieler, allein, der sich für seinen Auftritt entschuldigen möchte. Er bestellt Champagner, und die beiden Männer trinken bis zum Umfallen.

Wir legen auch in Singapur an. Neville hat mit seiner Geschichte mit dem Raffles meine Neugier geweckt.

An den Tischen unter den Gummibäumen haben sich Familien zum Mittagessen eingefunden. Eine bunt zusammengewürfelte Völkermischung aus Papuas, Mischlingen, Koreanern, Australiern und Chinesen. Sie frönen den Freuden der Tafel, bestellen erfrischende Drinks, und die Kinder spielen in der kleinen Bucht, andere springen von einem Steg, der von der Terrasse auf das Wasser hinausführt. Unwillkürlich kommt mir ein Liedtext in den Sinn, mit dem uns eine Hundertschaft von Schulkindern einmal in Port-Louis auf Mauritius begrüßte: »Der liebe Gott erschuf uns in allen Farben, wie ein Regenbogen, der unser Herz bunt färbt …«

VOKABELN AUS DEM PAZIFISCHEN RAUM

mixmaster blong Jesus: »der Mixer gehört Jesus« = Hubschrauber (Pidginenglisch)
angry palm tree blong Jesus: »die ärgerliche Palme gehört Jesus«
balus: Bedeutet je nach Kontext entweder »Flugzeug« oder »Vogel«

Wir bestellen frisch gepresste Fruchtsäfte an einem Getränkestand mit Strohdach, der nach drei Seiten offen ist. Freundliches, friedliches, fröhliches Ambiente vor einer Geräuschkulisse unaufhörlich zirpender, unsichtbarer Feldheuschrecken. Jeder Landgang hat seinen besonderen Reiz. Während wir das Land erkunden können, sind die Männer im Hafen gerade dabei, unsere Laderäume mit Kopra zu beschicken!

Am selben Abend, nach dem großen Containerballett, kommen

Ken und Dave zum Aperitif an Bord, um unserem Kapitän die Aufwartung zu machen. Sie bleiben zum Abendessen und nehmen sich noch die Zeit für eine Besichtigung des Maschinenraums. Sie vergleichen, was sich eigentlich gar nicht vergleichen lässt: die Abmessungen ihrer schnellen, wendigen Libellen mit denen unseres Ozeanriesen, ihre kleinen Motoren mit den Maschinen unseres Schwergewichts.

Madang – Kimbe

Von Sonntag, 11. Oktober, 22 Uhr, bis Montag, 12. Oktober, 18 Uhr,
290 Meridianminuten = 537 km

Fax von: Master Arunbank GQVM
an: Reederei-Agenten
ETA (voraussichtliche Ankunftszeit) in Kimbe am 12.10. gegen 17 Uhr Ortszeit. Maximaler Tiefgang 11 Meter. Bitte avisieren Sie Hafenbehörden und Lotsen. Keine besonderen Erfordernisse. Über Terminänderungen halten wir Sie auf dem Laufenden.

Montag, 12. Oktober

Ein tropischer Platzregen geht über uns nieder, als wir unsere nächste Minietappe zurücklegen. Seit wir in den Südpazifik vorgedrungen sind, »hüpfen« wir mit unserem Frachtschiff wie eine Fähre von einer Insel zur nächsten.

Kimbe, Papua-Neuguinea

Breitengrad 05°32'944" Süd, Längengrad 150°08'929" Ost

Montag, 12. Oktober (Fortsetzung)
Nachdem wir die Korallenbänke hinter uns gebracht haben, folgen wir wie gewöhnlich der lang gestreckten, flachen Uferlandschaft. Auch hier ein Saum von Mangroven und Kokospalmen bis an den Kai. Jenseits der Lagerschuppen schmiegen sich die Häuser in die geschlossene Bucht unter den unterschiedlich hohen Vulkankegeln, deren malerische Silhouette über die lauernde Gefahr, die sich in ihren Tiefen verbirgt, hinwegtäuscht.

Jon meint, Stanislav solle für den Fall, dass der Cheflotse persönlich an Bord kommt, ihm nicht so viel Bier einschenken. Der Mann neige dazu, die Maschine zu malträtieren, indem er sie bis zum Anschlag hochfährt und die Geschwindigkeit dann zu abrupt drosseln muss. Jon kennt die meisten Lotsen persönlich. Sie haben eine ebenso große Verantwortung zu tragen wie die Fluglotsen in ihrem Tower.

Offiziersanwärter Martin überwacht das Echolot, damit wir nicht auf Grund laufen.

Schließlich ist es aber doch nicht der Schluckspecht, sondern ein netter Lotse namens Gibob, der uns beim Manövrieren unterstützt. Der Kai ist hier nicht länger als der in Lautoka, und es gibt keine Schlepper. Wir gehen auf zwei Knoten herunter und fahren einen Bogen, wobei wir unseren Kurs schrittweise um 15° ändern und uns dann mit Hilfe unserer Winden an die Kaimauer ziehen.

Über Walkie-Talkie gibt der Kapitän die Anweisungen an Aleks

180

weiter, der das Manöver auf dem Vorschiff leitet, und an Kosta auf dem Achterschiff. Um einen Betonpoller, der von der dichten Vegetation an der Flussmündung überwuchert ist, wird zunächst eine Vorleine gelegt. Es dauert fast eine Stunde, bis das Schiff vertäut ist. Dario stoppt die Maschinen.

In der Nacht hindert mich die Stille am Einschlafen. Ich vermisse den wiegenden Wellengang.

Dienstag, 13. Oktober
6 Uhr
Bevor die Hafenarbeiter ihre Arbeit aufnehmen, werden 4000 Tonnen Palmöl in unsere leeren Tanks gepumpt. Das Wetter ist geradezu ideal zum Verladen von Kopra, dennoch dauert es drei Stunden, bis das Be- und Entladen beginnen kann. Vor dem Eingangstor zur Hafenverwaltung hat sich eine Gruppe von Männern unter den Frangipanibäumen eingefunden. Ich gebe ihnen meine Zigaretten, und sie erzählen, dass sie spontan in Streik getreten sind, um bessere Bedingungen für die Tagelöhner auszuhandeln.

Schließlich geht doch alles mit europäischer Zuverlässigkeit über die Bühne; die Streikverhandlungen sind erfolgreich abgeschlossen worden. Vielleicht hat unsere Anwesenheit Druck gemacht; vielleicht wollte man sich nicht mit unserer Reederei anlegen. Die Auswahl an Häfen und Frachtführern in dieser Gegend ist groß. Für den 20. November wird die *Teignbank* erwartet, und in sechs Monaten kommt unser Kapitän samt Crew wieder vorbei, und zwar auf der *Foylebank*.

Spezialcontainer werden an die Schiffsseite herangefahren, zwei der vier Hängeketten werden ausgehakt und eine schräg nach unten ausklappbare Rampe reicht direkt in die weit geöffneten Ladeluken hinein. Vor Beginn des Ladevorgangs wird jede Partie von unseren Offiziersanwärtern auf Feuchtigkeit kontrolliert. Es kann vorkommen, dass Container abgelehnt werden, weil das Risiko einer spontanen Gärung zu groß ist. Auch bei zu starken Verunreinigungen wird das Kopra nicht angenommen.

VOKABULAR

kaikai	Nahrung
bia	Bier
maket	Supermarkt, übertrieben gesagt

Walindi

Die flachen Behausungen, die durch das dichte Grün schimmern, halten den Regen offensichtlich nicht ab. In der Nacht kam ein Gewitter mit starken Böen auf. Jetzt flattern Betttücher zum Trocknen auf der Veranda.

Wie überall in diesen Breiten, errichten die Bewohner ihre Häuser in Pfahlbauweise, was sie bis zu einem gewissen Grad vor Hochwasser schützt und obendrein unerwünschte Eindringlinge, Tiere aber auch Zweibeiner, auf Abstand hält ... Das effektvoll gemusterte Flechtwerk der Wände besteht aus den Rippen von Palmblättern.

Es ist Ebbe. Wenn wir früh genug aufstehen, können wir mit den Delfinen schwimmen. Die kristallklare Schönheit der Unterwasserwelt mit ihrem Fischreichtum und den prächtigen Korallenbänken haben Walindi in der Fachliteratur den Ruf eines weltweit einzigartigen Taucherparadieses eingebracht.

Ich sitze unter einem Baum, beobachte die ansteigende Flut und genieße die frische Brise, die vom Meer heranweht und von einem Schwall brütend heißer, feuchtwarmer Dschungelluft geschluckt wird. Bei einem Spazierung durch das kleine Waldstück entdeckten wir Schwärme zauberhafter saphir- und türkisgrüner Riesenschmetterlinge unterhalb der weit hinaufreichenden Baumfarne. Wenn wir am Ende des Tages »heimkehren«, erwartet uns das Schauspiel eines über dem Vulkan heraufziehenden Gewitters; es kommt jedoch nicht bis zu uns in den Hafen.

Mittwoch, 14. Oktober

An unserem zweiten Ruhetag werden Yucki und ich auf der Lade-
fläche eines reedereieigenen Lieferwagens auf dem Weg in die
Stadt bis auf die Knochen durchgeschüttelt. Die Sonne brennt von
einem absolut wolkenlosen Himmel herab. Heute wurden die
Löhne ausgezahlt. So herrscht auf dem Markt und in den Geschäften großer Andrang, und die Waren sind in einer verschwende-
rischen Fülle vorhanden. Die großen, vergilbten, aber noch ge-
schmeidigen Tabakblätter haben es uns angetan. Yucki stellt fest,
dass man das beliebte weiße Pulver hier sogar in alten Filmdosen
verkauft. Als wir an einer Buchhandlung vorbeikommen, kann
ich nicht widerstehen und kaufe mir einen Bildband über das wilde Sepik, das wir in einigen Tagen erreichen.

Der Kapitän und Dario, dessen Maschinen zur Ruhe gekommen sind, begleiten uns; auch John ist dabei. Der Zahlmeister achtet stets darauf, dass wir unsere Vorräte in sporadischen Abständen durch frisches Obst und Gemüse ergänzen. Saftige Ananas,
köstliche *paopao* (gelbe Papaya), Mangos, Bananen, die Früchte
des Brotfruchtbaums. Frisch geerntet sind sie einzigartig im Geschmack. Kein Vergleich mit den unreif geernteten Früchten, die
man uns in Europa verkauft. Wenn ich hier leben würde, könnte
ich mich gut ausschließlich von Obst ernähren.

Am Nachmittag besichtigen wir eine Ölfabrik. Ein Teil der Produk-
tion wird gerade in die Tanks der *Arunbank* gefüllt. In der stickigen
Luft eines halbdunklen Blechschuppens sind die Arbeiter dabei, die
Früchte zu behandeln. Es sind uralte Anlagen, aber offensichtlich
robust und gut gewartet. Nach dem Sterilisieren der Kokosnüsse,
die in perforierten Stahltonnen herangeschafft werden, trennt man
mit einer riesigen Stachelwalze das Fruchtfleisch von der Schale.
Nach dem Trocknen finden die Schalen als Brennstoff Verwendung.

Überall in der hübschen kleinen Stadt empfangen uns lächelnde
Menschen mit nahezu kindlich-wohlwollender Neugier.

In Kimbe wird gefeiert: Am Nachmittag findet ein internationales Rugbyspiel statt. Neuseeland gegen Papua-Neuguinea. Man stelle sich das vor: Das örtliche Team gegen die weltberühmten All Blacks! Schon Stunden vorher fiebert die ganze Stadt dem sportlichen Höhepunkt des Jahres entgegen. Aber keine Spur von Randale oder Aggressivität. Um Ausschreitungen zu vermeiden, bleiben die Bars geschlossen; der Verkauf von Alkohol ist untersagt. Bei dem Gedanken, dass wir längst auf dem Meer sind, wenn das Spiel beginnt, wird mir ganz wehmütig ums Herz. Die Fans haben sich schon am frühen Morgen im Stadion eingefunden. Lieber riskieren sie einen Sonnenstich, als sich etwas entgehen zu lassen. Dabei beginnt die Veranstaltung erst am späten Nachmittag. Aber der Andrang ist bereits jetzt sehr groß. Manch einem scheinen allein bei dem Gedanken an das bevorstehende Spiel Flügel zu wachsen: Ein Hafenarbeiter nach dem anderen verschwindet, bis sich nur noch ein Dutzend Männer an unseren Laderäumen zu schaffen machen. Flink genug für uns, um planmäßig gegen 16 Uhr den Anker zu lichten – und für die Arbeiter, die sich noch rechtzeitig vor Spielbeginn unter die Zuschauer mischen wollen.

Fröhlich spielende Kinder im Wasser; in unbekümmerter Lebensfreude balancieren sie an unseren zwischen Ufer und Schiff gespannten Heckleinen über dem Wasser.

Dieser Hafen müsste eigentlich einmal geräumt werden. Unser Schiffskiel befindet sich knapp einen Meter über Grund ... Während das Anlegen völlig unproblematisch über die Bühne ging, hatten wir beim Ablegen umso größere Schwierigkeiten. Bei Ebbe bildet sich in 100 Metern Abstand zum Kai eine Untiefe. Und so dauert es eine volle Stunde, bis alle Leinen mit Ausnahme der dritten Bugleine gelöst sind und sich unser Schiffsheck langsam vom Kai entfernt. Als das Schiff einen rechten Winkel zum Kai bildet, drehen wir uns im aufgewirbelten Brackwasser um die eigene Achse und gleiten dann aufs Meer hinaus.

Kimbe – Lae

Ich weiß nicht, was ich schreiben soll. Ich habe nichts zu berichten. Wahrscheinlich habe ich einfach keine Lust. Die Reise wird nicht etwa langweilig, aber manchmal möchte ich einfach nur noch faulenzen, mich meinen Träumen hingeben und dösen, ohne ständig nach neuen Eindrücken, Anekdoten und Emotionen zu suchen. Ich brauche einfach ein paar Stunden für mich, um meinen Kopf »leer zu machen«, meine Gedanken zu ordnen und die Eindrücke der letzten zwei Monate zu verarbeiten.

Lae, zweiter Aufenthalt

Donnerstag, 15. Oktober

Herrliches Wetter, blauer Himmel, glattes Meer. Wir sind auf dem Weg nach Lae, um die dort deponierten Container abzuholen. Yucki und ich stehen an der Reling, als wir bei der Einfahrt in den Hafen plötzlich ein winziges Boot entdecken, das in einem langen, schäumenden Band im Wasser treibt. Das Band entpuppt sich bei näherer Betrachtung als riesiger Fischschwarm auf der Flucht. In dem Boot sitzen vier Männer , die wie besessen ihre Angeln auswerfen und ihrem Fang in wildem Zickzack hinterherjagen.

Um die Mittagszeit steigen wir in den kleinen Bus der Hafenagentur, dessen Fenster – im Unterschied zu den meisten anderen Fahrzeugen in dieser Gegend – keine Gitter haben. Die Einheimischen mit ihrer sanften Ausstrahlung begrüßen uns lächelnd. Abends wird die Stadt jedoch häufig von Banden belagert, die aus den Bergen herunterkommen, um zu randalieren, mit Steinen zu werfen, Fenster einzuschlagen und leichtsinnige Passanten, die sich in der Dunkelheit draußen aufhalten, mit ihren Macheten zu attackieren.

Wir sind auf der Suche nach einer Buchhandlung; die abgedunkelten Geschäfte haben Schutzgitter vor den Schaufenstern, sind aber offen. Vor den Eingängen stehen bewaffnete Wachposten.

Planmäßige Abfahrt morgen bei Tagesanbruch. Der nächste Hafen, den wir anlaufen, ist Bitung.

Die Krokodilfarm

Ein weitläufiger Park, Grünanlagen und Kokospalmen bis zum Horizont, dazwischen monumentale Käfige mit Sonnendach. 26 000 Salzwassersaurier wachsen hier alljährlich heran. Die Hälfte davon ist in Gefangenschaft geboren, andere Jungtiere werden, unter Beachtung der Regeln des internationalen Artenschutzabkommens »Sites«, den Einheimischen abgekauft. Krokodilhäute werden für die Lederwarenhersteller in Paris und Tokio exportiert; das Fleisch wird tiefgekühlt auf den heimischen *makets* feilgeboten. Hin und wieder nimmt auch die *Arunbank* ein paar Container tiefgekühltes, zartes Krokodilfleisch mit; man sagt, der Geschmack erinnere an Geflügel. Die imposanten Zuchttiere mit dem starren Blick wirken ziemlich Furcht einflößend. Sie werden acht Meter lang und bis zu 75 Jahre alt ...

Wir verlängern unseren Aufenthalt bis zum nächsten Nachmittag. Unser Bauer aus Nebraska hat sich in untröstlichem Weltschmerz in seiner Kajüte vergraben. Yucki und ich haben ihn eingeladen, auf der ruhigen Terrasse des Mélanésien eine Portion Hummer mit uns zu teilen. Im Vergleich zu den Riesenhummern, die uns Artur am Strand von Aoré servierte, sind diese hier etwas kurz geraten.

Danach fährt uns ein papuanischer Arzt freundlicherweise zum Hafen; auf der Straße könnte es zu dieser Zeit schon gefährlich werden. An einer Grünanlage oberhalb der Kais bittet Yucki ihn zu halten. Sie greift nach ihrer Kamera und springt aus dem Wagen. Ganz in der Nähe, unter einem Frangipanibaum, sitzen an die zehn Männer vor ihrem Bier. Sofort stehen sie auf und gehen drohend auf Yucki zu, um sie aus »ihrem« Revier zu verjagen ...

Freitag, 16. Oktober

Nur zu gerne akzeptiere ich die Einladung des Chefpiloten der Heli Niugini, mit dem Hubschrauber eine Runde über Lae, den Hafen und unser Schiff zu drehen.

Kevin, der Pilot, erwartet Dario, Yucki und mich an der Gangway. Jon hätte auch mitkommen sollen, musste aber bedauerlicherweise ablehnen. Erst die Arbeit, dann das Vergnügen ... Aber er hat Dario seine Digitalkamera mitgegeben.

Kein Lüftchen regt sich, der Himmel ist wolkenlos. Die Türen werden ausgehängt, und mit einem ohrenbetäubenden Getöse steigen wir steil nach oben. Die Zeit vergeht buchstäblich wie im Flug; eine halbe Stunde lang kreisen wir mit der *Bell Long Range* von der Heli Niugini hoch über der *Arunbank,* dem Hafen und der Stadt. Wie ein Filmstar wird unser schwimmendes Dorf aus allen nur erdenklichen Perspektiven aufgenommen.

Anschließend nehmen wir Kevin und Allison, die Sekretärin des Stützpunkts, mit an Bord, um mit ihnen zu essen und ihnen unser Schiff zu zeigen. Unserem Kapitän sind solche kleinen Aufmerksamkeiten übrigens sehr recht, da sie dem Ansehen der *Bank Line* nur förderlich sein können und das Vertrauen zwischen Seeleuten und Einheimischen festigen.

Die junge Allison wohnt noch nicht lange in der Stadt. Sie kommt aus einem Dorf am Schlangenfluss. Der Anblick unseres stählernen Monsters jagt ihr einen richtigen Schrecken ein, und erst als Yucki sie nach dem Essen bittet, sich zusammen mit den Stewardessen in der Offiziersmesse fotografieren zu lassen, lächelt sie wieder. Die Russinnen sind zwar nicht besonders groß, aber doch um einen Kopf größer als unsere Besucherin. Die junge Frau aus den Bergen wird alles, was sie hier innerhalb von zwei Stunden erlebt hat, ewig in Erinnerung behalten.

Mehr als 700 Volksstämme, die jeweils ihr eigenes Staatsgebiet haben, stellen ein Drittel aller Sprachen der Welt. Aber sie haben keine eigene Verkehrssprache!

Bei so vielen zersplitterten Stämmen, Familien und Sprachen kommt es zwangsläufig zu Streitigkeiten mit tödlichem Ausgang, ausgelöst durch Grundbesitzansprüche, Vergewaltigungen oder auch einfach nur aus einer Abneigung, die auf Gegenseitigkeit beruht.

Bis 1932 war dieses Kriegervolk in den Bergen, das eine gute Million Menschen umfasst, weder den friedlichen Bewohnern des Südpazifiks noch dem Rest der Welt bekannt. Die Bergbewohner ihrerseits ahnten nichts von der Existenz anderer menschlicher Wesen, bis die Goldritter kamen und ihnen ihr Territorium streitig machten.

Australische Abenteurer hatten die Küsten unsicher gemacht, bevor sie der Spur des Goldes am Ufer der Ströme ins Landesinnere folgten. Zwei unvereinbare Welten prallten aufeinander, und offensichtlich beruhte der Schock der ersten Begegnung auf Gegenseitigkeit. Die Eingeborenen hielten die Bleichgesichter zunächst für Geister ihrer Vorfahren, bis eine der Frauen eines Tages beobachtete, wie einer der Fremden seine Fäkalien im Busch absetzte. An dem Gestank erkannte sie, dass auch er nur ein gewöhnlicher Mensch sein konnte.

In manchen Dörfern ist es noch heute Brauch, dass sich die Kinder jedem Fremden nähern, um an seiner Haut zu riechen.

Angesichts der starken Körperbehaarung und des wilden, martialischen Aussehens der männlichen Dorfbewohner kann man wohl zu Recht sagen, dass diese nach uralten steinzeitlichen Gesetzen regierte Welt den Schritt in die Zivilisation des dritten Jahrtausends noch lange nicht vollziehen wird.

Sie verstehen unsere Welt nicht.
Sie müssen unglücklich sein.

14. Etappe:

Lae – Bitung

Von Freitag, 16. Oktober, 22 Uhr, bis Mittwoch, 21. Oktober, 17.30 Uhr,
1583 Meridianminuten = 2932 km

Freitag, 16. Oktober (Fortsetzung)

Heute Abend haben wir erst gegen 22 Uhr Anker gelichtet. Unser Schiffsheck wurde mit den vereinten Kräften unseres Verstellpropellers und eines kleinen Schleppbootes durch das aufgewirbelte schlammige Brackwasser bis zur Wasserlinie ins Meer hinausgezogen.

Wir mussten die Ankunft von drei kleinen Schiffen abwarten, die uns noch Container mit Kaffee von den Nachbarinseln anliefern sollten und sich verspätet hatten. Sie werden wieder an die abgeschiedenen Orte zurückkehren, deren einzige Verbindung mit dem Rest der Welt sie darstellen und denen sie die seit Monaten bestellten Waren aus Europa liefern.

Während sich das Schiff um die eigene Achse dreht, macht der Lotse mit Jon den nächsten Termin in sechs Monaten aus; dann entlässt uns der Schlepper, und ohne zu warten gleiten wir mit großer Fahrt dem von hellen Blitzen gesprenkelten Horizont entgegen. Der Kapitän legt sich einige Stunden zur Ruhe. Er hatte einen anstrengenden Tag, ein Termin jagte den anderen, und obendrein musste er die Lade- und Löschmanöver beaufsichtigen. Wir haben neue Güter an Bord genommen, Baumstämme aus Ebenholz und Kakaofrüchte. Ich knabbere an einigen Kakaobohnen, die aus einem zerrissenen Sack gefallen sind.

Kosta und Stanislav verbringen die Nacht damit, einen Defekt an der Steuerung zu reparieren. Das Selbststeuer wollte sich nicht

190

stabilisieren lassen; das Schiff konnte keinen geraden Kurs halten, und Wladimir, der »Stämmige«, musste am Ruder bleiben.

Samstag, 17. Oktober

Die ganze Nacht bis zum Morgen prasselt Regen auf uns nieder. Petrus hat sämtliche Schleusen geöffnet. Als es dämmert, bedeckt eine graue Nebelschicht die raue See.

15 Uhr

Ein Riesendelfin tanzt um unseren Schiffsbug und verschwindet schließlich im Wasser, dessen Farbe mit dem Grau des Himmels korrespondiert. Seit 15 Stunden hört es nicht auf zu regnen.

Wir fahren an dem aktiven Vulkan Manam vorbei, der kleine Rauchwolken in die Luft stößt und sich schemenhaft hinter den Wolken abzeichnet. Unser Hubschrauberpilot Kevin erzählte mir, er habe in der letzten Woche auf dem Rückweg von Madang gesehen, dass Lava austrat. Im Gipfelbereich, unterhalb des Hauptkraters, hat sich innerhalb der letzten Jahre aus dem Magma ein neuer hellgrüner kleinerer Vulkankegel aufgebaut. Eine dünne Vegetation siedelt sich an den kahlen schwarzen Hängen an. Die nächste Insel, Aris genannt, hat die Form eines urzeitlichen Monsters.

Nach Backbord liegt das Mündungsdelta des Sepik. Unzählige Baumstämme und Pflanzenreste treiben in den schlammigen braunen Fluten, die sich deutlich gegen das transparente Grün des Meeres absetzen. Bald hat das Schiff auch diese Grenze passiert.

»Sieh mal genau hin, was da so alles an uns vorbeischwimmt«, sagt der Kapitän. »Manchmal sind verkohlte Leichen dabei.«

Für manche Menschen ist das ein natürlicher Tod.

Nachdem moderne Feuerwaffen den Wurfspeer und das Hackbeil verdrängt haben, fordern die aktuellen Stammeskriege einen höheren Blutzoll denn je. Von der alten Sitte, die vornehmen Körperteile des Feindes zu verzehren, wird aber inzwischen wohl Abstand genommen – so scheint es … Wenn die Familien ihre gefallenen Krieger gefunden haben, veranstalten sie eine Bestattungszeremonie und verbrennen sie. Dann legt man die verkohlten Reste auf ein Floß, das der Fluss ins Meer hinausträgt.

Die letzte Reise, die letzte Ruhestätte. Aber sie ist dem Leichnam nur unter der Voraussetzung vergönnt, dass ihm der Feind weder Gliedmaßen noch den Kopf abgeschlagen hat. Ein verstümmelter Leichnam hat kein Recht auf eine rituelle Bestattungszeremonie.

Die am Ufer angesiedelten Papuas leben von ihren Fischgründen. Nach einer traditionellen Methode fahren sie mit Einbäumen ins Meer hinaus und blasen dort in ein Tritonshorn, dessen dunkler lockender »Haifischruf« vom Wasser weitergetragen wird. Eine Kokosnuss dient als Köder. Und wenn der Haifisch anbeißt, versuchen ihn die Männer unter Einsatz ihres Lebens mit einer Schlinge zu fangen.

Als die Dämmerung hereinbricht, klart das Licht noch einmal auf, und Backbord schwebt das Insel-Oval des Blupblup wie ein surrealistisches Bild von Magritte auf dem Wasser. Noch nie sind mir die Abmessungen unseres Planeten so winzig erschienen. Wir stehen kommunikationstechnisch mit dem ganzen Globus in Verbindung, und es entsteht der Eindruck, als seien es von einem Anlaufhafen zum nächsten, von New York bis Tokio, von Paris bis Kuala Lumpur höchstens fünf Minuten.

QUELLE: INSTANT WORLD NEWS
Tokio, Samstag, 17. Oktober
Seit Freitag zieht der Taifun Zeb in Richtung Südjapan. Auf den Philippinen und in Taiwan forderte er bereits mindestens 86 Todesopfer.

Sonntag, 18. Oktober

Seit heute früh um 6.15 Uhr befinden wir uns in indonesischen Hoheitsgewässern. Adieu, Papua-Neuguinea. Ich habe die Schönheit und Gastfreundschaft deiner Inselwelt sehr genossen. Es ist das Land des Lächelns und zugleich das Land des Grauens, des Dschungels und der Vulkane.

Nach einer Rettungsübung entdecke ich mit Yucki zwei Särge, die im Abstand von wenigen Metern an uns vorbeischwimmen. Heutzutage treten die Toten die letzte Reise nicht mehr auf Flößen, sondern in ausgedienten Öltonnen an.

Backbord die Westküste von Neuguinea, Irian Jaya genannt. Aus politischen Gründen wurde die Insel in zwei Teile gespalten. Vor mir die Kammlinie am Horizont. Noch zwei Tage, und wir sind auf der Insel Celebes, dem heutigen Sulawesi, um in Bitung andere Paradiese, andere lächelnde Menschen kennen zu lernen.

Montag, 19. Oktober

Die Zeit auf meiner Armbanduhr minus eine Stunde ergibt die Bordzeit. Wir befinden uns auf dem Längengrad von Wladiwostok, die Lieblingsstadt unserer Crew liegt aber auf dem 45. Breitengrad Nord. Wir befinden uns am Äquator ... 2700 Seemeilen südlich von Sibirien.

5.30 Uhr

Ich bin auf der Brücke und unterhalte mich mit Stanislav über dies und das. Ich gestehe ihm, dass ich mit 18 die Schule satt hatte und mich um ein Haar als Schiffsjunge auf einem Frachter verdingt hätte. Dass ich dann aber einen Rückzieher gemachte habe, weil man mich für mindestens zwei Jahre verpflichtet hätte. Das schien mir damals ein halbes Leben.

9.30 Uhr

Wir erhalten das Reglement mit den Piratenbekämpfungsmaßnahmen und die Zeiten der Ausgangssperre. Für den morgigen

Abend ist ein Katastrophentraining angesetzt, das auf der bereits bekannten Rettungsübung aufbaut. Aber diesmal ist die Gefahrensituation nicht nur theoretisch, denn in diesen Gewässern wurden tatsächlich bereits viele Schiffe überfallen.

Unsere Abwehrmaßnahmen: Wasserdichte Tore schließen, Nachtwachen aufstellen, sämtliche Scheinwerfer und sonstige Lichtquellen anschalten außer Buglampen, weil sie den Ausguck behindern; hinzu kommen Schiffsglocke, Sirene, Pfeifsignal, Schall- und Lichtsignal, elektrische Taschenlampen und Walkie-Talkie für die Wachpatrouillen, die sich im Notfall, sollten die Piraten trotzdem an Bord gelangen, ins Innere der Aufbauten zurückziehen und die Stahltüren versperren. Das Radar wird auf eine Reichweite von drei statt zwölf Seemeilen eingestellt; außerdem können wir mit Feuerlöschpumpen den Feind verjagen und sein Schiff unter Wasser setzen, und wir haben die Möglichkeit, bei Höchstgeschwindigkeit im Zickzack zu navigieren und die Laderäume zu verriegeln.

Der Kapitän, Dario und die Offiziere beraten über die für morgen, Dienstagabend, angesetzte »Generalprobe«. Jedes Besatzungsmitglied übernimmt eine bestimmte Aufgabe, inklusive Überstunden und Schlafentzug. Die Passagiere hingegen verpflichten sich, in ihren Kajüten zu bleiben und sie von innen abzuschließen. Eingedenk dessen, dass unsere Kajüte sich direkt am Niedergang zur Kommandobrücke befindet, werde ich mich wohl nicht daran halten. Niemand wird mich davon abbringen, dass ich mir mein eigenes Bild von der Situation mache. Sollte allerdings der Ernstfall eintreten, müsste ich mich fügen und in die Kajüte zurückgehen, allein schon wegen meiner Frau. Die Piraten sind jedoch feige, und unser Schiff wird ihnen ohnehin zu groß sein. Ich glaube nicht, dass wir ernsthaft in Gefahr sind; aber ganz sicher bin ich mir nicht.

Am Abend wieder ein Umtrunk mit dem Kapitän, bei dem wir den Abschied von den papuanischen Gewässern feiern. Für einen Umtrunk, eine Party oder einen Festschmaus gibt es hier immer triftige Gründe.

Wir schreiben an unsere Kinder, erkundigen uns nach dem Gesundheitszustand meiner Mutter und berichten unsere ersten bruchstückhaften Eindrücke.

Dienstag, 20. Oktober
5.30 Uhr
Kaffee auf der Brücke mit Stanislav, der seinen Wachdienst hat. Toller Sonnenaufgang, über dem Heck natürlich, da wir immer von Osten nach Westen fahren.

7 Uhr
Jon erscheint auf der Brücke: Ankunft am Kai von Bitung morgen nicht wie geplant um sieben Uhr, sondern erst nachmittags gegen drei oder noch später, weil unser Liegeplatz am Kai besetzt ist. Wir fahren einen Motor herunter, um die Geschwindigkeit von 18 auf zwölf Knoten zu verringern. Dann ändern wir den Kurs und fahren um die Insel Morotai herum, bevor wir unseren Zielhafen erneut ansteuern. Auf diese Weise ersparen wir uns die ursprünglich vorgesehene Zickzackfahrt durch die Meeresstraße zwischen Morotai und Halmahera, wo die Piraten vielleicht schon auf uns warten, denn sie haben in allen Häfen ihre Informanten.

Man könnte diese Sicherheitsvorkehrungen als übertrieben betrachten, als Versicherung gegen eine Notlage, die hoffentlich nie eintreten wird. Trotzdem handelt es sich weder um wilde Fantasien noch um Hysterie. Wir müssen uns einfach gegen den schlimmsten anzunehmenden Unfall wappnen. Auch hier wird nichts überstürzt. Alles wird schön der Reihe nach erledigt, zügig, aber ohne Hast.

Die Piraten wenden verschiedene Methoden an, um ein Schiff zu entern. Eine davon kennt unser Zweiter Offizier, Aleks, aus persönlicher Erfahrung: Sie besteht darin, ein langes Kabel im Wasser zu spannen und an den Enden jeweils an einem Schnellboot zu befestigen. Sobald der Schiffsbug das aufgespannte Kabel berührt, werden die beiden Boote durch den »Schereneffekt« an die beiden Seiten des Schiffs getrieben und im selben Tempo mitgezogen.

Deswegen vermeiden wir es wohlweislich, zwischen zwei Schiffen hindurchzufahren. Wenn wir sie rechtzeitig sehen, verändern wir den Kurs und fahren außen herum.

10 Uhr:

Von meinem Aussichtspunkt auf der Affeninsel entdecke ich einen schwimmenden Sarg. Sepik liegt aber bereits weit hinter uns. Hat ihn die Strömung wirklich so weit ins Meer hinausgetrieben? Natürlich könnten die Toten in Irian Jaya nach demselben Ritual bestattet werden. Die neuen politischen Grenzen haben ja auch Volksstämme auseinandergerissen.

Ein länglicher rotgrauer trommelartiger Gegenstand treibt auf der Steuerbordseite in den Wellen. Das sich verjüngende Ende krönt ein Stiel aus Holz oder Metall. Hier wurde der Tote in zwei alten, miteinander verschweißten Tonnen aus den Gold- oder Metallbergwerken auf die letzte Reise geschickt. Die traditionellen Flöße wurden von den Segnungen der westlichen Zivilisation verdrängt.

Das Meer um Morotai zeigt sich etwas rauer als in der Meeresstraße, die wir ursprünglich durchfahren wollten. Dafür sind wir hier ganz allein auf dem Wasser, wenn man einmal von den Toten in ihren schwimmenden Särgen absieht. Oder sollte es sich bei diesen vier rotgelben, mit einem aufragenden Ast versehenen Tonnen um einfache Schwimmer von Fischreusen oder Fangnetzen handeln? In dieser Entfernung von der Küste halte ich das eher für unwahrscheinlich, zumal hier, im Fahrwasser der Frachtschiffe.

Mittwoch, 21. Oktober

In der letzten Nacht wurden alle Sicherheitsmaßnahmen zum Schutz vor Piraten minutiös umgesetzt. Die Geltungsdauer läuft bis zum übernächsten Tag unseres letzten Zwischenstopps; d. h. etwa zehn Tage, bis wir in Singapur sind.

Bisher hat sich noch kein Pirat gezeigt; hoffen wir, dass es so bleibt. Ein jüngeres Besatzungsmitglied mokiert sich und hält das Ganze für reine Panikmache. Es ist jedoch Tatsache, dass in diesen Gewässern Schiffe geentert wurden, und dass es Fälle gab, wo jemand ums Leben kam, der einen Gefährten oder die mitgeführte Ladung vor den Piraten retten wollte. Ein Supertanker soll spurlos im Meer verschwunden sein, ohne dass jemand einen Seenotruf oder sonst irgendetwas von dem Schiff gesehen oder gehört hätte. Das Risiko, dass ein Schiff von Piraten überfallen wird, steht zwar nur 1 : 100, aber wie stünden wir da, wenn wir für diesen Notfall keine Sicherheitsvorkehrungen getroffen hätten?

Vormittags 10 Uhr und 18 Minuten in den Gewässern vor Bitung, auf der Hauptinsel von Sulawesi. Um fünf Uhr sollen wir am Kai festmachen. Während ich diese Notizen mache, druckt der Fernschreiber oben auf der Brücke, drei Meter über meiner Kajüte, gerade eine Warnmeldung aus, die ich hier, um die technischen Details gekürzt, wiedergebe:

Quelle:
Informationszentrale zur Bekämpfung der Piraterie
Warnung an alle Schiffe im Bereich 10°35′Süd bis 90°40′ Ost
Kuala Lumpur, Malaysia
21. Oktober, 00.17.59 Uhr WZ
Warnung an alle Schiffe in den Gewässern Südostasiens: Piraten attackieren mit Leichtfeuerwaffen.
1) Am 13. Oktober außerhalb der Ankerplätze vor der Küste von Jakarta. Eine mit langen Messern bewaffnete Piratengruppe hat ein Schiff überfallen. Durch die Geistesgegen-

wart der Besatzung wurde das Eindringen der Angreifer in die Kajüten verhindert.

Am 5. Oktober auf 08°57′ Nord 130°42′ Ost gelang es der Besatzung eines Holzschiffs, unter Einsatz ihrer Feuerlöschpumpen einen Piratenangriff zu vereiteln.

Am 6. Oktober haben Piraten im Hafen von Jakarta einen jungen Schiffsingenieur überwältigt und gefesselt, um Motoren-Ersatzteile zu entwenden.

2) Wir warnen alle Schiffe, die sich in indonesischen Hoheitsgewässern und im Fahrwasser von Bangkok, Thailand und den Philippinen aufhalten, und raten ihnen zu größter Vorsicht.

3) Zur Bekämpfung der Seepiraterie wird gebeten, jede verdächtige oder ungewöhnliche Beobachtung und jeden Überfall zu melden; unsere Zentrale in Kuala Lumpur ist rund um die Uhr erreichbar.

VERMISST: *M.V. Tenyu*
Nach einem Bericht der Reederei wird die Tenyu samt Kapitän und fünfzehnköpfiger Besatzung vermisst. Der Kapitän und der Chefingenieur sind Koreaner, die Besatzung ist chinesisch. Das Frachtschiff hat am 27. September in Kuala Tanjong, Nordsumatra, 3006 Kubikmeter Alu-Barren für Korea geladen. Seither sind alle Funkverbindungen mit dem Schiff abgebrochen.

Typ: Mehrzweckfrachter, Kennzeichen 3EHV7, ehemaliger Name Harima, fährt unter der Flagge von Panama, Baujahr 1985, 84,65 Meter lang. (Es folgen die technischen Daten und die Farben: grauer Rumpf, weiße Aufbauten, grüne Decks).

Alle Schiffe sind gebeten, diesbezüglich Nachforschungen anzustellen.

Vermisst: *M.V. Fu Tai*

Das Schiff wurde am 5. August in Batu Ampar, Bataminsel in Indonesien, geentert. Die Besatzung sprang über Bord und rettete sich ans Ufer. Drei Seeleute sind wahrscheinlich noch auf dem Schiff.

(Es folgt die technische Beschreibung des nagelneuen, 52 Meter langen »Kleinfrachters«).

Der Schiffsname ist in chinesischen Schriftzeichen auf den Bug gemalt. Besonderes Merkmal sind die auf beiden Seiten angebrachten Stoßdämpfer aus Stahl. Das Schiff befindet sich vermutlich noch in der Gegend, könnte aber unter anderer Flagge unterwegs sein, den Namen und die Farbe gewechselt haben.

Alle Schiffe sind gebeten, Nachforschungen aufzunehmen. Sämtliche Informationen werden streng vertraulich behandelt.

Es schlägt Mittag, liebe Leute, verkündet der Wachgänger. Alles ist ruhig, die Feuerlöschpumpen sind einsatzbereit …

Bitung, Sulawesi

Mittwoch, 21. Oktober (Fortsetzung)

Da unser Liegeplatz noch besetzt war, konnten wir erst mit sieben Stunden Verspätung an der friedlichen Küste der Molukkensee festmachen. Termin mit dem Lotsen um 15 Uhr. Sehr langsam kreuzen wir vor der Küste, um den Brennstoffverbrauch möglichst niedrig zu halten.

35 Grad im Schatten, die Luftfeuchtigkeit beträgt 100 Prozent. Unter dem feuerroten Himmel die sanft geneigten Hänge zweier Vulkankegel mit ihren von ewigem Dunst umgebenen Gipfeln. Die unzähligen winzigen Laternenboote auf dem Wasser der tiefen Bucht sehen wie schwimmende Glühwürmchen aus.

Donnerstag, 22. Oktober

Der Reeder organisiert einen Ausflug ins Inselinnere. Der Norden von Sulawesi ist wie jede andere Insel im Pazifik durch viele Vulkane gekennzeichnet. Die vulkanische Aktivität beschränkt sich hier auf den kontinuierlichen Ausstoß eines gewaltigen Strahls schwefeliger Dämpfe. Die Solfatara beherrscht die Ufer des Linowsees, eines gefluteten Kraters, der die Luft mit seinem widerlichen Gestank verpestet. Der heiße giftige Atem aus dem Innersten des Vulkans kühlt sich ab, sobald er mit der Atmosphäre in Kontakt kommt, und fließt als Schwefelbächlein ins klare dunkelblaue Wasser. Ein grünlich gelber Schwefelhalbmond bedeckt die Hälfte des perfekten Runds wie mit einem teuflischen Mal.

Wir gleiten am Ufer eines nahe liegenden Sees an Hütten vorbei, in denen die Menschen in Symbiose mit dem fischreichen Süßwasser leben. Sie schweben auf ihren Pfählen im Wasser, und in einem von Netzen eingefassten angrenzenden Bereich tummeln sich die größten roten Fische im Wasser, die ich je sah. In den zerbrechlichen Bambusstrukturen erklingt das melodische Pfeifen des Windes.

Im Schutz eines Badamierbaums, rund tausend Meter über dem Meeresspiegel, genießen wir eine typische Spezialität der Landesküche: zähes, mageres Hühnerfleisch, in Bambus gedämpft, in scharfer Pfeffer-Soja-Sauce, dazu wird Klebreis gereicht. Ich lechze nur noch so nach Wasser, um das Feuer in meinen Eingeweiden zu löschen.

Ein kleiner Friedhof in einem Dorf namens Sawangan. Die Grabmäler der Waruga sind Zeugnisse einer Ära vor der Ankunft rechtschaffener Missionare, die hier ihre Religionen verbreiteten. Von Bananenbäumen überschattet, wurden die Toten in ausgehöhlte Steinblöcke gebettet, darüber kam ein kleines reliefver-

Kinder spielen mit den Haltetauen der *Arunbank*

Ein Grabmal der Waruga auf Sulawesi

ziertes Dach. Diese Flachreliefs, die seit Jahrhunderten den Monsunen trotzen, zeigen Alltagsszenen aus dem Leben der Toten. Ein Richter mit Hammer, ein Gutsbesitzer von seinen Schweinchen umgeben, ein animistischer Seher, von einer schwarzen Schlange und einem Feuerdrachen flankiert, zwei Krieger, die sich den Versöhnungskuss geben, Blumen für eine Tänzerin, fünf Kinder einer Großfamilie, im Tode vereint … Mit angezogenen Knien hocken die Toten in ihrem Etui aus Stein. Alle Gräber sind nach Norden ausgerichtet – die Vorfahren der Sulawesis kamen aus der Mongolei.

In der Ebene, am Ufer eines Sees, liegt der Marktflecken Tondano; sonst nur Reisfelder bis zum Horizont und ganze Wälder flatternder Vogelscheuchen, die das Getreide vor dem gefräßigen Federvieh schützen sollen.

In der Sonne, die sich nach Westen neigt, erscheint der zauberhafte Inspiration Hill. Unter uns erstrecken sich sauber gezogene

Bänder mit Gewürznelkenkulturen, durchsetzt von sonderbar ätherisch anmutenden Leitungssystemen aus Bambus, die der Bewässerung dienen. Mein Blick schweift in die Weite über schlummernde Vulkane, den See mit seinen roten Fischen und zu einer im Dunst verschwimmenden Küste, die 50 Kilometer entfernt liegt. Dort leiten fleißige Schauerleute in diesem Augenblick viertausend Tonnen Kopra in unsere Laderäume ein.

Freitag, 23. Oktober

Die angelieferten Koprasäcke werden, immer zwei Dutzend gleichzeitig, von unseren Bordkränen auf den Boden der weit geöffneten Ladeluken herabgelassen, dort von jungen Arbeitern aufgeschnitten und in die Laderäume geschüttet. Nach einer anderen Methode entleert man die Säcke mittels Selbstentlader auf eine Plane, die am Boden ausgebreitet ist. Der tonnenschwere Ballen wird wie ein Strohhalm angehoben, in ein Netz gewickelt und in sechs Seilkabel eingehakt. Das Ganze mag archaisch anmuten, doch an Effizienz steht es den modernen Verfahren mittels Container, Traktoren oder Gabelstaplern nicht nach. Außerdem wird dadurch vielen jungen Menschen der Lebensunterhalt gesichert. Und nicht zuletzt gewinnt das Lademanöver als solches dadurch eine humane, malerische Dimension.

Ich sitze in der Kajüte und bringe meine Notizen auf Stand. Yucki nimmt an einem Gruppenausflug nach Madano teil; das ist ein größerer Ort am Westufer der lang gestreckten Insel. Sie sind mit zwei Fahrern unterwegs, in Begleitung unseres Zahlmeisters, eines Polizisten und eines Fremdenführers. Für Yuckis Vorschlag, eine indonesische Reistafel für die Crew vorzubereiten, hat John zunächst nicht so viel übrig. Einkauf in einem Supermarkt mit dem hübschen Namen Mata Hari. Zum Mittagessen gehen sie in ein Lokal, wo sich die beiden jungen Chauffeure mit dem Polizisten im Karaoke messen. Die ganze Kunst besteht darin, über Lautsprecher einen Schlager mitzusingen. Selbst John verliert seine vornehme Zurückhaltung und singt Seemannslieder mit ... Auf dem

Rückweg gestattet er Yucki, demnächst für die Crew zu kochen. Schade, im Mata Hari hätte sie alles gefunden, was sie dazu braucht.

Samstag, 24. Oktober

Wir machen uns zu einem Bummel durch die menschenleeren Straßen auf. Ein junger uniformierter Polizist besteht darauf, uns zu begleiten. »Nur zu Ihrer Sicherheit«, versichert er. Amüsiert spiele ich mit, tue so, als glaubte ich ihm. Bisher brauchten wir noch nie um unsere persönliche Sicherheit zu fürchten. Ich nehme an, dass ihn der Polizeidienst in Bitung anödet, weil dort praktisch nichts passiert. Wir sind eine willkommene Abwechslung für den jungen Mann ... Da er Nachtdienst hatte, kann er sich vor Übermüdung kaum noch auf den Beinen halten. Schließlich laden wir ihn zu einem einfachen Mittagessen ein, dann schicken wir ihn nach Hause. Befreit von unserer Eskorte, kann Yucki endlich ihrem Kaufrausch frönen. Vor allem die prächtigen Batiken mit ihren schwarzgoldenen Filigranmustern und die verführerischen, fließenden Seidenstoffe haben es ihr angetan.

Schließlich plündern wir noch die Regale eines Lebensmittelgeschäfts, wo wir alles kaufen können, was unser Herz begehrt. Yucki hat ihr kulinarisches Vorhaben schließlich noch nicht umgesetzt:

Nasi goreng (gebratener Reis auf *bahsa indonesia*)
Weißen Reis weich garen und abkühlen lassen. Räucherspeck in kleine Würfel schneiden, in Öl andünsten, das ebenfalls klein geschnittene Gemüseallerlei und das klein gewürfelte Fleisch von acht Hühnchen hineingeben, alles gut vermengen und mit landestypischen Gewürzen abschmecken. Zum Schluss den Reis in die Pfanne geben und alles noch einmal gut umrühren ... Mit frisch ausgebackenem *kroepoek* und scharf gewürzten Fleischbällchen servieren.

Und ich kümmere mich um das Bier.

Viel Handarbeit beim Verladen der Kopra

Die vier Stewardessen brechen ebenfalls zu einem Ausflug nach Manado auf; Stanislav, Sergej, Artur und Victor begleiten sie. Landurlaub wird ihnen nicht so oft gewährt. Es ist schwül, hin und wieder regnet es. Nach Sonnenuntergang essen wir mit Jon und Dario in einem verwaisten Hotelrestaurant zu Abend.

Die beiden Offiziere, die sich in unserer Gesellschaft offensichtlich wohl fühlen, nutzen jede Gelegenheit, uns zu besuchen. Der Kapitän ist jung genug, dass er unser Sohn sein könnte; sein Quartier grenzt an unsere Suite. Unsere Kajüte bleibt nur verschlossen, wenn wir im Hafen liegen, schlafen oder allein sein wollen. In der übrigen Zeit steht die Tür immer offen oder sie ist angelehnt und an einem Haken befestigt.

Schlichtes Glück

Jon steht im Türrahmen, sagt »knock knock«, kommt herein und macht es sich bequem. Wir freuen uns über den Gast. Speziell für ihn haben wir immer ein paar Dosen Bier im Kühlschrank. Er hat uns zu seinen Vertrauten erkoren, denen er sein Herz ausschüttet. Er erzählt uns von seiner Freundin und von den Problemen, die seine monatelange Abwesenheit für die Beziehung mit sich bringt. Er selbst ist kinderlos, hat aber eine drei- bis vierjährige Nichte namens Emily, die er abgöttisch liebt und die ihn zärtlich mit Jon-Jon-Big-Ship anredet. Der Name gefällt mir so gut, dass mir unser Kapitän wahrscheinlich bis in alle Ewigkeit als »Jon-Jon-Großes-Schiff« in Erinnerung bleibt ...

Sonntag, 25. Oktober
Yucki, Dario und ich haben einen Fischer gefunden, der uns auf seinem kleinen Motorboot den Hafen zeigt.

Einige von der indonesischen Küstenwache aufgebrachte philippinische Einbäume liegen halb verrottet im Wasser. Zwei große

Schuten, bis zum Rand mit edlen Hölzern aus dem Inneren der Insel beladen, verlassen das Mündungsdelta und gleiten langsam in die offene See hinaus.

Mit gedrosselter Geschwindigkeit fahren wir an Hummerkästen entlang, an Behausungen, die auf Pfählen aus dem Wasser ragen, an Kultstätten unterschiedlicher Glaubensrichtungen. Der Südpazifik ist eine Nische für alle möglichen Religionen! Zwei Buben in einem Einbaum, dessen Schatten vom ruhigen Wasser reflektiert wird, lächeln uns zu.

Ein schwimmender Junge schlägt kräftig mit der Hand aufs Wasser, um die Fische in ganzen Schwärmen in eine bestimmte Richtung zu treiben, dem Boot entgegen, in dem der Vater des Jungen ein Netz aufgespannt hat. Er zieht den zappelnden Fang aus dem Wasser und versucht ihn dann mit einigen Hieben seines Holzhammers zu töten.

Es ist so weit, wir stechen wieder in See. Viele Inselbewohner, mit denen wir Kontakt hatten – Hafenarbeiter, Fischer, Polizisten und Taxifahrer –, sind am Kai versammelt und winken zum Abschied.

Saya cinta padamy, Bitung – Adieu Bitung, es war schön hier …

Bitung – Panjang

Sonntag, 25. Oktober (Fortsetzung)

Wir sind noch immer in Indonesien. Von Sulawesi aus halten wir
Kurs auf Sumatra. Mit ungefähr 10 000 Inseln, einige 100 mehr
oder weniger, gilt Sumatra als größter Archipel der Welt.

16 Uhr

Zunächst fahren wir »langsam voraus«. Nachdem wir den Hafen
verlassen haben, beschleunigen wir wieder auf normale Reisegeschwindigkeit. Ganze Flotten winziger Laternenboote rücken
zum Fischfang aus. Auch jetzt tun sich die Fischer wieder schwer,
uns die Vorfahrt zu lassen. Da sie sich auf diesen Meeren zu Hause fühlen, erwarten sie, dass die Ausländer ihnen ausweichen. Unser schwerfälliger Riese ist jedoch nicht in der Lage, in dieser Enge
zu lavieren, geschweige denn schnell zu stoppen.

Bis der rote Sonnenball vollständig im Meer versinkt, bleibe ich
auf der Affeninsel: vor mir die glatte Wasserfläche mit den dahinter aufragenden Vulkankegeln, deren Gipfel in feinen Dunst gehüllt sind. Bitung ist von Kokospalmen umgeben, die sich an den
Hängen sanft nach unten neigen; über den Trocknungsanlagen
steigt der Rauch in trägen Kringeln auf.

Vor dem Bug blitzen zwei bläuliche Pfeile, aufgeschreckte Mar-
line. Thunfische durchstoßen die glatte Wasseroberfläche wie sil-
berne Schneiden und tauchen sogleich wieder unter. In größerer Entfernung kann ich die Fontäne eines Walfischs erkennen,
aber die Umrisse des Säugers lassen sich nur erahnen. Als wir das

offene Meer erreichen, umtanzt uns ein Reigen verspielter Delfine.

Am nächsten Tag tummeln sich so viele große Fische und Meeressäuger in unserem Fahrwasser, wie wir es seit Reisebeginn noch nicht erlebt haben. Zweieinhalb Monate ist es her, seit wir Europa verlassen haben. Wenn ich anfangs den Eindruck hatte, die Zeit stünde still, vergehen die Tage und Stunden mittlerweile wie im Flug … Wir leben mit der Natur, im Rhythmus von Sonne und Nacht. Um 18 Uhr, wenn unser Lieblingsstern aus unserem Blickfeld verschwunden ist, finden wir uns im Speiseraum ein.

Die Affenlegende
Hartly Pool, England, Ende des 18. Jahrhunderts

Nach einer Seeschlacht gegen napoleonische Truppen kenterte ein abgetriebenes Schiff an der Küste, in der Nähe eines Fischerdorfs. Keine Seele an Bord, nur beim Ruder auf dem Achterdeck ein Affe in Uniform, das Maskottchen der verschwundenen Mannschaft. Die Dorfbewohner, die noch nie einen Franzosen, geschweige denn einen Affen gesehen hatten, hielten das arme Geschöpf mit den vier Händen für einen feindlichen Spion. Der Affe wurde zum Tode durch den Strang verurteilt. Deswegen nennt man die Einwohner von Hartly Pool auch *Monkey hangers*, Affenhenker. Und die Plattform oberhalb der Kommandobrücke wird seither als Affeninsel bezeichnet.

Am Nachmittag gehen wir auf Südkurs, nachdem wir Mangalia von Osten her umschifft und die verschwommenen Randbereiche der Ceramsee gestreift haben. Aleks, der Wachoffizier, meint, einen Baumstamm vor dem Schiffsbug zu sehen, und entschließt sich zu einem Weichmanöver, um zu vermeiden, dass unser Propeller bei einer Kollision beschädigt wird. Der Propeller wiegt seine 50 Tonnen und hat einen Durchmesser von fünf Metern, aber unverwundbar ist er nicht. Plötzlich kommt das Hindernis in Bewegung, bläst einen dampfenden Strahl in die Luft und taucht unter: Ein schlummernder Wal, der sich von den Wellen im Schlaf wiegen ließ. Wir haben ihn gestört.

WORTSCHATZ AUF *bahsa indonesia*

terima kasih	Dankeschön
sampai jumpa	auf Wiedersehen
selamat!	zum Wohl!

Hongkong, Montag, 26. Oktober
Die Angst vor dem tödlichen Taifun flaut ab.
Am Montagmorgen erreichten die Ausläufer des tropischen Wirbelsturm Babs Hongkong Stadt; im Lauf des Tages änderte der tödliche Taifun jedoch die Richtung, und die Kronkolonie blieb verschont.

Drei Tage Nichtstun, Atemschöpfen vor dem nächsten Etappenwechsel. Auf diesem Abschnitt der Reise lasse ich mich von den klangvollen Namen inspirieren, den Namen der Meere, die wir befahren oder am Rande streifen: Molukkensee, Celebessee, Ceramsee, Bandasee, Floressee ...

Dienstag, 27. Oktober
AUS DEM BORDTAGEBUCH:
00.00 Uhr Beginn eines schönen, klaren Tages
2.33 Uhr, Kurs 271°
Nach der Passage der Insel Butung steuern wir um vier Uhr morgens, also gegen 20 Uhr Weltzeit, die Meerenge von Sayar an. Von dort geht es in einer längeren Etappe immer parallel zur Nordküste der Insel Java bis nach Panjang, unsere Station auf Sumatra. Von der Floressee kommen wir in die Javasee; die Grenze ist so unsichtbar wie im Niemandsland in der Wüste zwischen Algerien und Niger.

Mittwoch, 28. Oktober

5 Uhr

In der Javasee wird das Verkehrsaufkommen größer. In kurzen Abständen kommen zwei weitere Frachtschiffe in Sichtweite. Ein anderes Schiff nimmt uns die Vorfahrt und kreuzt unser Fahrwasser von Steuerbord nach Backbord. Seit einer halben Stunde hat Stanislav das nächste Schiff auf dem Bildschirm; die Reichweite des Radars übersteigt unsere Sichtweite um ein Vielfaches, da die Radarantenne 20 Meter über der Brücke rotiert. Über einen Prozessor werden die Daten auf den Bildschirm übertragen: Entfernung und Geschwindigkeit des so genannten Peilobjekts, die Sicherheitsabstände und zahlreiche andere Details, wie z. B. die Strömungsdrift, die verbleibende Zeit in Minuten bis zu einer Kollision mit einem Riff oder einem Schiff, das sich in unserer Fahrrinne befindet: Derlei Unfälle sind niemals ganz auszuschließen. Fünf Minuten vor dem Eintritt einer noch vermeidbaren Katastrophe blinkt eine rote Anzeige und löst Alarm aus.

Der Wachoffizier kann mit Hilfe eines Trackballs die Kurslinie unseres Schiffs als grüne Gerade auf dem Bildschirm erscheinen lassen; die hellroten Kreise geben die Schiffsposition an. Die Position des angepeilten Objektes, also des uns entgegenkommenden Schiffs, wird durch ein kleines violettes Quadrat gekennzeichnet. An diesem Quadrat beginnt eine Kurslinie, die den Kurs im Verhältnis zu unserem eigenen Kurs oder den tatsächlichen Kurs auf dem Meer anzeigt.

Ich stehe an einer Seite des Vorschiffs und suche den Horizont mit meinem Fernglas ab, bis ich das Schiff im Visier habe; es ist rot gestrichen und sieht sehr groß aus. Als wir später im Abstand von einer Seemeile aneinander vorbeifahren, sehe ich in der Tat einen roten Schiffsrumpf, der jedoch viel kleiner ist als angenommen, nicht größer als ein Schlepper oder ein Thunfischfänger. Diese Täuschung ist eine Konsequenz des Lupeneffekts der reinen

Morgenluft. Es dauert nicht lange, und der nächste Frachter taucht im Fernglas auf; wenn ich mich nicht wieder täusche, ist er diesmal wirklich riesengroß.

Stanislav fährt seit 28 Jahren zur See. Während sich sein Vater mit einem Lastwagen begnügte, lenkt der Sohn ein Schwergewicht, mit dem kein LKW mithalten kann. Der stämmige, untersetzte Stanislav ist für mich der Inbegriff beherrschter Energie. Dabei ist er eher schweigsam und spricht mit leiser Stimme, seine tief liegenden blauen Augen spiegeln einen endlosen Gedankenstrom wider. In den seltenen Momenten, wo er einmal lächelt, erhellt sich sein ganzes Gesicht. Er ist sehr konzentriert und zuverlässig und redet nur, wenn es unbedingt notwendig ist. Wenn er einmal in den Ruhestand geht, möchte er zu Hause bleiben, und französische und englische Literatur ins Russische übertragen.

Seine einzige Koketterie ist sein Bart, der durch eine besondere Rasur wie ein Dreitagebart aussieht. Er stutzt ihn mit einem Rasierapparat, wie ihn auch Filmschauspieler benutzen, wenn sie während der Dreharbeiten wochenlang denselben Bart tragen müssen.

6.45 Uhr

Wir gleiten jetzt an der *Agile* vorbei, die seit einiger Zeit in Sichtweite ist. Sie ist tatsächlich größer als das erste Schiff. Der Abstand von Backbord zu Backbord beträgt vier Kabellängen. In äußerst langsamer Fahrt setzt sie ein mit kleinen gelben Wimpeln gekennzeichnetes Kabel im Wasser ab, das wahrscheinlich etwas mit Telefonie zu tun hat – und das, obwohl die Ära der Satelliten längst begonnen hat.

Vor unserem Bug erscheint ein Fischerboot von ungefähr zehn Meter Länge, das zu einem Ausweichmanöver ansetzt. Der Schiffsrumpf ist aus grün und gelb gestrichenem Holz. Auf dem Achterschiff befindet sich eine Art Veranda; Wäsche flattert im

Fahrtwind. Ein paar Geranientöpfe, und der nette Kahn mutiert zur Alpenhütte …

QUELLE: INSTANT WORLD NEWS
Tegucipalca, Dienstag, 27. Oktober
Während der Wirbelsturm Mitch mit 180 Meilen pro Stunde (300 Stundenkilometer) auf Mittelamerika zusteuert, hat man die nördlichen Inseln von Honduras evakuiert; in Nicaragua liegt der gesamte Flugverkehr lahm.

Die Tradition des Diamanten

»Als in der Karibik noch Gefechte tobten«, erzählt der Kapitän, »bemächtigten sich die Engländer des Diamantfelsens vor der Insel Martinique. Sie richteten dort ihre Artillerie ein und nahmen den Diamanten ins Verzeichnis der Schlachtschiffe Ihrer Majestät der Königin von England auf. Ich war noch bei der Kriegsmarine, als ich eines Tages dort vorbeikam. Traditionsgemäß feuert man einen Salutschuss, wenn man einem Schiff aus derselben Flotte begegnet. Noch 200 Jahre danach haben wir dem berühmten Felsen diese Ehre erwiesen, als wäre er ein Schiff, das die Jahrhunderte überdauert hat.«

Ich entsinne mich, dass ich mit Yucki vor 20 Jahren einmal in der Nähe des antillanischen Diamanten war. In einer Bar hatten wir einen Fischer kennen gelernt, der uns mit seinem Boot übersetzte. Ein unzugänglicher, moosiger Felsvorsprung, an den die donnernde Brandung schlägt. Auf der Steilküste nistete eine Vogelkolonie. Unsere zerbrechliche Barkasse, die auf den schäumenden Wellen hin und her tanzte, hätte das Anlegemanöver wohl nicht überdauert.

She. Die *Arunbank*. Ich liebe den weichen Klang des englischen »she«. Sicher ranken sich viele Legenden um das weibliche Geschlecht der englischen Schiffe. Im Französischen sind Wasserfahrzeuge durchweg männlich – *le bateau, le cargo, le bâtiment, le navire, le canot, le kayak, le radeau, le canoé.*

Die Affeninsel ist wie geschaffen zum Meditieren. Heute Morgen halte ich den Kopf in den Wind und lasse mir die Sonne auf den Pelz brennen. Weit und breit nur Wasser, bis zum Horizont die fein gekräuselte Javasee. Flach, ohne Windsee, ohne Dünung. In der Ferne ein blaugrauer Schatten, in der Nähe ein Inselchen, das sich achteraus entfernt. Unbeirrt wie ein großer Fisch setzen wir unseren Weg in schnurgerader Linie fort.

Aus den vielen Kaminen, riesigen Orgelpfeifen gleich, dringt ein tiefer, gleichförmiger Gesang, ein Lied der Unendlichkeit.

In der Zwischenzeit sind sieben Decksleute ununterbrochen am Scheuern, Polieren, Schleifen, Schweißen und Streichen, um unser ohnehin so schönes Schiff auf Hochglanz zu bringen.

Quelle: Informationszentrale über Piraterie
Kuala Lumpur, Malaysia, 28. Oktober, 00.00 Uhr WZ
Telex NavWarn, Notruf an alle Schiffe
Region 10°35′Süd 90°40′ Ost

»Am 26. haben auf Position 03°00′ Süd 107°18′ Ost fünf Männer, mit langen Messern bewaffnet, ein Schiff geentert, die Besatzung gefesselt und Geld geraubt.

Am 27. auf 02°55′ Süd 107°18′ Ost (unweit der o.g. Position) haben fünf Männer, mit langen Messern bewaffnet, (wahrscheinlich handelt es sich um dieselben wie oben) ein Schiff geentert, den Ersten Offizier als Geisel genommen und den Kapitän gezwungen, den Schiffssafe zu öffnen. Da kein Geld vorhanden war, haben sie Handelswaren mitgenommen.«

10.40 Uhr
Jon und Dario sind miteinander über die Funksprechanlage verbunden, um einen Notmanöver-Test an der Ruderanlage durchzu-

führen. Er findet alle drei Monate statt. Dabei wird überprüft, ob sich die Anlage bei einem Ausfall der Übertragungen auch durch die unmittelbare Einwirkung auf das Zahngetriebe steuern ließe. Unter der Aufsicht des Chefingenieurs legen die Offiziersanwärter das Ruder auf einen durch den Kapitän vorgegebenen Kurs. Nach der Kursänderung geht das Steuer in die Nulllage zurück und das Kielwasser beschreibt eine Schlangenlinie. Der Test war erfolgreich.

QUELLE: INSTANT WORLD NEWS
La Ceiba, Honduras, Mittwoch 28. Oktober
Zehntausende haben die Küstenstadt Belize verlassen. Wirbelsturm Mitch ist seit Dienstag leicht abgeflaut, bedroht aber immer noch ein weitläufiges Gebiet, das sich von Honduras bis nach Mexiko erstreckt.

Donnerstag, 29. Oktober
Um 7 Uhr kommen wir an Semarang vorbei, wo Yucki das Licht der Welt erblickte. 110°25′ Ost 06°57′ Süd … Zu früh für den Champagner. Da fällt mir ein, dass wir gar keinen mehr an Bord haben, nicht eine Flasche, die der Zahlmeister aus besonderem Anlass kalt stellen lassen könnte … Bier und Wodka, so viel wir wollen, aber der Champagner überdauert nicht lange bei einer anglo-russischen Crew …

Vor uns die spiegelglatte Javasee mit dem kleinen *pulau-pulau* (Archipel), ein Vorposten der Stadt Karimunjawa, die sich 82 Seemeilen weiter südlich befindet. Ehrensache, dass ich meine strahlende Gattin vor dieser Kulisse in voller Schönheit aufnehme – sie steht an der Reling, im Hintergrund ragt die Hauptinsel auf, 506 Meter hoch. Das Meer liegt völlig ruhig, die Landschaft verschwimmt im Schönwetterdunst. Ich bin richtig ergriffen. Was wäre aus mir geworden, wenn Yucki hier nicht, na ja, vor einigen Jahren auf die Welt gekommen wäre?

Gute Neuigkeiten. Wir sind glücklich: Heute Nacht wurden in

Rotterdam Zwillingsschwestern geboren, unsere Großnichten. Unsere Familie wächst. Wie wir erfahren haben, vollendet der junge Michael, der im Maschinenraum ausgebildet wird, heute sein 20. Lebensjahr. Und da auf britischen Schiffen bekanntlich nur der 21. gefeiert wird …

… entschließen wir uns eben, Yucki und ich, aus dem Stand einen kleinen Umtrunk vor dem Abendessen zu organisieren. Aus dreifachem Anlass: die Passage der Insel, auf der Yucki zur Welt kam, die Geburt unserer kleinen Großnichten und Michaels Geburtstag. Ich schreibe die Einladungen, und der Zahlmeister hilft uns, ein einfaches Büffet zusammenzustellen. Er ist ein Meister der Improvisation.

2 Uhr

Auf der Brücke. Wir sind von gut 30 Schiffen umgeben, meistens handelt es sich um Holzkonstruktionen, die nicht auf dem Radar angezeigt werden. Eines davon rettet sich durch ein Ausweichmanöver im letzten Augenblick: Selbst beim Ruderumwerfen würden wir erst nach einer Seemeile zum Stillstand kommen.

Die Fischer verständigen sich untereinander über einen Code, der Pfiffe zu Melodien kombiniert. Irgendwann meine ich den »River Kwai March« zu hören und befürchte schon, dass wir uns allein durch das Gedränge lavieren müssen.

Die ersten großen Hochseeschiffe kommen in Sicht, und sie werden noch zahlreicher, je weiter wir uns auf dieser Wasserautobahn in Richtung Singapur voranbewegen. Noch drei Tage, und wir haben den internationalen Umschlagplatz erreicht.

Freitag, 30. Oktober
5 Uhr

Langsam fahren wir in den wie immer rundum geschlossenen Hafen ein, vorbei an einer Landschaft in grauer Eintönigkeit, an der Reihe der kuppelförmigen Inseln, dann der Hauptinsel mit ihren erodierten Anhöhen in einem Spektrum von Rosé und hellem

Grün, das allmählich in ein satteres Grün übergeht. Es wird Tag in Panjang. Steile Buchten, flache Buchten, Öffnungen wie Nadelöhre, die Prozession der Fischerboote als schwimmende Brücke zwischen den kleinen Inseln. Ganze Hundertschaften von Booten, im Wasser an Bambuspfosten festgemacht; die Gerüste sind exakt auf die Größe der leichten Boote zugeschnitten und dienen als Unterstand für die Erntezeit.

Rötliches Orange schimmert durch die tief herabhängenden regenschweren Wolken; das Wetter auf See ist höchst unbeständig. Leichte Kräuselwellen trüben den Spiegel des Wassers.

Der Brückenraum besitzt die perfekte Akustik eines antiken Theaters oder der Chinesischen Mauer: Auf einer Länge von insgesamt 25 Metern hört der Kapitän jedes geflüsterte Wort. Gleichzeitig überwacht er die drei Empfänger, die man in gleichmäßigen Abständen von Bord zu Bord installiert und auf drei verschiedene Kanäle eingestellt hat.

Das Anlegemanöver erfolgt bei mittlerer Geschwindigkeit und immer nach ein und demselben unveränderlichen Ritual. Das Lotsenboot stoppt an der auf der Steuerbordseite heruntergelassenen Leiter. Ein Offiziersanwärter empfängt den Lotsen und meldet: »Lotse auf der Brücke!« Jeder Hafen ist gleich, jeder Hafen ist anders. Obwohl ich jeden Moment erwarte, dass die Maschinen zum Stillstand kommen, dauert es noch 90 Minuten, bis das heikle Manövrieren beendet ist. Wir können von Glück reden, dass die Sicht heute so gut ist; plötzlich bricht die Sonne hinter den Wolken hervor.

Acht Frachtschiffe liegen bereits am Kai, der einen Bogen beschreibt; vorwiegend Fischkutter und Küstenschiffe, bis zu 50 Meter lang. Ich wette, dass wir nicht genug Platz haben – weder für die halbe Drehung, um uns in die Abfahrtposition zu legen, noch um in der uns zugewiesenen Lücke am Kai »einzuparken«; es dürfte sich dabei ohnehin um die schwierigste Stelle im ganzen Hafen handeln: Unser Liegeplatz wird an einer Seite des türkisgrünen Wassers von einer Untiefe begrenzt, die sich noch näher am Ufer befindet als in Kimbe, und an der anderen Seite liegen die vertäuten Schiffe.

Zwei große Schleppkähne mit hohen Zwillingskaminen nähern sich von achtern, um uns beim Drehen zu unterstützen und uns dann von der Seite her in die endgültige Liegeposition zu drücken. Kein Fuß darf hier verschenkt werden. Es dauert eine halbe Stunde, bis wir im Krebsgang 150 Meter zurückgelegt haben. Nach dem Sonar beträgt die Tiefe 24 Meter bis zum Grund, was unter normalen Umständen ausreichend wäre; aber der Abstand verringert sich immer weiter, am Ende liegen zwischen der unteren Kielkante und dem Grund nur noch zwei Meter. Die Abfahrtzeit müssen wir unter Berücksichtigung der Gezeiten festsetzen, wenn wir nicht zwölf Stunden bis zum Einsetzen der Flut warten wollen …

Der Zweite und der Dritte Offizier haben ihre Positionen auf dem Vor- und dem Achterschiff eingenommen und übermitteln dem Ruderhaus in Sekundenabständen die verbleibende Entfernung zum nächsten Schiff: 25 … 18 … 15 Meter. Im Straßenverkehr würde man von solchen Verhältnissen träumen, aber für unseren schwimmenden Riesen wird es äußerst knapp.

Der Kapitän überwacht das Manövrieren: »Langsam die Winde auf der Back lose geben … langsam kommen lassen …« Und zu Robert, der auf der Brücke steht: »Das Rudermanöver ist beendet; du kannst jetzt an der Gangway helfen.«

Mit dem Bug stoßen wir an die *Lawanti* aus Jakarta, mit dem Heck an die chinesische *Shunyi*.

Panjang, Sumatra

Breitengrad 05°28'002" Süd, Längengrad 105°18'9484" Ost

Freitag, 30. Oktober (Fortsetzung)

7 Uhr: Maschinen gestoppt

Als wir das Hafentor erreichen, zeigen uns die Zollbeamten freundlich lächelnd die Haltestelle für öffentliche Verkehrsmittel und teilen uns mit, dass es keine Taxis gibt. Auch hier fragt man uns nicht nach Reisedokumenten.

Expresstour im Minibus durch Panjang und die Stadt Bandar Lumpung; das rundum offene und luftige orangegelbe »Sammeltaksi« fährt nur in bestimmten Abständen. Der »Sumo« André nimmt uns sogleich unter seine Fittiche. Nachdem sich der Bus geleert hat und wir alleine zurückbleiben, schließt er die Türen. Natürlich erwartet er ein Trinkgeld für seine kleinen Aufmerksamkeiten; aber seine Liebenswürdigkeit ist nicht aufgesetzt. »Jetzt bin ich euer Privatchauffeur«, meint er lachend. »Ihr könnt von Glück reden: Ich bin nämlich der Einzige, der hier Englisch spricht!«

Er nimmt an, dass ich ihm glaube …

Da unsere Zeit für den Landgang heute besonders knapp bemessen ist, rast unser Sumo wie ein Rennfahrer durch das Verkehrsgewühl und betätigt ungeniert seine Drucklufthupe. Sollte tatsächlich jemand wagen, uns den Weg zu verstellen, schlägt er sich mit der Hand auf den Bizeps und zeigt den berühmten Finger. Nachdem wir auf die Schnelle ein paar typisch indonesische Batiken erworben haben, drehen wir eine Runde durch das geschäftige, aber ziemlich schmuddelige und nicht besonders malerische Zentrum und sind kurze Zeit später wieder an unserem Liegeplatz.

219

Es ist das vorletzte Mal. Wehmut überfällt mich, obwohl ich dagegen anzukämpfen versuche.

Wir bezahlen unserem Sumo André die lächerlich geringe Summe, die er von uns verlangt, und stocken sie durch ein fürstliches Trinkgeld auf.

Unsere Co-Passagiere durften das Hafengelände nicht verlassen. Dieselben Zollbeamten, die zu uns so freundlich waren, wollten sie ohne Visum nicht hinauslassen. Wir hatten übrigens auch keines.

13 Uhr

Knapp sechs Stunden nach dem Festmachen wirbelt unser Propeller schon wieder das Wasser auf ... Trotz der Kürze der Zeit konnten wir bei diesem Landgang einen Eindruck der dichten Atmosphäre dieser Insel mit ihren freundlichen Bewohnern gewinnen.

Im selben Fahrwasser, in dem wir gekommen sind, fahren wir nun wieder hinaus; stellenweise steigen die Sandbänke fast bis an die Oberfläche; Muscheln, Seesterne und Korallen sind zum Greifen nah. Nachdem wir an einer wahre Armee von geduldig wartenden Fischerbooten in ihren Unterständen aus Bambus vorbeigefahren sind, verbreitert sich die Passage und wir nähern uns einer Gruppe von drei Inseln. Der Orientierungspunkt, von dem wir um 30 Grad nach Backbord abweichen, befindet sich vor der äußeren Insel zur Linken. Die Umrisse der dritten Insel, im Abstand von etwa sechs Seemeilen steuerbords, sind noch in graue Wolkenschleier gehüllt, der sich allmählich lüftet und den Blick auf die gesamte Landmasse freigibt. Bis heute ruft sie in aller Welt düstere Erinnerungen wach.

Es ist der Vulkan Krakatau, dessen Explosion vor mehr als einem Jahrhundert den Himmel über der Erde verfinsterte und eine Naturkatastrophe von ungeheurem Ausmaß bewirkte; eine 30 Meter hohe Flutwelle begrub Hunderte von Dörfern unter sich und verwüstete ganze Küstenstriche. Die Detonation war so laut, dass man sie bis Australien und Papua-Neuguinea hören konnte.

Der Krater stürzte fast bis auf Höhe des Meeresspiegels ein. Heute erhebt er sich bereits wieder 200 bis 300 Meter hoch. Der Kamin bleibt geöffnet. Auch wenn das Ungetüm bisher nur hin und wieder Asche in die Luft ausstößt, muss jeder, der sich in seiner Nähe angesiedelt hat, damit rechnen, dass der Tag kommt, an dem der Vulkan seiner mörderischen Wut erneut freien Lauf lässt.

Kapitän Jonathan, Herr an Bord, ist uns ein guter Freund geworden. Es hat ein bisschen gedauert, bis es so weit war, aber dafür wird die Freundschaft umso dauerhafter sein. Er selbst behauptet zwar, dass er mit seinen Passagieren nur oberflächliche Kontakte pflegen könne, aber im Gegensatz zu ihm bin ich mir sicher, dass es mit uns anders sein wird. Allein schon deswegen, weil ich ihn über unser Buch, das uns die nächsten Jahre beschäftigen wird, schriftlich auf dem Laufenden halten und ihm die Abzüge unserer Aufnahmen zukommen lassen will.

Morgen zelebriert Jon mit uns zusammen das 20. Jahr seiner Liebesbeziehung mit dem Meer. Ihm zu Ehren habe ich in rudimentärem Englisch eine kleine Ansprache verfasst, die ich hier sinngemäß wiedergeben möchte:

»Für die See geboren, wurde er Kadett.

Mit den Gaben, ein Schiff zu kommandieren, wurde er Dritter Offizier.

Die Entdeckung der drei Ozeane und der sieben Meere schürte seine Leidenschaft für die See.

Er entdeckte die Welt und wurde Zweiter Offizier.

Er diente in der Marine, was ihn noch stärker, scharfsichtiger und klüger machte.

Er wuchs über sich hinaus, wurde Erster Offizier.

Seine Liebe gedieh, und er wollte das Schiff für sich.

Ein Mann mit Charakter nimmt sein Schicksal selbst in die Hand, um sich seinen Lebenstraum zu erfüllen.

Er ist der Herr über dieses großartige Schiff; er wacht über seinen Kurs, seine Geschwindigkeit und Sicherheit; er tut dies für sein Schiff, für seine Crew, seine Ladung wie für sich selbst und seine Geliebte, die ihn in seinem Heimathafen erwartet.

Er ist Herr seines Schicksals.

Er ist ein Riese, dessen Radius sich ins Unendliche dehnt, wenn er den Horizont mit dem Bug seines Schiffs immer weiter vor sich her schiebt und eine von Jahr zu Jahr länger werdende Spur auf das Meer zeichnet.

Denn Erinnerungen überziehen das Herz mit feinen Narben, die für immer bleiben. Der Glückliche bestimmt seine Zukunft selbst, und diese Zukunft begann vor 20 Jahren.

Vielleicht hat er den Weg in die FREIHEIT gefunden.

05°28'002" Süd 105°18'948" Ost
Hafen Panjang, Sumatra«

Panjang – Singapur

Von Freitag, 30. Oktober, 13 Uhr, bis Sonntag, 1. November, 23 Uhr,
638 Meridianminuten = 1182 km

QUELLE: INSTANT WORLD NEWS
Tegucigalpa, Honduras
Die Lage in Honduras verschlimmerte sich am Freitagmorgen, als der nur langsam abflauende Wirbelsturm Mitch ins Landesinnere vorstieß.
Honduras wurde von Mitch am stärksten in Mitleidenschaft gezogen; 25 Dörfer stehen unter Wasser. Von ihren Bewohnern fehlt jede Spur.

Samstag, 31. Oktober

17 Uhr

Wir sind bis ins Südchinesische Meer vorgedrungen und befinden uns jetzt zwischen den Inseln Sumatra und Belitung mit Kurs auf Norden nach Singapur.

Feuchtfröhlicher Festempfang zu Ehren des Kapitäns im Salon der Passagiere.

Yucki hat ihm eine Schokoladentorte gebacken, die er jetzt mit seinem eigenen Seemannsmesser selbst anschneidet. Jonathan und Dario schwelgen in Erinnerungen. Wenn man den Zeitunterschied berücksichtigt, ist es heute genau 20 Jahre und einen Tag her, dass er im Hafen von Piräus zum ersten Mal Anker lichtete.

Leidenschaftlich diskutieren wir die Vor- und Nachteile moderner Luxusliner, den Glamour und die Anonymität solcher Kreuzfahrten, auf denen der von netten Veranstaltern betreute Passagier in der Masse untergeht, wie ein Gefangener im goldenen Käfig unserer Wohlstandsgesellschaft.

Dann wechseln wir das Gesprächsthema und sprechen über Gastronomie. Ich bevorzuge die einfache Küche mit internationalem Flair. Ich möchte die Freiheit haben, mir mein Menü selbst zusammenzustellen, die freie Auswahl haben zwischen französischem »potage du jour«, russischem »Borschtsch«, griechischem »Moussaka«, dem unvermeidlichen englischen Hammelbraten in Pfefferminzsauce, amerikanischen Maiskolben oder Russischem Salat, und das Ganze mit landestypischem Obst und Gemüse abrunden. In unseren Kühlkammern lagern Vorräte für mehrere Monate, die unser Zahlmeister in großen Häfen wie Auckland oder Singapur regelmäßig aufstocken lässt. Dennoch kann es sein, dass hin und wieder ein Produkt zur Neige geht. Aber was soll's, solange uns das Trinkwasser nicht ausgeht!

Anschließend diskutieren wir über Reisebedingungen auf anderen Frachtschiffen, die vielleicht mit mehr Freideck, größeren Kajütenfenstern und einem Pool unter freiem Himmel aufwarten können. Mit anderen Maßstäben an Komfort und Luxus hätte ich diese Reise wohl an Bord eines großen Passagierschiffs antreten müssen; auf einem jener schwimmenden Hotels, wo ich mich an der Seite eines Operettenkapitäns in Galauniform produziert hätte, während sein Kollege, der wirkliche Kapitän, in einem dicken Pullover auf der Kommandobrücke steht. Und die 1500 Passagiere versuchen sich gegenseitig mit dem falschen Glanz des Materiellen zu blenden und zu übertrumpfen, umgeben von Kitsch, Blendwerk und vergoldetem Pappmaché. Der Leitspruch des Bordpersonals lässt sich dabei auf ein schlichtes »Wir müssen sie ausnehmen!« reduzieren.

Und das authentische Flair? An Bord meines Frachtschiffs lebe ich unter Menschen, die tagtäglich viele Stunden hart arbeiten müssen und in deren Augen ich Sympathie erkenne. Am Anfang unserer Reise verhielt sich die Crew gegenüber dem Passagier, der ich für sie war, noch zurückhaltend. Aber jetzt zeigen sie mir, dass ich quasi dazugehöre. Auf diesem Schiff gibt es weder 1000 Passagiere, noch ist die Besatzung darauf gedrillt, mich zu schröpfen. Dieser Frachter ist ein Arbeitsschiff und für manche Inseln die einzige Verbindung mit dem Rest der Welt, so vital, dass ihre Existenz davon abhängt.

Das Einzige, was wir vermissen, ist ein größerer Gemeinschaftsraum, wo sich die ganze »Familie« während der Grillpartys aufhalten kann und sich nicht in Grüppchen über die kleinen Räume verteilen muss. Auch eine gemeinsame Bar wäre willkommen, als Treffpunkt für die Bewohner unseres schwimmenden Dorfes, damit sie sich besser kennen lernen. Natürlich gibt es auch hier unverbesserliche Einzelgänger, die in ihrer Kajüte allein dem Alkohol frönen, weil sie sich im Beisein der anderen zurückhalten müssten. Denn bei einem zweiten, einem dritten oder gar einem vierten Glas besteht die Gefahr, dass mehrere Mitglieder der Crew mit ähnlichen Funktionen gleichzeitig ausfallen, was ihren Vorgesetzten vor eine Flut von Problemen stellen könnte.

Die Maschinerie muss reibungslos funktionieren, rund um die Uhr. Die Wachgänger im Ruderhaus müssen ihren Dienst mit klarem, kühlem Kopf antreten und jederzeit wissen, wo genau wir uns in der Weite des Ozeans befinden, sie müssen jede Passage erkennen, auf den Verkehr achten, Gefahrensituationen ausweichen. Sonst könnte es sein, dass ihnen genau das passiert, was einem übermüdeten Fernfahrer widerfuhr. In der riesigen Ténéré-Wüste, wo sonst weit und breit kein Hindernis zu sehen war, prallte er mit seinem Schwerlaster gegen den einzigen Baum.

Es wird gemunkelt, die Reedereiverwaltung wolle einige Teile des Schiffs erneuern lassen. Warum strebt der Mensch immer nach der Perfektion, obwohl er selbst bei weitem nicht perfekt ist?

Über unsere drei bis vier Co-Passagiere habe ich kaum etwas zu sagen. Sie diskutieren hauptsächlich über die Kosten, Qualität und

Quantität des Essens und den persönlichen Komfort. Wie man der Fachpresse entnehmen kann, wären die Passagiere eines so originellen Transportmittels wie eines Frachtschiffs in der Regel nicht dazu bereit, sich unter die Massen eines Hochglanz-Luxusliners zu mischen. In dieser Hinsicht bestätige ich die Regel. Abgesehen von der Liebe zum Meer, die einige von ihnen haben, sind unsere Gemeinsamkeiten damit aber bereits erschöpft. Yucki und ich haben mit dem etwas raueren Umgangston und der Einfachheit in puncto Komfort und Speisen keine Probleme. Wir sind schon weit unbequemer gereist und haben von einer Woche zur nächsten mit großer Freude festgestellt, dass wir Recht hatten, uns in die *Arunbank* zu verlieben.

Meine Bewunderung für die alltäglichen Verrichtungen, die unseren Rhythmus an Bord vorgeben, ist grenzenlos. Jeder kann sich über alle Rangstufen hinweg auf den anderen verlassen, und jeder gibt sein Bestes. Präzise wie die Räder eines Uhrwerks greift alles und jedes zum gewünschten Zeitpunkt ineinander und wird ohne Rücksicht auf räumliche Distanzen koordiniert, angefangen bei denjenigen, die den Maschinen im stählernen Schiffsbauch Energie einhauchen und so für den Vortrieb sorgen, bis hin zu den Offizieren, die zehn Stockwerke höher diese Energie kanalisieren, um das Schiff zwischen Korallenriffen, Untiefen und unzähligen Inseln hindurch in den nächsten Hafen zu führen, und das bei jedem Meer, egal wie ruhig oder wie bewegt es sei, in dunkler Nacht, unter dem Sternenhimmel oder unter den Sturzbächen des lauwarmen Regens.

Ich selbst könnte mir kein schöneres Schiff vorstellen und bereue es keinen Moment, mich auf dieses Abenteuer eingelassen zu haben. Wir nähern uns dem letzten Abschnitt der Reise. In 48 Stunden sind wir wieder auf dem Meer und nehmen dann Kurs auf Europa, wo wir in unseren eigenen Alltag auf dem Festland zurückfinden müssen; das, was meine neuen russischen Gefährten als das

»wahre Leben« bezeichnen. Ob sie ihre schwimmende Insel als Gefängnis empfinden? Für mich sind sie frei.

Oder wären sie vielleicht freier, wenn sie hinter einem Bankschalter arbeiten würden, an einer Fertigungsfräse, unter der Fuchtel eines launischen Vorarbeiters, oder mit einem kleinlichen Bürovorsteher, der ihnen andauernd misstrauisch über die Schulter schaut?

Gewiss ist die Route eines Frachtschiffs durch die geladenen Güter, die seine Existenz rechtfertigen, also durch äußere Umstände, vorgegeben. Gewiss kann es jederzeit zu Veränderungen kommen, je nachdem, was der Reeder mit diesem oder jenem Kunden, der seit Jahren von der monatlichen Schiffsverbindung abhängig ist, um Güter zu empfangen und zu versenden, in letzter Minute vereinbart. Dennoch sind die Seeleute innerhalb der Grenzen, die ihnen durch die Art ihrer Arbeit und die Freiheit des anderen auferlegt werden, unabhängig. Ich habe zum ersten Mal mit ihnen gelebt, aber ich kenne auch andere Lebensweisen, die stärkere Abhängigkeiten mit sich bringen. Meine russischen Freunde meinen einfach nur, dass der Rasen grüner sei als Meeresalgen und Lagunen tropischer Breiten. Wenn sie die Erlaubnis haben, an Land zu gehen, lernen sie jedoch die verschiedensten Lebensweisen, Sitten und Bräuche, Sprachen und Landschaften kennen.

Diese kurzen Momente der Freiheit, in denen sie in fremde Welten vorstoßen, bewirken eine geistige Öffnung, die sich unabhängig von Herkunft und Bildung einstellt. Ganz ohne sein Zutun entwickelt der Seemann eine Toleranz und eine geistige Reife, wie man sie vielleicht noch durch das Fliegen erwerben kann, wobei man nicht vergessen darf, dass eine Flugreise durch die Geschwindigkeit klimatische und kulturelle Schocks auslösen kann. Bei einer Schiffsreise vollziehen sich die Übergänge sanfter.

Der Seemannsberuf ist nicht der einzige Beruf, der den regelmäßigen Familienalltag außer Kraft setzt. Man denke nur an Krankenschwestern, die auch nachts und an Feiertagen arbeiten, Piloten, Soldaten, einsame Fernfahrer. Und dies sind nur einige Beispiele für ähnlich schwierige Arbeitsbedingungen. Nach einer viermonatigen Seereise steht der Besatzung ein Erholungsurlaub von zwei Monaten zu. Nur Lehrer und Seeleute haben 120 Tage Urlaub im Jahr. Das ist der wohl verdiente Lohn für all die Abende, die sie allein vor ihrem Bier und einem Videofilm in ihrer Kajüte verbringen. Man darf aber nicht außer Acht lassen, dass auch ein Seemann zwischendurch mit Kollegen in der Turnhalle Handball spielen, ein paar Runden im Pool schwimmen und in der Sauna entspannen kann. Und falls die Sehnsucht unerträglich wird, lässt sie sich mit einem Anruf zu Hause und ein paar geflüsterten Liebesworten stillen.

Sonntag, 1. November
5.30 Uhr
Die letzte Äquatorüberquerung mit Kurs auf Singapur. Der letzte Reisemonat bricht an, der letzte Abschnitt. Von jetzt an verlassen wir die nördliche Hemisphäre nicht mehr. »Glücklich wie Odysseus ...«

10 Uhr
Panoramablick von der Brücke: ein Streifenmuster aus Sonnen- und Regenbänder im Wechsel mit Schönwetterwolken. Der Schiffsverkehr nimmt zu. Aus allen Richtungen halten Frachtschiffe auf die große Hafenstadt zu. Höchste Wachsamkeit ist angesagt, denn das Wasser ist von Fischerbooten übersät, die völlig unerwartet im Fahrwasser auftauchen, weil sie sich auf dem Radarschirm nicht ohne weiteres von Wellenbergen oder Wolkenformationen unterscheiden lassen.

Ich bin gespannt auf den Indischen Ozean; vielleicht sehen wir eine der berüchtigten Wasserhosen?

15 Uhr

Unter all den Frachtschiffen, die in einer schnurgeraden Linie auf ein und denselben Punkt zustreben, befinden sich sieben Fischkutter, die über Funk miteinander in Verbindung stehen und den Äther verstopfen. Wörter lassen sich nicht erkennen, aber Pfeiftöne, die nach einem bestimmten Schlüssel zu Melodien kombiniert werden und nichts anderes bedeuten als: »Fische auf der Backbordseite« oder »Es gibt genug für alle«.

19 Uhr

Gerade als wir den Eingang der engen, unendlich langen Hafenzufahrt nach Singapur erreichen , bricht die untergehende Sonne durch den dichten Wolkenvorhang. Im Abstand von zwei Kabellängen passieren wir das einzige U-Boot der nationalen Kriegsmarine, das einem Zerberus gleich den Eingang zur Unterwelt bewacht.

Eine riesige Plattform, umgeben von hell angestrahlten Frachtschiffen, die auf einen Lotsen warten, streckt ihre mit Lichtgirlanden bestückten Ladekräne in den glutroten Himmel. Das Scheinwerferlicht ist so grell, dass wir mit Hilfe des Radars, des GPS und der Seekarte blind navigieren. Bis die Maschinen ausgestellt sind, bleiben fünf Wachen auf der Brücke.

QUELLE: INSTANT WORLD NEWS
Tegucigalpa, Sonntag, 1. November
Wirbelsturm Mitch entfernt sich in Richtung Guatemala, er hat bereits 402 Menschen in den Tod gerissen …

LETZTER ZWISCHENSTOPP VOR EUROPA:
Singapur

Breitengrad 1°16'225" Nord, Längengrad 103°47'535" Ost

Montag, 2. November, Allerseelen
6.06 Uhr
Singapur liegt auf dem ersten Breitengrad Nord; Abstand zum Äquator 60 Seemeilen.

Fünf Stunden hat es gestern Abend gedauert, bis das Schiff festgemacht war. So richtig dunkel wird es hier nie. Der riesige Meeresarm schlängelt sich entlang der Halbinsel im rötlichen Widerschein der dunstverschleierten Megalopolis der Tropen.

Die Schönheit der skandinavischen Mitternachtssonne vor meinem inneren Auge, sinniere ich über die Nichtigkeit des menschlichen Tuns, das diese Glastürme mit ihren Leuchtreklamen hervorbrachte, diese hoch aufragenden Antennen über den einst so idyllischen kleinen Inseln, die Fabrikschlote und die Pylone mit roten Warnlampen für die Flugzeuge ausgestattet, als wäre es ein Rotlichtviertel, und riesige lichtüberflutete Tanks. Ein Flugzeuggeschwader überfliegt die 200 bis 300 Frachtschiffe, die hier vor Anker auf Abfertigung warten, während wir uns in dieser drangvollen Enge noch langsam vorankämpfen. Auf den Seekarten wird das Ganze nur mit einem lapidaren »freie Strecke, Anfahrt Singapur aus östlicher Richtung« kommentiert.

Dennoch schimmern noch Zeugnisse menschlichen Lebens durch den Dschungel von kaltem Licht, der sich nach jeder Kurve erneut vor unseren Augen öffnet: Chinatown und das Raffles-Hotel. Gleich werde ich sie mir ansehen. Und in zwölf Stunden bin ich wieder an Bord. Dann beginnt die letzte Etappe, die mich ohne

230

Zwischenstopp auf direktem Wege zu meinem Ausgangspunkt zurückbringt. Auf dem Festland herrscht ein solches Gedränge, dass mir die Lust auf unseren Landgang vergeht. Im Gegensatz zu sonst, wo ich immer wieder mit Bedauern feststellen musste, dass unsere Liegezeiten in kleineren Häfen durch den Fortschritt der modernen Technik auf ein Mindestmaß reduziert wurden. Allerdings ist mir auch bewusst, dass unsere Beziehung zu den Inseln und ihren Bewohnern unter dem ständigen Zeitdruck eine Intensität erreichte, die sonst nicht möglich gewesen wäre.

Vier Stunden sollten für das Ent- und Beladen unserer Container ausreichen.

Hätte Dario nicht darauf bestanden, die *Arunbank* vor Antritt unserer langen Reise ohne Zwischenstopp in den Winter hinein noch einmal an ein Versorgungsschiff zu hängen, um Treibstoff zu tanken, wäre uns der Landgang gestrichen worden. Ein Liegeplatz am Kai kostet den Reeder mehrere 100 Dollar in der Stunde.

Wie andere Hafenstädte, wenn nicht gar in höherem Maße als diese, lebt Singapur von den Schätzen des Meeres. Nahezu der gesamte Güterverkehr zwischen Westen und Osten wird über die Schifffahrt abgewickelt, und so führt praktisch jeder Weg über die Meere an diesem internationalen Umschlagplatz vorbei.

Ein neuer Tag bricht an, der schönes Wetter für unseren Ausflug nach Chinatown und in das legendäre Raffles verheißt; ich hoffe, dass sich meine Laune bessert.

18 Uhr

Unser Taxifahrer Hong Huat hat mir meine Vorurteile genommen und mich mit Singapur versöhnt. Die Stadt ist beileibe nicht so menschenfeindlich wie es mir zunächst vorkam. Unser Chauffeur ist ein angenehmer, zurückhaltender, gebildeter Mensch. Da er in seinem erlernten Beruf als Maschinenbauingenieur keine Stelle findet, verdient er den Familienunterhalt mit Taxifahren. Dennoch hat er sich sein Lächeln bewahrt. Bis vor zwei Generationen lebte seine Familie noch in der alten chinesischen Kaiserstadt Xi'an, wo die Archäologen unentwegt neue Tonsoldaten ausgraben.

In einem taoistischen Tempel diskutierten wir über das Tao-te-king von Laotse und vor einem Tempel, der dem Gott Shiva geweiht ist, über heilige Kühe; in einer Moschee redeten wir über die Kaaba. Dann über Sikhs, Juden und Christen … Die größte Stadt am Äquator ist ein Schmelztiegel der Völker, Sprachen und Religionen. Aber auch hier stößt die Toleranz an Grenzen: Die illegale Einfuhr von Kaugummi zieht saftige Geldstrafen nach sich, und auf Drogenhandel steht die Todesstrafe.

Gewiss gibt es Viertel in dieser modernen City aus Glas und Stahl, die sich in jeder mittelgroßen amerikanischen Stadt befinden könnten, auch die wirtschaftliche Dynamik und der Wohlstand sind westlicher Prägung; aber Singapur hat viele Facetten … die betriebsamen Gässchen des chinesischen Viertels, die arabische Straße, die hübschen Häuser und einladenden Geschäfte, die Kleidung und landestypische Produkte, wie zum Beispiel Currymühlen, verkaufen, die unzähligen Bars, die mir so gefallen, die Rikschafahrer, die ihre Dienste anbieten, der Fort Canning Park mit verschiedenen Arealen fürs Familienpicknick, für freie Theater- und Tanzgruppen und seinen Riesenskulpturen. Von den Schmerzensschreien der Kriegsgefangenen, die der Belagerer in einem angrenzenden Gefängnis foltern ließ, ist an diesem idyllischen Ort nichts mehr zu hören. Es lässt sich aber nicht ausschließen, dass ihre Geister am Abend noch hier herumspuken.

Unter den Wolkenkratzern befindet sich ein großer Garten, der die Luft mit den verführerischen Düften von Jasmin und Kardamom erfüllt und von einer Mauer eingefasst wird. Dahinter erheben sich der verfallene, verwaiste Palast des malaysischen Sultans und eine Baracke, in der seine Nachfahren ihr Dasein fristen. Selbiger Sultan gewährte einem Briten namens Raffles das Recht, mit Gewürzen zu handeln.

Raffles lieh seinen Namen dem legendären Hotel, das als »große alte Lady des Ostens« bekannt ist und in seiner exquisiten Bar den Geist weltberühmter Literaten am Leben erhält ... Hallo, Rudyard Kipling, Somerset Maugham, André Malraux, Joseph Conrad, Walter Scott, Scott Fitzgerald, die ihr auf diesen hohen Lederpolstern gesessen habt! Ich selbst bin nur ein einfacher Arbeiter, der einem Pilger gleich seinen Göttern die Ehre erweisen möchte. Nur aus diesem Grund findet das Raffles hier Erwähnung, denn letztendlich habe ich dieses Buch dem Schiffsalltag gewidmet, den ich unter Berücksichtigung der lebendigen Beziehungen, die das Schiff mit seinen Anlaufhäfen verbindet, zu beschreiben versuche. Ziemlich verdutzt muss ich feststellen, dass Ernest Hemingway nicht eine einzige Spur hinterlassen hat. Ich kann es kaum glauben, Ernest, dass ein so berühmter Globetrotter wie du auf die Sauftour in der Writer's Bar im Raffles verzichtet haben soll. Also dann, auf dein Wohl! Ich bestelle mir jetzt einen Singapore Sling, in grellem Pink, hochprozentig und mit Sicherheit origineller als dein Whiskey!

Das Raffles ist eine Art edler Karawanserei. Ein Gewirr von Arkaden mit Geschäften, Teesalons und Restaurants umschließt altehrwürdige, unberührte Gebäude, Innenhöfe und Gärten. Marmor, Stuck, Messing und Eisenwerk in Verbindung mit einem stimmungsvollen Ambiente, positiven Schwingungen, gedämpften Hintergrundgeräuschen und wohltuend schattigen Räumen; in diesem Dekor fühlt sich der Besucher in eine vergangene Welt zurückversetzt.

Das Raffles befindet sich in der »Beach Road«, der einstigen Uferpromenade. Aber im Lauf der Zeit schob sich das Land weiter ins Meer hinein, und auf dem neu entstandenen Bauland vor dem Hotel findet inzwischen die Hälfte der modernen Stadt Platz. »Was uns das Meer gibt, nimmt es sich zurück«, meinte ein alter Seebär zu mir.

Natürlich ranken sich zahlreiche Legenden um das berühmte Raffles-Hotel: Ein Mann glitt in seinem Rausch unter den Billardtisch, direkt vor die Füße eines Raubtiers, das sich von diesem Abschaum der Menschheit angewidert abwendet. Nachdem der Mann seinen Rausch ausgeschlafen hat, fragt er einen Freund: »War das wirklich ein Tiger unter dem Billardtisch?« Dieser historische Satz ziert seitdem sämtliche Souvenirschachteln für die speziellen Gläser, in denen der Singapore Sling serviert wird.

Hin und wieder kommt auch ein Schiffsoffizier auf Landurlaub in die Long Bar. Unter den rhythmisch kreisenden Blättern der Peddigrohrventilatoren, die an Messingstiften von der getäfelten Decke hängen, geht er an die Theke, nippt an seinem Sling und knabbert Erdnüsse, wobei er die Schalen nach altem Brauch und Sitte auf den Boden wirft. Nach einer jahrhundertealten Tradition wird die Höhe der Schalenschicht, die sich jeden Abend unter den Barhockern ansammelt, am Ende der Nacht von den Barangestellten gemessen; die Höhe bestimmt den Beliebtheitsgrad dieser populären Institution.

Der einfache Seemann zieht es vor, sein Bier in einer Kneipe zu trinken und noch einen Abstecher zu den Mädels in der Desker Road zu machen. Dort liegt das Rotlichtviertel.

Unser kurzer Landgang ist beendet. Ich habe diese Sätze in mein Notizbuch geschrieben, während wir auf das Zubringerboot warten, das uns bis vor die »Haustür« bringt. Denn die *Arunbank* hat heute Mittag auf dem Meer Anker geworfen.

Ich entdecke ein paar vertraute Gestalten in der Menge, die aus unterschiedlichen Richtungen auf die Anlegestelle »Marche du Jardin« zuströmen, zu den Taxibooten und den fast verrotteten Barkassen, die jeden Moment zu sinken drohen.

Die Wiedersehensfreude ist groß, obwohl wir uns erst vor ein paar Stunden voneinander verabschiedet haben. Man küsst sich, schüttelt sich die Hände. Du bist nicht allein … Anja, Valentina, einer der Wladimirs, Artur, Kosta. Und schließlich Stanislav, der Erste Offizier, der uns wie ein Hirte um sich schart für die letzte Etappe. Jetzt beginnt die Durchquerung der Wasserwüste nach Europa, wo mein Traum definitiv enden wird. Wenn ich an den bevorstehenden Abschied nur denke, werde ich schon ganz traurig. Wir werden uns vielleicht nie wieder sehen oder erst im Jenseits, wenn unsere sympathische Crew uns in ihrem Schiff über die Wolken trägt.

Unter der Besatzung befindet sich ein Mann, mit dem ich mich noch nie unterhalten habe. Unser ganzer Austausch reduzierte sich auf ein höfliches *priviet*. Ausgerechnet er kommt auf Yucki und mich zu: »Jetzt sind wir eine Familie!«

Ein Schiffsmechaniker, ausgezehrt von den 20 Jahren, die er schon zur See fährt, schenkt mir seinen alten sowjetischen Atlas. Der abgegriffene Einband ist stellenweise beschädigt, die Seiten sind abgegriffen. Es handelt sich um ein persönliches Kleinod, das ihn über Jahre hinweg über die Meere begleitete. Ich bin sprachlos vor Rührung. Seine Geste zeigt mir, dass die Unterschiede, die mich von diesen so unverfälschten, einfachen Menschen trennen, aufgehoben sind. Dass sie mich nicht nur toleriert, sondern wirklich angenommen haben.

Der Lotse hält sein Boot für einen Rennwagen. Vielleicht denkt er gerade an Mika Häkkinen, der sich gestern im Formel-1-Rennen den WM-Titel geholt hat.

Bei den starken Erschütterungen fange ich schon an, mir um die unter dem Heck deponierten Pakete Sorgen zu machen. Unter den Einkäufen der Crew befindet sich auch eine tolle Hi-Fi-Anlage, die künftig die musikalische Untermalung unserer Feste und Grillpartys übernehmen soll.

Das von den Wellen malträtierte Boot legt sich an die Bordwand, und über die Leiter klettern wir an Deck. Von jetzt an werden wir es nicht mehr verlassen, bis wir unseren Zielhafen in Europa erreicht haben. Welcher das sein wird, weiß nur der Himmel.

Im strömenden Regen setzen wir uns langsam in Bewegung und lavieren uns zwischen den wartenden Schiffen hindurch. Der Lotse springt nach einigen Minuten wieder in sein eigenes Boot, nachdem ihn unser zorniger Schiffsführer von der Brücke gewiesen hat. Jon ist empört über das arrogante Verhalten des Lotsen, der ohne jeden ersichtlichen Grund die Kompetenz unseres »Stämmigen« in Zweifel zog und ihn unter Verletzung der Grundregeln des guten Benimms mit rüden Worten zurechtwies, anstatt seine Empfehlungen über den Kapitän an die Crew weitergeben zu lassen. Schließlich behält er die Verantwortung für sein Schiff auch dann, wenn er beim Manövrieren die Hilfe eines Lotsen in Anspruch nimmt.

Jon verhält sich seinen Untergebenen gegenüber solidarisch. Nur er hätte das Recht, sie für einen Fehler zur Rechenschaft zu ziehen, falls dies wirklich einmal notwendig wäre.

17. Etappe:

Singapur – Sues

Von Montag, 2. November, 21 Uhr, bis Montag, 16. November, 20 Uhr,
4971 Meridianminuten = 9206 km

Dienstag, 3. November
So wie unsere Erdumrundung begonnen hat, geht sie auch wieder
zu Ende: mit einem Monat, in dem wir uns nur auf dem Meer befinden.

Wir folgen einer schmalen Fahrrinne mit getrennten Fahrspuren für jede Richtung, wie auf einer Landstraße. Auf dem offenen
Meer spielen Abweichungen von der idealen Linie um ein, zwei
Seemeilen backbords oder steuerbords keine Rolle. In der Malakkastraße zwischen Indonesien und Malaysia gibt es jedoch zahlreiche Untiefen, in denen es von Fischreusen und fragilen Boots-
unterständen aus Bambus nur so wimmelt. Wenn die Wellen an
der Wasseroberfläche nachlassen und das Meer über einige Dutzend Meter hinweg eine glatte Fläche bildet, wissen wir, dass sich
unter unserem Schiffskiel Dünen befinden. Die abgelagerten
Sandkörner bauen sich im Lauf der Jahre unter Wasser zu einer
unaufhaltsam wachsenden Düne auf, wie in der Sahara.

Einer der Offiziersanwärter überwacht die Wassertiefe vor einer Leuchtzifferanzeige. Im Moment beträgt der Abstand von der
Kielunterkante bis zum Grund nur noch acht oder neun Meter,
und dieser Wert könnte sich noch verringern.

Quelle: Instant World News
Posoltega, Nicaragua, Dienstag, 3. November
Seit Montag sind Rettungsmannschaften zur Seuchenbe-

237

kämpfung im Einsatz. In Mittelamerika kamen 6000 Menschen durch Hochwasser und Erdrutsche um. Am stärksten betroffen von den Verwüstungen des Wirbelsturms Mitch ist Honduras. Die Zahl der Toten wird auf 5000 geschätzt.

Mittwoch, 4. November

Gestern Abend bei Sonnenuntergang beeilten sich etliche Fischerboote mit zehn Knoten Geschwindigkeit das Ufer zu erreichen; andere blieben auf dem Meer und bewegten sich dreimal langsamer voran. Die ganze Nacht über war das Wasser mit unzähligen Barken bedeckt, die mit ihren Lampen die Fische anzulocken versuchten. Wie alle anderen Frachtschiffe mussten wir uns in der Malakkastraße, der einzigen Verbindung zu den Äquatorialmeeren, in drangvoller Enge unseren Weg durchs Wasser extrem vorsichtig bahnen, um ja niemanden in Gefahr zu bringen. Als wir uns so im Abstand weniger Kabellängen an den Handwerkern der Meere vorbeilavierten, wurde mir der Größenunterschied zwischen den winzigen Nussschalen und unserem Ozeanriesen noch einmal mit aller Deutlichkeit vor Augen geführt.

8 Uhr

Wir dringen in die enge Andamanensee ein. Der Tag ist ruhig und grau verhangen, aber die Wolken lösen sich bald auf. Vor unserem Bug am Horizont erscheint bereits ein blaues Band.

10 Uhr

Wir sind auf dem Weg zur Back, gehen an der Wand der auf dem Deck abgestellten Container entlang, neben uns im Abgrund das Wasser, das mit 33 Stundenkilometern vorbeizieht, hier wirkt es schneller als von der Affeninsel aus gesehen.

Die Decksleute sind immer noch unermüdlich am Abschleifen und Malen. Sie machen kosmetische Korrekturen, kaschieren mit Farbe und Pinsel die Altersspuren des Schiffs, die hier und da

Das Schiff wird während der Fahrt ständig überholt

durchschimmernden silbergrauen Strähnen, die rostbraunen Altersflecken ... In weißen Arbeitsanzügen, mit Arbeitsstiefeln und Schutzhandschuhen, ein Tuch um den Kopf geschlungen, mit Schutzbrille und Atemschutzmaske bis zur Unkenntlichkeit vermummt. Unsere Freunde kommen mir vor wie Piraten von einem anderen Stern.

Der Maschinenraum strahlt wie ein keimfreier Operationssaal. Als wir zum ersten Mal hier hereinkamen, war alles noch voller Schmiere und Rost, Ölflecken bedeckten den Boden, und von den Wänden blätterte der Anstrich. Die vorige Besatzung hatte sich mit der Instandhaltung des Schiffs keine so große Mühe gegeben ...

Mit den Binnenmeeren haben wir die Gefahr eines Piratenangriffs hinter uns gelassen. Der Kapitän hebt die Sicherheitsmaßnahmen nach zwei Wochen auf.

Auf meinem luftigen Stand über dem Vorschiff nehme ich nur noch die Stille und das weiche Klatschen und Gurgeln der von unserem Wulstbug verdrängten Wassermassen wahr. Auf dem erhöhten Deckaufbau befinden sich neben riesigen Pollern auch Ankerspills und automatische Winden zum Abrollen der Leinen. Die schweren Ankerketten verschwinden in einem Schacht, der vom Gesang des Meeres widerhallt; aber die Melodie ist eine andere als oben am Bug.

Mit dem Rücken zum Schiff habe ich das Gefühl, von Zauberhand gestützt dem Horizont entgegenzufliegen, aufgeschreckten Schwalbenfischen gleich, die aus ihrem angestammten Element herauskatapultiert werden und mehrere 100 Meter weit durch die Luft segeln, bevor sie nach einigen großen Sätzen auf den Wellen erneut untertauchen. Ich lasse alle Gedanken fahren, an Container und Kopra, Schiffsgröße, Gewicht der Tausende von Tonnen von Stahl, Pferdestärken und genieße das erhabene Schauspiel von Wasser, Wind und Wolken mit dem Ballett von Sonne und Regen am unendlichen Horizont.

17 Uhr

Stanislav lässt mich auf die Brücke rufen: Eine Wand aus Wasser, die wie eine isolierte Welle dasteht, blockiert uns den Weg; aus einem wogenden, harmlosen Meer geraten wir jetzt in eine bewegtere Zone. Anhand der Seekarten stelle ich fest, dass wir uns ungefähr auf der Grenze zwischen Andamanensee und Indischem Ozean befinden.

20 Uhr

Die untergehende Sonne ist in dicke Wolken gehüllt, mit hellgrünen, rötlich gelben Fetzen feiner, ständig changierender, undefinierbarer Zwischentöne. Am Horizont, rund 500 Meter über dem Meeresspiegel, erscheint die abgeflachte Basis der Kumulonimbus (Böen und Gewitterwolken), die sich bis in die Stratosphäre hinaufziehen. Graue, scharf umrissene, ständig fließende Formen, die mir Geschichten erzählen. Der Horizont bildet eine klare Linie, wir fahren nach Westen, die Welt ist unendlich, die Zeit ist unendlich.

QUELLE: INSTANT WORLD NEWS
Tegucigalpa, Mittwoch, 4. November
Der Wirbelsturm Mitch forderte 7000 Todesopfer; 12 000 Menschen werden vermisst. Nach offiziellen Berichten sind ganze Städte und Dörfer verschwunden.

Die Bilanz wird immer schlimmer. Vor drei Monaten wurden wir auf dem Atlantik von einem anderen Wirbelsturm, Danielle, verfolgt. Auch er hätte dieses Ausmaß an entfesselter Gewalt erreichen können.

Donnerstag, 5. November

In dieser Nacht schlafen wir eine Stunde länger. Auf unserem Kurs gewinnen wir mit jeder Zeitstufe, die wir überqueren, eine weitere Stunde zum Träumen.

Mühsam kämpfen wir uns durch die bläulich weiße See im Zentrum des Golfs von Bengalen gegen die aus der Gegenrichtung heranrollenden fünf Meter hohen Wellen, die unsere Fahrt verlangsamen, den Kraftstoffverbrauch erhöhen und Gischtwolken über das Vorschiff bis zum Masttopp hinaufspritzen. So wird es bleiben, bis wir morgen oder übermorgen Sri Lanka und die südliche Spitze Indiens hinter uns gelassen haben, wo sich der Winkel zwischen unserem Kurs und der Monsunrichtung ändert.

Abends sind wir zusammen mit Jon und drei weiteren Offizieren bei Artur. Zu den »offiziellen« Empfängen sind alle Besatzungsmitglieder des Schiffs geladen, und die Offiziere legen ihre Uniform an. Aber auch die kleinen privaten Partys gehören zum Bordalltag. Wir sind uns inzwischen sehr vertraut, und seit Singapur ist die Atmosphäre an Bord locker und entspannt. Nachdem wir unser großes Hafen-Karussell beendet haben, werden wir nun eine Weile auf dem Meer bleiben; nur noch zwei Unterbrechungen der Schiffsroutine sind vorgesehen: die Passage des Sueskanals und die der Straße von Gibraltar. Nachdem das Schiff von allen rostigen Stellen befreit ist und einen frischen Anstrich erhalten hat, werden die Reparaturen in den Aufbauten fortgesetzt, bis alles wieder auf Hochglanz poliert ist; ob auch noch Zeit für ein »Lifting« der Ladebäume bleibt, steht zu diesem Zeitpunkt nicht fest. Wir stoßen einmal an, dann noch einmal, wir probieren den zangenlosen Hummer und teilen uns die indonesischen *sate* und *gado-gado*, ein Präsent des Schiffsagenten von Panjang.

Unsere Mission ist erfüllt. Kapitän Jon und Chefingenieur Dario tragen jedoch weiterhin die Verantwortung für das Schiff, die Wasserversorgung – müssen wir in Sues noch einmal die Tanks auffüllen? – und den Kraftstoffverbrauch. Dann wird der Abschlussbericht für die Reedereiverwaltung in London vorbereitet und die Liste der anstehenden Reparaturen erstellt. In unserem ersten europäischen Anlaufhafen sollen die Mechaniker mit den entsprechenden Ersatzteilen an Bord kommen und die dringend anstehenden Arbeiten zusammen mit der Besatzung erledigen, bis der Endhafen erreicht ist.

Entspannung pur, vorbei sind die Landgänge in exotischen Gefilden. Die ersten Partys seit fast drei Monaten, an drei Abenden hintereinander. Am Donnerstag kommt Stanislav auf einen Kaffee vorbei. Am Freitag eröffnet die Bar der Passagiere. Zur Pflege der Geselligkeit unter den Bewohnern unserer schwimmenden Bleibe findet am Samstag wieder ein Grillfest statt.

Irgendwo in einem Winkel werde ich meiner Trauer freien Lauf lassen, bevor ich diese Monate wieder in Erinnerung rufe und dieses Buch redigiere. Vorwand? Motivation? Wir haben vor, unsere abenteuerliche Reise in Form einer Ausstellung und eines Buchs zu dokumentieren. Ohne dieses Vorhaben hätten weder Yucki noch ich selbst die Eindrücke dieser Reise mit solcher Intensität erlebt. Die kleinen Dinge des Bordalltags und die Anatomie unseres Schiffs hätten mich nicht so brennend interessiert. Und ich hätte nicht jeden Wortfetzen behalten, der durch die Luft schwirrte.

QUELLE: INSTANT WORLD NEWS
Managua, Donnerstag, 5. November
Der schwere Sturm, der auf seinem Weg durch Zentralamerika mehr als 9000 Tote und 15 000 Vermisste forderte, tobt seit Mittwoch mit unverminderter Stärke über der Karibik und an den Küsten Mexikos.

Freitag, 6. November
3.45 Uhr
Mit Aleks und Stanislav, Anatolij und Offiziersanwärter Martin vor einem leeren Radarschirm. Kein einziges Licht am Horizont, kein einziges Fischerboot, nicht das winzigste Eiland. Man könnte meinen, wir wären allein auf einer Wasserkugel, orientierungslos ein nicht existierendes Ziel ansteuernd. Wie die Arche während der Sintflut mit ein paar Menschen und einer Tierwelt, die sich auf das Käfervolk im Kopra reduziert.

Ein langer, ruhiger Tag.

Zu vorgerückter abendlicher Stunde fahren wir an der Lichterkette der Ballungsgebiete Sri Lankas vorbei.

Nachdem wir in die Nähe des Einflussbereichs eines Monsuns aus Nordost geraten sind, kommen wir leichter voran, und die Wellen begleiten uns nun hinüber in den Herbst der nördlichen Hemisphäre.

Aufmerksam beobachten die drei Männer auf der Brücke die Schatten in der Dunkelheit. Ein paar Fischerboote fahren mit ihrem Fang langsam in den Hafen zurück. Eines von ihnen nimmt uns die Vorfahrt, obwohl wir mit dem Scheinwerfer Zeichen geben, und zwingt uns zu einem Weichmanöver in letzter Minute nach Backbord. Es kommt gerade noch an unserem Bug vorbei. Das Holzboot war auf dem Radar nicht zu sehen gewesen, und ohne unser Weichmanöver ... Wachsamkeit ist das oberste Gebot.

Samstag, 7. November
10.30 Uhr

Unsere dritte Rettungsübung. Unter einem so verantwortungsbewussten Kapitän wie Jon ist auch das Katastrophentraining Bestandteil des Bordalltags.

Jedes Besatzungsmitglied hat eine bestimmte Aufgabe zu erledigen, auch ich. Alles läuft ruhig, zügig und gut koordiniert ab. Sergej, der blonde Maschinist, verteilt die Taucherausrüstungen mit Sauerstoffmaske und Sauerstoffflasche. Ein anderer schlüpft in den feuerfesten, silbergrauen Anzug mit Kapuze. Unser »Stämmiger«, der als erfahrener Seemann gilt, betätigt die Feuerlöschpumpe, zwei Matrosen entrollen einen Pressluftschlauch, ein anderer macht sich an den Tauen zu schaffen. Martin, der Offiziersanwärter, öffnet den Einstieg des Rettungsbootes, das sich steuerbords befindet, überprüft den Kraftstoff, setzt den Motor in Gang und lässt ihn einen Moment lang laufen. Dario und Stanislav verständigen sich über die Bordsprechanlage mit dem Kapitän, der das Ganze von der Kommandobrücke aus beobachtet. Das Wetter ist schön und das Meer ganz ruhig. Für heute ist nicht mehr damit zu rechnen, dass wir die Rette-sich-wer-kann-Übung in der Praxis erproben müssen!

Jurij, Aleks und die anderen erledigen alles, was sie zu tun haben, mit großer Ruhe und Gelassenheit, aber ohne Zeit zu verlieren. Unsere adretten Stewardessen – tadelloser Overall, weißer Schutzhelm und grobe Arbeitsschuhe mit Metallspitzen – stehen ebenfalls bereit, um uns im Notfall seelischen Beistand und erste Hilfe zu leisten. Zahlmeister John eskortiert seine »sprechende Fracht« zu einer Plattform, die sich über dem großen orangegelben Rettungsboot befindet. Er achtet darauf, dass wir die Vorbereitungen zur Evakuierung und die Arbeit an den Seilwinden, mit Hilfe derer das Rettungsboot hinuntergelassen wird, nicht behindern. Und irgendwann ist es dann so weit: Unser freundlicher, geduldiger Mentor verkündet: »Monsieur, die Jacht steht bereit!«

Am Abend finden sich alle auf dem Freideck hinter der Brücke zur Grillparty ein. Die Männer stellen Tische und Stühle auf, und unsere Mädels bringen in einer nicht enden wollenden Prozession eine Salatschüssel nach der anderen aus der Küche ins Freie. Der Schiffskoch entzündet das Feuer im Kohlenbecken, bestreicht Steaks, Würstchen und Koteletts mit Senf, und der Zahlmeister öffnet eine große, mit Dosenbier gefüllte Kühltasche.

Seit einigen Stunden treiben wir unsere schäumende Spur in die Gewässer der Lakkadivensee, deren Existenz mir offen gesagt bisher entgangen war.

Das Wetter ist schön, obwohl die Wolken mitunter tief am Horizont stehen. Wenn wir auf dem offenen Meer sind, fahren die Wachoffiziere – erst Stanislav und ab 20 Uhr Kosta – gelegentlich im Zackzack, um dem nächsten Regenguss auszuweichen. Aber gegen Ende der Nacht ist keine Zeit mehr zu vertrödeln: Dann passieren wir die flachen Atolle und Korallenriffe des Archipels der Malediven.

Sonntag, 8. November

Auf ins Arabische Meer! Und Yucki schwingt den Kochlöffel. In der Zeit von neun bis 18 Uhr wird sie sich, mit Hilfe des Schiffskochs und Valentinas, ausschließlich der Zubereitung eines liebevollen Festessens für die Besatzung widmen. Jon erscheint in der Küche, um die Vorbereitungen zu beaufsichtigen und sich unter Berufung auf seine vermeintliche Vorkosterrolle vorab an Yuckis Fleischbällchen gütlich zu tun. Er behauptet, dass jeder General, der etwas auf sich hält, dasselbe täte. Um die Mittagszeit stecken auch die anderen Mitglieder der Mannschaft auf dem Weg in die Messen ihren Kopf durch die Küchentür, aus der so fremdartige Gerüche dringen.

Am Abend bestellt sich nur einer von insgesamt 39 Tischgästen ein Omelett; vielleicht leidet er unter einer Reisallergie. In beiden Messen herrscht beste Stimmung.

Dass sich eine Passagierin in die Küche stellt und für sie kocht, hat die Besatzung noch nie erlebt. Unser kleiner Freundschaftsdienst findet großen Anklang. Übrigens hat Yucki die Crew schon einmal mit ihren Kochkünsten begeistert; damals hat sie ihnen Schweizer Rösti, geröstete Kartoffeln mit Speck, serviert.

Montag, 9. November

Das Meer ist rau, in der schweren Dünung kommen wir nur langsam voran, und Dario raucht der Kopf vor lauter Berechnungen, die er zur Kontrolle des Schwerölverbrauchs anstellen muss. Der Reeder besteht darauf, dass wir unsere durchschnittlichen 16 Knoten halten, egal wie unruhig die See und wie stark die Strömungen sind. An den ungewöhnlichen Vibrationen und Geräuschen ist zu bemerken, wie schwer die Maschinen arbeiten müssen. Falls der Tagesverbrauch an Schweröl auf über 60 Tonnen steigt, müssen wir in Sues, Gibraltar oder Antwerpen halten, um aufzutanken … Antwerpen wäre mir ja lieber, weil wir vereinbarungsgemäß im ersten europäischen Anlaufhafen ausgeschifft werden. Von dort aus wäre es für uns dann nur noch ein Katzensprung zu unseren Familien nach Delft oder Rotterdam.

Der Kapitän hat seine Uniform angelegt, um wieder einmal die Kabinen zu inspizieren.

Fünf Meter hohe Dünungswellen unter einem wolkenverhangenen Himmel.

An diesem Nachmittag habe ich den Rest meiner Reisenotizen, so frisch und detailgenau wie möglich, in meinen Rechner eingegeben. Eigentlich wollten wir uns heute einen gemütlichen Abend in der Kajüte machen und einen James Bond auf Video ansehen. Doch im letzten Moment ändern wir unseren Plan, weil der amerikanische Biologe im Salon einen Dokumentarfilm aus Papua zeigen möchte. Natürlich erst nach Sonnenuntergang, den sich Yucki um nichts auf der Welt entgehen lassen würde.

Besagter Passagier hatte sich in Lae abgesetzt, um eine Expedition in die Bergdörfer zu unternehmen. Als Andenken hat er neben starken Eindrücken auch diesen Film mitgebracht; er stammt aus den 30er-Jahren und dokumentiert die erste Begegnung zwischen den Angehörigen dieser Volksstämme, von deren Existenz damals noch niemand etwas ahnte, und drei Brüdern, die auf Goldsuche waren.

Dienstag, 10. November

An diesem Morgen treiben wir im Arabischen Meer ganze Schwärme aufgeschreckter Fliegender Fische vor uns her. Die einzigen Lebenszeichen in der unendlichen Weite, die uns umgibt.

Heute Abend feiern wir einen Doppelgeburtstag, den 31. des Bootsmanns Mikhail und den 27. unseres Motorenspezialisten und Modellbauers Aleks (einer von insgesamt drei!). Aleks ist ein hoch aufgeschossener, schlanker, blasser und sehr scheuer junger Mann.

Was für ein schönes Fest, was für eine Stimmung! In der Mannschaftsmesse wurden die Tische aneinander gereiht und mit einer reichen Auswahl an Getränken und Speisen von der Hand des

Schiffskochs gedeckt. Irgendwann gehen die Lichter aus, und Valentina kommt mit einer phänomenalen Geburtstagstorte herein, mit zahlreichen brennenden Kerzen verziert. Unser Durst ist quasi unstillbar. Aus der neuen Hi-Fi-Anlage aus Singapur dröhnt Jazz im Wechsel mit russischen Volksweisen; dazwischen wird gesungen, und die Matrosen, die Techniker und die Offiziere tanzen mit meiner strahlenden Yucki und den Stewardessen, die sich in Gala geworfen haben und mich der Reihe nach aufs Parkett entführen. Jetzt bedauere ich es, ein so schüchterner, unbeholfener Tänzer zu sein.

Mittwoch, 11. November
Wir sind unzertrennlich geworden: Kurz vor zwölf kommt Jon mit Dario zum x-ten Mal bei uns in *Honiara* vorbei und Natascha serviert uns den Lunch mit Frühlingsrollen auf der Suite. Solche kleinen improvisierten Besuche machen uns Freude, und ich habe das Gefühl, die beiden Männer schon ein Leben lang zu kennen.

Heute Nachmittag Sokotra, morgen früh Guardafui, das Horn von Afrika, und wenn ich mich nicht täusche, erreichen wir Freitag früh im Morgengrauen Djibouti und den Eingang des Roten Meeres. Kein Wölkchen am Himmel. Brütende Hitze.

Donnerstag, 12. November
Weit hinten taucht Djibouti auf der Backbordseite auf. Ich hätte es mir gerne angesehen. Ich verbinde viele Geschichten von Abenteurern und Literaten mit dieser Stadt, die Fremdenlegion in einer romantisch verklärten Vision, wie man sie von der Leinwand kennt.

Seit meiner Jugend bringen die klangvollen Namen mancher Städte in mir eine Saite zum Schwingen, so wie Djibouti, Samarkand, Valparaíso, Ulan-Bator, Timbuktu, Bombay, Isfahan, Izmir und Wladiwostok, das wir eines Tages vielleicht besuchen. Dort ist der größte Teil unserer Besatzung zu Hause und wir wären gern gesehene Gäste. Ein einziges Leben ist zu kurz, um alle Orte zu sehen, die ich noch sehen möchte, um die Basistätigkeiten der Berufe zu verstehen, die mich noch interessieren, um all die ungelesenen Bücher zu lesen, die mich in meiner Bibliothek erwarten oder sich in den Buchhandlungen in den Regalen stapeln.

BOARD OF TRADE (BRITISCHE HANDELSMARINE)
Telefax
Die Krise um die Hanish-Inseln zwischen Eritrea und dem Jemen spitzt sich zu. Warnung an alle Schiffe: Sowohl die Inseln selbst als auch die angrenzenden Küsten sind Gefahrenzonen und deswegen zu meiden.

Beschönigende Worte für die Ankündigung eines Krieges, mag er auch regional begrenzt sein ... Unser Kapitän beschließt, nach Verlassen der »Autobahn« einen anderen Kurs zu wählen und an der jemenitischen Küste im Osten der Hanish-Inseln entlangzufahren. Dort scheint es sicherer zu sein, und das Verkehrsaufkommen ist geringer.

Anscheinend dreht sich der Rest der Welt auch ohne uns weiter, oder ich fühle mich einfach nicht mehr persönlich betroffen. Immerhin habe ich im Lauf der Reise noch die hereinkommenden Schiffs-, Piraten-, Sturm-, Zyklon- und Taifunmeldungen notiert.

Später erhält Jon noch eine Nachricht aus London: Der Außenminister habe sich eine Liste der Schiffe geben lassen, die momentan unter britischer Flagge im Roten Meer unterwegs sind. Eventuell sollen sie aus den Krisengebieten evakuierte Ausländer an Bord nehmen ...

QUELLE: INSTANT WORLD NEWS
Tegucigalpa, 10. November
Zwei Wochen nach dem Wirbelsturm Mitch kam es zu einem

Erdrutsch. Ganze Dörfer wurden dem Erdboden gleichge-
macht.

Tegucigalpa, 11. November
Die Regierung rechnet mit weiteren Todesopfern, da die Ber-
gungsarbeiten durch Regenfälle behindert werden. 30 000
Menschen sind in ihren Dörfern eingeschlossen.

Washington, 12. November
Kriegsschiffe auf Kurs zum Persischen Golf ...

Freitag, 13. November
6 Uhr
Der Zeitunterschied beträgt nur noch zwei Stunden; in Europa ist
es jetzt vier Uhr. In genau drei Monaten haben wir 22 Stunden
»geschluckt«.

11 Uhr
Der Wind aus Südosten erzeugt Wellen, die uns geradezu spielerisch eskortieren, denn wir fahren nach Nordosten, immer noch
mit zwölf Knoten. Eine Maschine wurde abgestellt, weil wir Sues
zum geplanten Zeitpunkt erreichen möchten, also am Montag,
den 16. November um 20 Uhr. Drei Tage noch. Früher anzukom-
men wäre unsinnig.

Noch bevor wir Anker geworfen haben, um den nächsten
Morgen bis zum Start des Konvois zu erwarten, ergießt sich eine
Menschenflut über unser Schiff, einer biblischen Plage gleich: Sie
kommen, weil sie uns etwas verkaufen wollen oder um mitzunehmen, was nicht niet- und nagelfest ist.

In Ägypten wurden Reisende bereits in der Antike mit dieser
Art von »Nationalsport« konfrontiert. Und noch vor einigen Jahren haben wir es am eigenen Leibe erlebt. Damals waren wir auf
einer Nilfahrt zur Sphinx von Giseh und gingen auf einen Kaffee
ins Katarakt-Hotel in Assuan. Das Hotel gilt als das Relikt glanz-

voller Zeiten, als ägyptisches Pendant zum Raffles sozusagen, und gehört in die Kategorie der historischen Paläste der Welt. Einige dieser kulturellen Denkmäler werde ich vielleicht noch sehen, in anderen war ich bereits und habe mich wie ein frommer Pilger ehrfürchtig umgesehen; so im Algonquin und im Plaza in New York, im Colonial in Boston, im Krasnapolski in Amsterdam, im Diwan in Istanbul, im Oriental in Bangkok, im Ritz in Montreal, im Trois Couronnes in Vevey.

In unbedeutenden Kleinigkeiten zeigt es sich, dass sich das Ambiente an Bord verändert. Es sind subtile, fast unmerkliche und doch ganz konkrete Veränderungen. So steht seit Tagen eine Frage im Raum: »Wo müssen wir ausschiffen?« Die Vorfreude auf das große Wiedersehen, auf das eigene Zuhause stellt sich ein. Die Anrufe nehmen zu.

Nach den Strapazen der letzten Monate, Tage und Stunden sehnt sich die Besatzung nach ihrem wohlverdienten Urlaub.

Auf einem Schiff fallen permanent Wartungsarbeiten an

Neben den Decksleuten gibt es die Maschinisten. Letztere sieht nur, wer den Mut hat, sich in ihr Furcht einflößendes, grollendes, brüllendes, brennend heißes und für den Schiffsvortrieb unverzichtbares Inferno hinabzubegeben. Um einen störungsfreien Betrieb zu gewährleisten, ist die etappenweise Durchführung technischer Inspektionen angesagt, an Motor, Kolben, Zifferblatt, Leitung, Anschlussrohr, Sensoren für Druck- und Temperaturmessungen. Jedermann weiß, was er zu tun hat; jeder ist ein Glied in der Kette, unabkömmlich, aber nicht unersetzlich.

Aufgaben der Offiziere: Verwaltung und Kontrolle des Lagers, der Lebensmittelvorräte, die x-te Inspektion der Container und Schüttgüter. Hinzu kommt die Routenplanung in allen Details anhand der Seekarten, Eingabe der Bezugspunkte in den Rechner, die Einstellung einer Kursänderung, sobald der feine, melodische Glockenton die Ruhe auf der Brücke unterbricht, und wenn das Schiff auf den neuen Kurs eingestellt ist, Vermerken unserer Position zur vollen Stunde, Eingang und Ausgang von E-Mail und Telefax ...

Aufgaben der Decksleute: das Be- und Entladen im Hafen, Rostklopfen und Malerarbeiten auf See; die Offiziersanwärter nummerieren 497 Außentüren, Tore, Falltüren und Ladeluken mit Hilfe einer Schablone.

Unser gutes Schiff, das der Metamorphose des Alterns nicht entgangen war, findet seine Jugend wieder. Die Roststellen auf dem Metall sind verschwunden, die Maschinen sind von ihren dunklen Ölspuren und Schmierflecken befreit, alle Räume sind auf Hochglanz poliert. Die Sonne bringt die frischen Farben zum Leuchten, das Deck erstrahlt im neuen Grün, der zuvor schmutzig weiße, metallgraue Rumpf glänzt in sauberen Schwarz-Weiß-Kontrasten. Ein helles Rot für die Feuerschläuche, Ockergelb für die Austrittöffnungen der Tanks und der Lüftungsrohre im Maschinenraum. Das Kanariengelb der Seilwinden und Gangspills auf dem Achterdeck war allerdings so grell, dass es durch einen weiteren Anstrich gedämpft wurde. Schließlich soll man auch im Zweckmäßigen Geschmack beweisen.

Der Bootsmann Mikhail als Luftakrobat auf dem Krantopp

Heute früh spielte Bootsmann Mikhail den Luftakrobaten, um die Stahlkabel der Krantopps zu schmieren. Falls uns die Wetter- und Seeverhältnisse hold sind, können während der Fahrt über das Mittelmeer und den Atlantik noch die Masten und die Ladebäume gestrichen werden. Und dann hätte das Schiff zu seiner alten Schönheit zurückgefunden. Im Endhafen geht es dann ins Trockendock, wo noch die Schwimmlinie nachgezogen und der Kiel übermalt wird.

Chefingenieur Dario überwacht seine treuen Maschinen, muss unzählige Berechnungen anstellen und gibt die Daten in den Rechner ein.

Kapitän Jon ist auf der Brücke, um das Archiv auf den letzten Stand zu bringen, die Papiere für den Aktenvernichter auszusortieren und die Dokumente zusammenzustellen, die er seinem Nachfolger übergibt ... wann, in zwei Wochen vielleicht? Als ich vor einiger Zeit in Dünkirchen zu meinem schwimmenden Dorf hochkletterte, hatte ich das Gefühl, die Zeit stünde still. Wäre es möglich, dass sie mir jetzt schon wieder davonläuft?

Die Kombüse, wo tagtäglich die Speisen zubereitet werden. Zweckmäßige Räume in tadellosem Zustand. Kacheln und Stahl glänzen im Neonlicht. Der Zahlmeister persönlich verwahrt den Schlüsselbund für die angrenzenden Kühlkammern und gibt dem Schiffskoch auf Vorlage des wöchentlichen Speiseplans die benötigten Erzeugnisse heraus.

Die Stewardessen arbeiten nicht anders als ihre männlichen Kollegen 77 Stunden in der Woche. Sie bedienen die Offiziere und die Mannschaft in den getrennten Messen, sie erledigen die Reinigungsarbeiten und die Wäsche, und sie sind für die Krankenpflege zuständig. Sie sehen gut aus, sind in jeder Hinsicht ohne Fehl und Tadel, sie arbeiten unermüdlich, sind diskret und haben offensichtlich strenge Vorstellungen von Moral. Die eine mag einen Partner in Wladiwostok haben, die andere ist allein oder unterhält ein Liebesverhältnis zu einem Kollegen, das taktvoll verschwiegen wird.

Exkursion auf die Back. Die Sonne neigt sich Ägypten zu. Alles ist still, bis auf den regelmäßigen Takt des aufgewirbelten Wassers, dem ungestümen Rauschen eines strömenden Wildwassers gleich. Auf der Steuerbordseite taucht die Küste Arabiens auf.

Auf der Karte ist zu sehen, dass sich der Indische Ozean am Übergang zum Arabischen Meer verjüngt; von dort aus gelangen wir in den Golf von Aden, der wiederum über die Meeresstraße von Bab el-Mandeb mit dem Roten Meer verbunden ist. Das Einzige, was wir im Morgengrauen sehen konnten, war ein Leuchtturm, der von der jemenitischen Küste zu uns herüberblinkte.

Nach den Hanish-Inseln wieder nur Wasser, so weit das Auge reicht ... Das Rote Meer, das seinen Namen einer Algenart verdankt, ist zwar auf der Weltkarte nur eine enge Straße, die sich zwischen Afrika und Asien schiebt, hat aber in seinem mittleren Abschnitt eine Breite von 150 Seemeilen. Nachts fahren wir an der Hafenstadt Djidda vorbei, deren gigantischer Wasserstrahl aber nicht sichtbar ist. Auch hier grüßt nur ein einsamer Leuchtturm von der Küste herüber, einzig sichtbare Landmarke auf dem Weg in die heilige Wüstenstadt Mekka. Von Scheherazades Tausend und einer Nacht sind wir weit entfernt ...

Samstag, 14. November

Noch ein sonniger, brütend heißer Tag, der anscheinend ereignislos verläuft. Ein Versorger der US-Kriegsmarine holt uns ein. Er kommt aus der Golfregion, um in Sues Nachschub an Waffen oder auch an Treibstoff zu laden und danach auf demselben Weg zurückzufahren. Die ersten Zeugen eines krisengeschüttelten Planeten.

Eine der Maschinen wurde gestoppt; wahrscheinlich steht eine Inspektion oder eine dringende Reparatur an, oder wir sind wieder einmal zu früh für den Zeitpunkt, an dem wir Anker werfen und die Formierung des Konvois abwarten sollen. Das zuvor so kräftig sprudelnde Kielwasser beschreibt nur noch eine schäumende Linie auf dem grünen Meer.

Später wird mir einer der Ingenieure Folgendes erzählen: »Freitag der 13. war kein guter Tag im Maschinenraum. Eine der beiden Kühlwasserleitungen ist geplatzt und das Wasser spritzte nur so durch die Gegend. Zum Glück konnten wir es stoppen und alles rasch reparieren.«

Delfine schwimmen uns entgegen, sie kommen dicht heran und sind weit zahlreicher als sonst auf dieser Reise, von der ich mir in dieser Hinsicht insgesamt gesehen mehr erhofft hatte. Ganze Delfinfamilien finden sich ein, stehen Spalier und lassen sich dann bäuchlings ins Wasser zurückfallen; eine ganze Zeit lang vollführen sie ihre Kapriolen rund um unser Schiff; irgendwann bleiben sie achteraus zurück und schwimmen einem anderen Schiff entgegen, egal aus welcher Richtung es kommt – auf der Nord-Nord-West-Route wie wir oder auf der Gegenspur mit Kurs auf Bab el-Mandeb.

Mittagsimbiss im Salon: Yucki und ich probieren zum ersten Mal das Krokodilfleisch von der Zuchtstation in Lae. Es schmeckt wie Hühnchen, ist aber etwas zäher und hat den Nachgeschmack des Dschungels.

Fünf Stunden lang habe ich Aleks im Ruderhaus beim Sortieren der Seekarten geholfen. Die Stapel befinden sich in weiten, flachen Schubfächern. Die alte Karte wird entfernt, sobald eine neue erschienen ist. Wassertiefen und Küstenlinien bleiben im Allgemeinen unverändert; für Leuchttürme, Straßen, untermeerische militärische Trainings- und Sprenggebiete oder Bohrinseln müssen die Angaben jedoch ständig auf den letzten Stand gebracht werden. Es gibt zwei Stapel, die streng getrennt voneinander gehalten werden; der eine beinhaltet die Karten, die wir auf unserer Reise in den Südpazifik wirklich benutzt haben, der andere alle Karten, die wir nicht brauchten. Also zum Beispiel die Karten von Westafrika oder Südamerika, wo wir gar nicht waren.

Einen vollen Tag und eine Nacht lang begleitet uns ein anderes Schiff; im Abstand von einer Seemeile backbords fährt es mit, genau eingestimmt auf unseren Kurs und unsere Geschwindigkeit.

Yucki ist von Anja, Natascha und Yevgenia zum Abendessen in die Mannschaftsmesse eingeladen. Damit erweist man ihr eine hohe Ehre, denn sie gehört weder zur Crew, noch kann sie auf slawische Vorfahren verweisen. Alle Russen auf Freiwache helfen bei der Zubereitung der *pilimeni* für das morgige Abendessen: Man sticht runde Teigscheiben aus und füllt sie, ähnlich wie Ravioli, mit gehacktem Fleisch, halb Rind, halb Schwein. Decksleute und Maschinisten setzen sich nach einem anstrengenden Tag in Eintracht um den großen Tisch, um ihr Nationalgericht zuzubereiten. Geschickt formen sie die Teigportionen zwischen ihren großen Pranken zu kleinen Taschen. Nach traditionellem Brauch ist die Herstellung der *pilimeni* eine Sache der ganzen Familie.

Wie mir Yucki später erzählt, geht es dabei recht munter zu. Nach getaner Arbeit sitzt man bei Bier, Wodka und russischer Volksmusik zusammen. Der höchst aufmerksame Bootsmann hat sogar Rotwein organisiert, denn Yucki trinkt weder Bier noch harten Alkohol.

Nach dem stundenlangen Sortieren der Karten mit Aleks war ich so müde, dass ich schon fest eingeschlafen war, als Yucki zurückkam. Sie weckte mich mit einer Kostprobe hausgemachter *pilimeni*, ergänzt mit einem Schlag Sauerrahm von Valentina, die sich in meinen kulinarischen Vorlieben bestens auskennt. Es war mir alles andere als unangenehm, auf diese Weise geweckt zu werden. Der kleine Imbiss war ein Hochgenuss, und meine Frau strahlte über das ganze Gesicht vor Begeisterung über diesen Abend mit der Mannschaft, die sie in ihre Familie aufgenommen hatte.

Sonntag, 15. November

Jetzt sind wir noch genau zwei Wochen auf See. Morgen Abend erreichen wir Sues, wo der abenteuerlichste Abschnitt unserer Reise zu Ende sein wird. Aber wie auch immer, wir haben unsere Erinnerungen, und sie werden uns bis ans Lebensende erhalten bleiben. Jetzt fahren wir erst einmal zu unserem Heimathafen zurück, wie jedes Mal, bevor eine neue Episode im Abenteuer des Lebens beginnt.

Auf dem Roten Meer, auf einer Länge von 1000 Seemeilen, wird der Verkehr immer dichter: Öltanker, Schüttgutfrachter, Containerschiffe, Gastanker, Bananenfrachter, Küstenboote, Roll-on/Roll-off-Schiffe, Mehrzweckfrachter wie dieser hier, mit Fahrzeugen, Kokos- oder Palmöl, Kopra, 600 Containern.

Um zehn vor zwölf mit Dario bei Jon zu einem Mouton Cadet als Aperitif; wir reden über Gott und die Welt. Wir sind Freunde. Eine halbe Stunde später klopft Natascha an. Da sie uns nicht in den Messen gesehen hat, hat sie für uns im Raum neben der Messe etwas zum Essen bereitgestellt.

Die Offiziersanwärter streichen die Rettungsboote mit einer orangeroten Spezialfarbe von hoher Leuchtkraft, die über große Entfernungen hinweg zu sehen ist.

Montag, 16. November

Im Golf von Sues tobt ein heftiger Sandsturm, der die zerklüftete Felslandschaft verhüllt; unterhalb erstreckt sich der goldene Küstensaum mit Ölraffinerien; das Wasser ist von Bohrinseln übersät.

Auf engstem Raum lavieren wir uns zwischen den Bohrinseln

hindurch mit ihren brennenden Fackeln und den waagerecht in der Luft stehenden Windsäcken, die zur Orientierung der landenden Hubschrauber dienen. Nach Steuerbord die Halbinsel Sinai, die hin und wieder unter einer Wolke aus feinstem Sand verschwindet. Vor dem Hintergrund eines Superöltankers, der sich an ein Versorgungsschiff gehängt hat, wirken die Fischerboote wie Spielzeug. Die dunkle Bläue des Wassers bildet einen bemerkenswerten Kontrast zum hellen Sand dieser ariden Wüstengebiete im Randbereich der Sahara, die uns so beeindruckt hat.

Kaum hat sich die Sonne hinter die flachen Uferdünen verzogen, nähert sich eine Lichterkette: Fischer, die ihren Fang mit Scheinwerfern anlocken. Noch ein Stückchen weiter sieht man die Schlange der beleuchteten wartenden Frachtschiffe und dahinter die Fährschiffe und Öltanker, knallrot markierte Deiche auf der Backbord- und grüne Scheinwerfer auf der Steuerbordseite, die lodernde Flamme einer Raffinerie, technische Türme und von innen erhellte Bürogebäude, die ständig blinkenden Leuchtfeuer zur Orientierung landender Flugzeuge – die Landebahn befindet sich direkt am Kanal. Vom hinteren Ende des schmalen dunklen Korridors grüßt dann die Lichtergirlande der Stadt Sues herüber. Dort beginnt der Kanal, der den Golf mit dem Mittelmeer verbindet.

DURCHFAHRT OHNE AUFENTHALT:

Sueskanal

In der Schlange vor Sues, Breitengrad 29°54'119" Nord,
Längengrad 032°31'306" Ost

Montag, 16. November (Fortsetzung)

20 Uhr

Der Lotse nähert sich in einem schmalen, langen Holzboot; auf dem Kajütaufbau trocknet Wäsche auf der Leine. Eine Konstruktion, die sich ebenso gut in einem der Vororte Alexandrias auf dem Festland befinden könnte. Als der Anker heruntergelassen ist, gehen die Bordscheinwerfer an; die Atmosphäre ist so spannungsgeladen wie am Vorabend einer entscheidenden Schlacht. Was uns erwartet, ist jedoch keine Schlacht, sondern ein einzigartiges Erlebnis: Wir werden in einer Karawane von Schiffen die Wüste durchqueren.

Die Kanalverwaltung hat uns den Platz Nummer 17 zugewiesen. Im Grunde geht es hier nicht anders zu als auf einem öffentlichen Parkplatz. Keine Schlepper, sondern spezielle Bugsierboote drücken uns in die korrekte Liegeposition zwischen zwei Bojen. In der drangvollen Enge unter all diesen Schiffen, die oft ebenso groß sind wie unseres, ist das Manövrieren wahrhaftig nicht einfach.

Um 21 Uhr ist alles vollbracht, und das Schiff versinkt in einen kurzen, ereignislosen Schlaf. Der Lotse bleibt über Nacht an Bord; er erhält eine Kajüte, die an unsere Suite grenzt, damit er morgen früh gleich an Ort und Stelle ist. An unserer Bordwand wurden per Kran zwei Boote bis auf einen Meter über Wasser hochgezogen. Die Boote bleiben während der gesamten Kanalpassage in dieser Position. Wir haben eine Händlergruppe an Bord, die auf den Bänken in den Messen übernachten wird.

Dienstag, 17. November

4 Uhr

Ich gehe auf die Brücke, um unsere genaue Position zu ermitteln. Der Kapitän hat bereits seinen Platz eingenommen, und der Erste Offizier tritt gerade seinen Wachdienst an. Beide arbeiten hoch konzentriert und ohne ein Wort zu wechseln. Hin und wieder gibt der Kapitän dem patrouillierenden Wachmann einen Befehl über das tragbare Funksprechgerät. Alle Metalltüren sind verriegelt bis auf eine, die sich am Einstieg zur Gangway befindet und bewacht wird. Als ich wieder in die Kajüte komme, hat Yucki schon Kaffee gekocht. Durch die Bullaugen betrachten wir das leuchtende Panorama. Die Außentemperatur beträgt 16 Grad. Wir haben uns so sehr an das tropische Klima mit seinen schwülwarmen Nächten und den brütend heißen Tagen gewöhnt, dass wir frösteln.

5 Uhr

Plötzlich taucht ein grüner Sternschnuppenregen am Himmel auf, wie ein spiegelverkehrtes Feuerwerk im All. Da fällt mir ein Fern-

Mit Schiffen mitten durch die Wüste – der Sueskanal

schreiben ein, das hier vor zwei Tagen aus dem Land der Jurten und Steppen eintraf …

QUELLE: INSTANT WORLD NEWS
Ulan Bator, 15. November
Am Dienstag steht die Mongolei im Zentrum eines beispiellosen Weltraumexperiments, mit dem getestet werden soll, ob die Kollision eines künstlichen Satelliten mit einem Meteoritenschauer verhindert werden kann.

Der Morgenhimmel rötet sich, der prächtige Ball der Sonne steigt über unserem Heck auf, und zwei Containerschiffe setzen sich in Bewegung. Der Zug formiert sich.

Die Andenkenhändler aus Port Saïd haben ihr ganzes Brimborium auf dem Umgang und in den Messen ausgebreitet und bieten es jedem an, der vorbeikommt.

Um sieben Uhr stellt Dario die Maschinen an; wir lichten Anker und drehen uns auf der Stelle, bis wir die Aufforderung erhalten, uns an dritter Stelle in den Zug einzureihen. Der vorgeschriebene Sicherheitsabstand zwischen zwei Schiffen beträgt eine Seemeile.

17 Uhr
10 Stunden später. Die Fahrt durch den Sueskanal war so ereignisreich, bunt und faszinierend, dass ich keine Sekunde Zeit fand, eine einzige Silbe zu schreiben. Völlig andere Eindrücke, nicht zu vergleichen mit der Durchquerung des Panamakanals. Wir standen von Anfang bis Ende fast nur auf der Brücke, mit einer Unterbrechung für einen schnellen Imbiss unter Deck. In drei Stunden erreichen wir das Mittelmeer. Aber jetzt noch einmal schön der Reihe nach:

Als wir an der Stadt Sues vorbeifuhren, entfaltete sich vor uns ein wahres Meer von weißen Häusern und Gärten, mit einer hübschen von Wasser umgebenen Moschee. Der Kanal scheint sehr schmal zu sein, fast zu schmal für unser riesiges Schiff, das nahezu die gesamte Breite von einem Ufer zum anderen einnimmt. In den nächsten zwei Stunden wird mir bewusst, dass wir uns auf der zweitgrößten Hauptverkehrsader des Landes befinden.

Ich entsinne mich, dass wir einmal von Kairo nach Assuan gefahren sind, über den Leben spendenden, grün gesäumten Nil, der die Wüste seit Menschengedenken mit Wasser versorgt. Irgendwann in der Neuzeit wurde dieser Kanal wieder eröffnet, der unter den Pharaonen angelegt, gegraben, mit Sand zugeschüttet und später jahrhundertelang vergessen worden war.

Schließlich verbreitert sich die Wasserstraße und mündet in die Bitterseen. Am Ufer die Reihe kleiner Städte, ein Durcheinander aus einfachen Häusern, hoch aufragenden Minaretten und modernen Bauten; grün gestrichene Fährboote, deren Rumpf mit einer Sure aus dem Koran bemalt ist, dann eine Straße, der Zug, Reisfelder.

Pontons liegen am Ufer, die so lang sind wie der Kanal breit und alle 20 Meter einen Motor haben. Sobald der Konvoi vorbeigefahren ist, geht eine Klappe auf, um die Schlange der geduldig wartenden Baufahrzeuge zu entlassen.

Im Gegensatz zum Nil, der Ägyptens ewiges Leben versinnbildlichen soll, symbolisiert die blaue Wasserader, die uns durch goldene Weiten von Sand führt, die Zukunft des Landes. Die Ufervegetation ist übrigens ausgedehnter, als ich dachte. Bei Isamailia zweigt ein Kanalarm in Querrichtung ab und verbindet die beiden Wasserwege in Kairo. Ein künstliches Kanalsystem zwischen Sues und Port Said ermöglicht die Bewässerung und Kultivierung der westlichen Ufergebiete vom Nil aus. Über Pipelines wird das Süßwasser zum Ostufer des Salzwasserkanals geleitet. Überall wird fleißig daran gearbeitet, Bewässerungssysteme anzulegen und die Wüste in einen Garten zu verwandeln; man legt auch neue Zugänge an zu dem Tunnel, der die beiden Ufer des Kanals verbindet.

Drei Konvois durchqueren den Kanal jeden Tag in beide Richtungen. Jede Fahrt dauert zehn Stunden; im mittleren Abschnitt, wo die Fahrspur verbreitert wurde, gleiten wir an den aus der Gegenrichtung kommenden Schiffen verschiedenster Flaggen vorbei. Aus 100 Metern Abstand grüßt man sich mit einer freundlichen Geste und wünscht sich Glück: »Mast- und Schotbruch!«

Nach Steuerbord fällt mein Blick auf das atemberaubende Panorama goldener Dünen mit ihren beigebraunen Abstufungen der instabilen Hänge. Sehnsüchtig hoffe ich, dass ich irgendwann einmal in die Wüste der Wüsten zurückkommen werde, wo der Mensch in Stille und Einsamkeit auf sich selbst gestellt ist und aus der Ferne im Blick auf unsere krisengeschüttelte Welt an der Schwelle des neuen Jahrtausends demütig erkennt, dass er selbst nur ein winziges Sandkorn im großen Universum ist.

Am späten Nachmittag schwärmen die Silberreiher auf ihrem Weg zum Roten Meer über uns hinweg, und der sich verlängernde Schatten unseres Riesen tanzt über die goldene, gewellte Dünenlandschaft.

Sonne und Wind. Ein starker Wind begleitete uns bis das Tagesgestirn hinter einem Schleier aus Sand, so groß, dass der schwarze Fleck auf der seidenmatten, orangeroten Scheibe mit bloßem Auge zu sehen war, am Horizont ins Meer rutschte.

In der Nacht fahren wir an den Salinen vorbei, wo die rosa Flamingos schlafen. Das nahe Mittelmeer verbindet uns schon mit der Heimat, auf demselben Meridian wie die tunesisch-algerische Grenze, nur auf der anderen Seite des Meeres. In drei Tagen werden wir ihn überqueren.

Am Abend lässt der Wind nach; wieder geht es über einige Seemeilen nur durch Wasserwüsten; dann kommen wir an sumpfigen von Schilf und Papyrus gesäumten Küsten vorbei, und wir fahren auf hoher See, Nordwestkurs.

Wie unter dem Zauber einer Märchenwelt gehen wir in unsere

Kajüte zurück; am Himmelsgewölbe strahlen unzählige Sterne miteinander um die Wette, und Venus wirft ihr helles Licht auf das ruhige Wasser.

18. Etappe:

Mittelmeer

Freitag, 20. November

Die nachts von achtern her aufgekommene schwere See, die das Schiff zum Schlingern brachte, verstärkt sich gegen Morgen und dreht in die entgegengesetzte Richtung. Nachdem wir das Libysche Meer hinter uns gelassen haben, steuern wir auf die Meeresstraße von Malta zu. Der Verkehr ist wider Erwarten so schwach, dass wir das Meer zumeist für uns allein haben. Die Brecher schicken die hoch aufsprühende Gischt über den Bug, und eine Wolke sprühender Wassertropfen legt sich auf die Haut des Meeres.

Die Strahlen der Sonne, die durch die Wolken bricht, malt flüchtig Regenbogen auf Dunstschleier. Unaufhaltsam neigt sich unsere Reise dem Ende zu. Südlich von Sizilien, dessen Küste unsichtbar bleibt, erreichen die Windböen aus Nordost eine Geschwindigkeit von 100 Stundenkilometern und fegen die Wolken vom Himmel. Nachdem wir die letzten Monate in der tropischen Waschküche verbracht haben, empfinden wir schon Temperaturen von 13 Grad als kalt. Das Schaukeln des Schiffs wird durch Stampfen und Stöße aus der Querrichtung verstärkt. Jon ist extrem angespannt, und zum ersten Mal, seit ich ihn kenne, wirkt er auf mich zutiefst besorgt.

Windsee und Dünung zusammen sind inzwischen elf Meter hoch. Man stelle sich das vor: Elfmeterwellen im Mittelmeer!

Ich habe nur noch einen Wunsch, dieses Abenteuer zu beenden und festen Boden unter den Füßen zu haben. In den Kajüten geht die Heizung an, und wir ziehen uns Wollpullover an.

Samstag, 21. November

12 Uhr

Das schlechte Wetter hält an, aber es macht mir nichts aus. Am algerischen Bougaroni-Kap, also südlich von Monaco, sind es noch 2 167 Seemeilen bis Hamburg. Ich schwelge bereits in Erinnerungen an die letzten Monate. Insgesamt sind es bis jetzt 100 Tage und fast 24 Stunden.

Heute Abend beginnt der Reigen der Abschiedsfeste: Die Crew ist bei den Passagieren zu Gast.

Wir trinken und amüsieren uns, tanzen und reden bis tief in die Nacht hinein. Freundschaft und ein Hauch von Nostalgie, Trennungsschmerz nach einer kurzen Begegnung … Bis auf die drei Wachgänger, Jon und Artur sind alle erschienen. Der Kapitän hält sich aus Taktgefühl zurück, weil sich die Mannschaft durch seine Anwesenheit gehemmt fühlen könnte. Der Ingenieur hingegen ist gerade dabei, einen Motorschaden zu beheben.

Sonntag, 22. November

Um die Mittagszeit, auf der Höhe der Stadt Oran, wird die See ruhiger und die Sonne kommt heraus. Je mehr wir uns Gibraltar nähern, desto dichter wird der Verkehr. Seit wir die Küste Nordafrikas erreicht haben, macht sich der europäische Winter bemerkbar.

Von nun an wird die Zeit nicht mehr umgestellt, auch dann nicht, wenn wir noch einmal über den Nullmeridian kurz nach Westen fahren. Bis Hamburg, Antwerpen, Hull oder Rotterdam orientieren wir uns an der Mitteleuropäischen Zeit. Nachdem die Zeit so häufig umgestellt wurde und angesichts der Tatsache, dass wir seit einer Woche jeden Tag ungefähr 360 Seemeilen weiter nach Westen vordringen, bin ich derart verwirrt, dass ich nicht mehr in der Lage bin zu sagen, wann die Sonne aufgeht oder wann sie untergeht. Mit den Legenden von der Bedeutung, wie sie sich um Gibraltar ranken, kann unser Schiff nicht aufwarten; dennoch hat auch dieses Schiff seine Geheimnisse, die sich aus den alltäglichen Ritualen des Bordlebens ergeben.

Kein Sonnenuntergang auf der Reise, den Yucki nicht festgehalten hätte ...

So werden auch die Passagiere nach uns erfahren, dass ein Offizier namens Stanislav, der frühmorgens und abends Wachdienst hat, von seiner Leidenschaft für Süßes verzehrt wird und sich von seinem Schüler Bob ein Tablett mit Eiskrem oder Fruchtsalat aus der Kombüse auf die Brücke bringen lässt.

Und sicher wird man ihnen auch erzählen, dass höchstens die Wolken meine Yucki davon abhalten konnten, allabendlich vor dem Essen den Sonnenuntergang mit dem Fotoapparat festzuhalten.

21 Uhr

Einen schöneren Abgang als diesen hätte uns der Mond nicht bescheren können. An einem tiefen, klaren, von Sternen übersäten Himmel neigt sich die dünne, rote, riesige Mondsichel zum Meer. Ein hellerer Halo umkränzt den dunklen, unsichtbaren Rest des Mondes, der die Sichel zu einem Rund ergänzen würde, und tief im Inneren der Widerschein von Morgen und Abend, die Schatten erloschener Krater, von Ebenen und Gebirgen. Langsam versinkt die Sichel hinter dem Horizont, doch bevor sie völlig untertaucht blitzt sie uns noch ein letztes Mal an. Schwaches Licht am Horizont kündigt die Herkulessäulen von Gibraltar an.

Gibraltar

Montag, 23. November

(…) In blinder Wut zerschlug Herkules mit seiner Keule den Berg in zwei Teile: Die offene Spalte füllte sich mit Wasser, und das Mittelmeer vereinigte sich mit dem unerforschten Meer am Rand der entdeckten Welt. Die beiden Felsbrocken, die zurückblieben, werden seither Herkulessäulen genannt.

So geht die Sage von Gibraltar, des stolzen englischen Felsens, der sich zwischen Spanien und Marokko bei Ceuta erhebt. Was den Halbgott in diese Rage versetzte, kann ich so aus dem Stand nicht sagen. Das werde ich zu Hause nachlesen, ich bin schließlich kein Lehrer, habe ich doch selbst noch jeden Tag viel zu viel zu lernen und zu entdecken.

1 Uhr

Im Abstand von 50 Jahren ist dies meine zweite Passage durch die Straße von Gibraltar. Heute kommt mir alles viel kleiner vor als damals. Aber das könnte daran liegen, dass ich selbst gewachsen bin.

Als Nachhut des Kometenregens, der kürzlich über die Mongolei niederging, erscheint die helle Spur einer Sternschnuppe am Himmel.

Das Volk der Magots, der Gibraltaraffen, beherrscht diese uneinnehmbare natürliche Festung, aber sie sehen wohl nicht ein, weshalb sie ihre Nachtruhe unterbrechen sollten, um für uns Spalier zu stehen. Trotzdem halten wir auf der Affeninsel fröstelnd im Wind nach ihnen Ausschau. An dieser Stelle, wo sich die beiden Kontinente fast berühren, haben wir den historischen »Felsen« und die Küste Nordafrikas gleichzeitig im Blickfeld.

Im Frieden von Utrecht wurde das britische Eigentum an diesem steinigen Stützpunkt bestätigt. Aus der Perspektive eines von Osten heranfahrenden Schiffs gleicht er einer in Licht gebadeten, geduckten, riesigen Raubkatze, die ihren Kopf dicht an die Vorderpfoten drückt und einen Buckel macht, während der Schwanz in den Quast des von der Lichterkette Algeciras gesäumten Hafens übergeht. Gegenüber, auf der südlichen Seite der sich verjüngenden Meeresstraße, grüßt die Stadt Ceuta. Flach wie ein Tisch, unter der endlosen Reihe der Scheinwerfer, die eine mittelalterliche Mauer oder eine antike Palastreihe anstrahlen. So genau kann man das aus einem Abstand von fünf Seemeilen nicht erkennen.

Mehr noch als Gibraltar erinnert Ceuta an die uneinnehmbare Festung der Stadt Monaco, »unseres« Felsens. Nach meiner Rückkehr von dieser märchenhaften Reise, die mich so glücklich gemacht hat, kann ich ihn wieder jeden Tag von meinem Balkon aus sehen.

Eine Stunde später fahren wir an dem andalusischen Städtchen Tarifa vorbei, an der engsten Stelle der Meerenge, gegenüber von Tanger. In der Nacht ist es nicht zu sehen, aber auch hier gibt es eine Verbindung zu dem Land, in dem ich lebe:

Die Fürsten von Grimaldi, die Monaco seit sieben Jahrhunderten regieren, bezogen im Mittelalter den größten Teil ihrer Einnahmen aus dem Wegzoll der Handelsschiffe, die in ihren Hoheitsgewässern kreuzten.

Sie waren nicht die Einzigen, die auf diese Idee kamen.

Im Westen von Gibraltar, im maurisch besetzten Spanien, lag Tarifa, an der Atlantikküste, auf 36° nördlicher Breite und 5°37' östlicher Länge.

Dort ankerten Piratenschiffe, und jedes Schiff, das vorbeikam, wurde
unter Androhung des Schlimmsten zu einer »Abgabe« gezwungen.
Der Name der Piratenstadt ist bis heute in dem Wort »Tarif« erhalten.

Wie bereits erwähnt, beträgt der *Tarif* für den Transport einer Tonne Kopra von Santo (Vanuatu) bis Hamburg 70 US-Dollar.

Gibraltar, Tarifa. Kurz darauf stoßen wir in Gewässer vor, die während eines Seegefechts, das hier am 21. Oktober 1805 tobte, von schwimmenden Scheiterhaufen übersät waren und sich vom Blut der Gefallenen färbten: die Seeschlacht am Kap von Trafalgar.

19. Etappe:
Atlantik

Montag, 23. November (Fortsetzung)

17.30 Uhr

Aperitif mit Jon in *Honiara*. Ein Moment intimer Geselligkeit. Er erzählt uns, er habe als Kind drei Jahre in der britischen Kronkolonie Gibraltar verbracht. Sein Vater, der beim Militär war, kommandierte die obere Plattform, Rock Gun genannt, und die Battery O'Hara oberhalb von Middle Hill und Spy Glass, rund 400 Meter über dem Meeresspiegel. Jon erzählt uns, dass dort 13 Angriffe seit dem Jahr 1772 vereitelt wurden. Der Felsen besitzt ein 33 Meilen langes Stollennetz, ein Krankenhaus und ein Theater.

Bevor er geht, überrascht uns Jon mit einer guten Nachricht: Yucki und ich dürfen bis Rotterdam auf dem Schiff bleiben! Eine junge Frau, die extra zu diesem Zweck aus London anreist, wird uns dort im Namen der Gesellschaft begrüßen.

20.30 Uhr

Stanislav hat uns auf einen »Beaujoli« in seine Kajüte eingeladen.

Ungezwungen diskutieren wir über alles Mögliche; erzählen von unseren Familien, vom Leben an Bord und aus der Vergangenheit. Dann wechseln wir das Gesprächsthema. Er erläutert uns den Ladeplan des Schiffs, erklärt uns, wie man die Stabilität berechnet; wir hören von Nutzlast, Kraftstoff und Ballast, von einem laufend neu zu ermittelnden Gewichtsschwerpunkt, aus dem sich die metazentrische Höhe ermitteln lässt. Bei einem negativen Wert würde das Schiff bei der ersten schweren See kieloben im Wasser treiben. Um dies zu verhindern, müssen Ballast und Kraftstoff immer wieder neu zwischen Backbord und Steuerbord verteilt werden. Besonders dann, wenn, wie erst kürzlich, eine Wasserleitung im Maschinenraum platzt und Tonnen von Wasser ausströmen; damals sind wir glücklicherweise glimpflich davongekommen.

Dienstag, 24. November
4 Uhr

Sternenklare Nacht. Sirius steht strahlend am Himmel. In meiner Ignoranz hatte ich den hellsten Stern des Himmelsgewölbes für einen nahen Planeten gehalten ... Ich nehme mir vor, mir ein Teleskop anzuschaffen, und sei es nur für meine Enkelkinder. Auf dem Radarschirm tauchen Schiffe auf. Noch sind sie jenseits des Horizonts, da wir jedoch mit unseren 16 Knoten schneller sind als sie, sollten wir sie innerhalb der nächsten drei bis vier Stunden einholen.

8 Uhr

Ergreifender Anblick: ein so genannter Glücksbringer am Himmel, ein höchst seltener, grünlicher Strahl. Der eiskalte Wind peitscht die Haut; die See geht verhältnismäßig ruhig. In weiter Ferne am Horizont schiebt sich die Küste Portugals als Streifen feiner Farbzwischentöne zwischen das dunkelblaue Wasser und den hellblauen Himmel.

Um das Ende dieser Reise auf die südliche Erdhälfte auch symbolisch zu markieren, stelle ich mich mit Yucki an die Heckreling, und wir werfen unsere fleckigen, verblichenen Sonnenhüte aus Badamier, das Präsent unserer Bekannten in Nouméa, ins Wasser. So hinterlassen wir unsere Spur, die wir vielleicht irgendwann zurückverfolgen werden.

15 Uhr

Heute früh kam eine Warnung der Küstenstelle von Finisterre herein: Auf der »Schnellstraße«, die um die äußerste Nordwestspitze

Spaniens herumführt, schwimmt uns eine abgetriebene Boje entgegen. Bald darauf können wir uns mit eigenen Augen davon überzeugen, dass es sich in Wirklichkeit um einen toten Wal handelt. Der riesige braunweiße Körper bietet einen traurigen Anblick. Ohne äußerlich sichtbare Verletzungen treibt er in der schweren See. Gestorben durch Alter, Krankheit, Einsamkeit. Sein Friedhof ist das Meer.

Mittwoch, 25. November

4 Uhr. Wachablösung

Beginn der Wache: Stanislav, Martin, Vladimir

   Ende der Wache: Aleks, Bob, Anatolij

   Wir befinden uns in der Bucht von Biskaya. Heute Abend werden wir an Brest vorbeifahren.

LOGBUCH:

00:00	Mitternacht: Schön und klar
02:00	Position 45°10'5" Nord 08°20'8" West
02 :10	Kräftiger Regen, Schließung des Luftabzugs in den Laderäumen, um die spontane Gärung des Kopras zu verhindern
	Reduzierte Sichtweite
04:00	Leichte Krängung 13°

Ausguck:Vladimir

Leichte Krängung? Obwohl es eigentlich erst ab einem Krängungswinkel von 45° so richtig kritisch wird, fliegt jetzt schon alles, was nicht niet- und nagelfest ist, kreuz und quer durch den Raum. Keksdosen, Kaffeedosen, Thermosflaschen und andere Utensilien rollen über den Teppich. Die Fotoapparate sind sicher in einer gepolsterten Tasche verstaut, die am Boden liegt; andere Wertgegenstände hatten wir während der gesamten Reise in einer mit Klebeband gesicherten Schublade aufbewahrt. Und mein Computer steht auf einer rutschfesten Gummiunterlage.

Aleks stellt gerade Berechnungen an; das Metazentrum liegt zwangsläufig höher als der Schwerpunkt, weil sich unser Tiefgang durch die Belastung um zwei Meter erhöht. Unter Berücksichtigung des Gewichtsschwerpunkts des leeren Schiffs (Länge und Breite), Tonnage, Verteilung der Ladung, Ballast (3000 Tonnen) und Schweröl (dito) erhält man ... ach, was weiß ich denn!

»Sobald wir in unserem europäischen Heimathafen eingelaufen sind, bringen wir das Schiff ins Trockendock, um einen Teil des mitgeführten Ballastwassers durch Kraftstoff zu ersetzen. Das erhöht die Autonomie des Schiffs«, meint Dario, als wir ein letztes Mal seine Maschinen bewundern.

Donnerstag, 26. November
Auf der Île d'Ouessant, vor dem Hafen von Brest, auf der Grenze von Atlantik und Ärmelkanal, befindet sich ein Navigationskontrollzentrum. Die mit starken Radaren ausgerüstete Station überwacht rund um die Uhr den in diesen Gewässern sehr dichten Schiffsverkehr. Die Leitung obliegt einem ehemaligen Offizier zur See, der hier nach langen Berufsjahren »Anker warf«.

Von jedem Schiff wird, insbesondere bei schlechter Wetterlage, die exakte Position ermittelt. Ist der vorgeschriebene Sicherheitsabstand zum nächsten Schiff nicht eingehalten, wird der Schiffsführer über Funksprechanlage aufgefordert, eine Kurs- oder Geschwindigkeitskorrektur vorzunehmen. Ein Öl- oder Gastanker mit erhöhter Explosionsgefahr wird auf dem Bildschirm in einer anderen Farbe angezeigt.

Ein Schiff, das auf dem Meer zum Stehen kommt, stellt eine Gefahr für die anderen dar, weil die Stoppstrecke eines Frachtschiffs mehr als eine Seemeile beträgt. Speziell ausgebildete Rettungsmannschaften sind in ständiger Bereitschaft, um bei einem Unfall unverzüglich an Ort und Stelle zu sein. Sie sind mit Feuerlöschbooten und Hubschraubern ausgerüstet und können mit ihren Riesenschleppern das Hundertfache ihres eigenen Gewichts mitziehen. Eine Hubschrauberpatrouille geht auf die Suche nach illegalen Entgasern, die sich um die Kosten der Tankwäsche drücken wollen. Diese Hochsicherheitszone mit dem weltweit größten Seeverkehrsaufkommen heißt im Französischen »rail d'Ouessant«.

15 Uhr
Die Straße von Dover, auch Pas de Calais genannt, liegt im äußersten Norden des Ärmelkanals. In der engen, von den weißen Klippen von Dover und Calais gerahmten Meeresstraße wimmelt es nur so von allen möglichen Schiffen jeden Typs: Segelschiffe, Jachten, Kreuzschiffe, Frachtschiffe, Fischdampfer, Fähren fahren hier kreuz und quer in alle Richtungen.

Auf dem mit Schaumkronen bedeckten grünen Wasser tänzeln Fähren und Hovercrafts im Nebel am Heck unseres Riesen vorbei. Die beiden Wachen müssen in diesen Gewässern besonders aufmerksam sein. Über die drei Empfangsgeräte auf der Brücke werden über Langwelle Informationen unter den Schiffen ausgetauscht. Weitere Empfangskanäle gestatten spezielle Verbindungen.

Freitag, 27. November, der 106. Reisetag
13.37 Uhr
Die Nordsee. Langsam gleiten die Schiffe, über Funk untereinander in Verbindung, im Nebel auf die Elbmündung zu.

Seit heute früh behindert uns immer wieder Nebel auf der Fahrt zur Hamburger Lotsenstation. In genau 23 Minuten hätten wir den Hafen der alten Hansestadt erreichen sollen. In solchen kritischen Momenten, da sich der Kapitän, ein weiterer Offizier – momentan ist es Aleks –, ein Offiziersanwärter, ein oder zwei Mann am Ausguck und der Rudergänger voll auf ihre Aufgaben konzentrieren müssen, bleibt uns der Zutritt zur Brücke verwehrt. In Minutenabständen ertönt unser dunkles Nebelhorn durch die gespenstische Finsternis, die den Tag in die Nacht verwandelt hat.

Im Nebel unterwegs in Richtung Elbmündung

Gestern Abend hatten wir den Zweiten Offizier Aleks zu einer kleinen Party zu Ehren seines 37. Geburtstags eingeladen. Der Streckenabschnitt von Hamburg nach Rotterdam erweist sich als äußerst schwierig. »Immer wenn es am schlimmsten wird, geht die Wache an mich«, meinte er. »Das war so bei der Einfahrt nach Singapur, und wenn wir Hamburg ansteuern, habe natürlich auch ich Wache.«

Seit gestern Abend macht sich unser Kapitän Sorgen wegen des Nebels. Unermüdlich betont er, dass für ihn die Sicherheit seines Schiffs, der Ladung, der Passagiere und der Besatzung oberste Priorität habe.

»Das braucht man nicht extra zu sagen«, meint er. Wenn man mich fragt, kann es aber nicht schaden, wenn es ab und zu doch einmal gesagt wird.

13.51 Uhr

Der Schalthebel des Maschinentelegrafen, der die Befehle an den Maschinenraum übermittelt, steht jetzt sicher auf »sehr langsam«, also zwei bis drei Seemeilen pro Stunde. Vielleicht hat sich der Lotse schon angekündigt; es könnte aber auch sein, dass wir die Geschwindigkeit aus Sicherheitsgründen reduziert haben. An manchen Stellen können wir von unserem Bullauge aus nicht einmal mehr den Vormast sehen … Aber was sind schon zwei, drei Stunden mehr oder weniger nach einer Reise, die so lange gedauert hat? Die anderen Schiffe, die mit uns auf den Hafen zuhalten, befinden sich in einer ähnlichen Situation wie wir. So kurz vor dem Zielhafen hätte eine Kollision katastrophale Folgen. Die Kontrolle eines Großhafens setzt höchste Genauigkeit voraus, die Verfügbarkeit eines Kais, von Arbeiterkolonnen, Ladebäumen, Kränen, Gabelstaplern oder auch den riesigen Vorrichtungen, die wir zu Beginn unserer traumhaften Odyssee in Dünkirchen beobachten konnten, muss stets gegeben sein. Plötzlich kommt es mir vor, als wäre es gestern gewesen. Dabei hatte ich bei Antritt der Reise noch den Eindruck, die Zeit stünde still.

Wir bleiben nur so lange, bis die Container mit Kawa, Kopra und Kakaobohnen, von denen wir einige Tonnen in Panjang geladen haben, gelöscht sind. Danach geht es weiter mit Kurs auf Rotterdam, unseren Zielhafen. Jetzt sind es nur noch wenige Stunden, bis wir in den riesigen Europoort einlaufen. Yuckis Familie erwartet uns dort. Bevor wir uns in unser eigenes Heim zurückziehen, müssen wir natürlich noch unsere kleinen Großnichten kennen lernen, die Zwillinge, von deren Geburt wir erfahren haben, als wir an Semarang vorbeifuhren.

Hamburg

Breitengrad 53°31'362" Nord, Längengrad 09°57'828" Ost

Samstag, 28. November

12 Uhr

Der für die nördlichen Breiten so typische dichte Herbstnebel löst sich ein bisschen auf, während wir die Elbe stromaufwärts fahren. Mit vier Stunden Verspätung kommen wir im Hafen von Hamburg an. In der Nacht zogen die langen Reihen orangegetönter Scheinwerfer an uns vorbei, kleine Passagierdampfer, Lastkähne, Schlepper und auch einige größere Frachtschiffe. Der Abschnitt verlief in vielen Kurven, doch der Lotse kannte sich gut aus. Aus dem Fluss gelangten wir in ein Netz von immer enger werdenden Kanälen. Um noch einmal in den Genuss eines Schauspiels zu kommen, an dem ich mich nie satt sehen werde, postierte ich mich in der schneidenden Kälte auf dem fünften Achterdeck, um von oben zu beobachten, wie wir uns im fahlen Scheinwerferlicht butterweich an den Kai legen.

Gegen vier Uhr morgens bin ich auf die Brücke gegangen, die zu dieser Zeit verwaist ist, um auf den Meter genau unsere Position zu ermitteln. Auf einer Übersichtskarte (Maßstab 20:1000) fügt sich das Bild all dieser verschlungenen Kanäle des Hamburger Einzugsgebiets zu einem Baum mit reich verästelter Krone und dichten Blättern: der Hansehafen. Nur die Wurzeln bleiben verborgen; sie befinden sich außerhalb des Mündungsgebiets, in den flachen Meeresgewässern und an anderen unbekannten Küsten, die wir später noch ansteuern, wenn alle wieder ihre Plätze eingenommen haben, Dario an seinen Maschinen und Jon auf der

Brücke, wo er die undurchdringliche Nebelfront und die Radaranzeige gleichzeitig im Blick hat.

Anhand unserer Position und unter Hinzuziehung der Karte konnte ich den Routenverlauf bis Oderhafen verfolgen. Der Crew gilt umso mehr meine Bewunderung, seit ich weiß, dass der tiefste Wasserstand des Jahres an einem Kai, wo wir vertäut waren, 10,6 Meter unter der Wasserlinie beträgt. Unser Tiefgang erreicht dagegen bei Vollbelastung 11,5 Meter …

Sobald die Maschinen still stehen, beginnen die Schauerleute mit dem Entladen unserer Container, unterstützt von einem fahrbaren Portalkran, der unser Schiffsdeck noch um 40 Meter überragt. Wider Erwarten dauern die Löschoperationen die ganze Nacht hindurch an.

In der Morgendämmerung sind wir ausgelaufen. Jetzt kommt der Endspurt. Es war noch nicht hell geworden, als wir uns langsam dem unsichtbaren Mündungstrichter der Elbe näherten.

Ich kenne die Hansestadt Hamburg aus einem »früheren« Leben. »All be changed«. Wäre alles planmäßig verlaufen, hätte man uns in Hamburg, unserem ersten europäischen Anlaufhafen, ausgeschifft. Die Kajüten werden für die Techniker benötigt, die auf dem Weg nach Hull die dringend anstehenden Reparaturen vornehmen sollen … Aber wir haben Glück, und sie steigen erst in Rotterdam zu.

Rotterdam

Liegeplatz Europoort, Breitengrad 51°53'521" Nord,
Längengrad 04°16'352" Ost

Sonntag, 29. November

10.30 Uhr

Yucki zu Ehren, die ja hier in das Land ihrer Vorfahren zurück-
kommt, hat uns Kapitän Jon in freundschaftlichem Ton auf die
Brücke »abkommandiert«, während wir in den Hafen einlaufen.

Mit dem Geschick eines Zirkusakrobaten lässt sich der Lotse
aus einem Hubschrauber an einem Seil auf unsere Back herunter;
vor uns liegt der größte Hafen der Welt. Wir konnten die Maschine noch nicht sehen, aber schon hören. Der Nebel hüllte unsere
Antennen ein und fast den gesamten Schiffsbug; hinzu kam, dass
wir Seitenwind hatten, und der Seegang erreichte Stärke sechs. Ich
hatte schon Angst, die Rotorblätter könnten gegen den Mast
schlagen und in tausend Stücke bersten.

Unserem rund 50-jährigen Akrobaten der Lüfte gelingt eine
sanfte Landung. Mit dem Boot hätte er weitaus länger gebraucht,
um an Bord zu kommen. Angenehm überrascht, dass Yucki seiner
Sprache mächtig ist, unterhält er sich gleich mit ihr. Als Präsent
überreicht er ihr die neueste Ausgabe des »Telegraaf«.

Zwei Stunden lang gleiten wir durch die Neue Maas. Dann erreichen wir den imposanten, reich verzweigten Europoort mit seinen Hafenbereichen, dem hohen Verkehrsaufkommen, den Raffi-
nerien, den Fabrikschloten, deren Rauch sich mit dem Nebel
mischt, und einem gelbblauen Kran, die größte Metallkonstrukti-
on, die ich je gesehen habe und für Lasten von bis zu 40 000 Tonnen konzipiert ist. Der uns zugewiesene Liegeplatz hat die Num-

Der Lotse vor dem Hafen in Rotterdam lässt sich aus einem Hubschrauber
auf das Schiff herunter

mer 62. Auf einem Kai warten vier Millionen Tonnen Aluminium-
barren auf ihre Verladung. Dieser Hafenbereich mit der Bezeichnung Botlek ist für Frachtschiffe von wahrhaft gigantischen Aus-
maßen gedacht; schließlich werden wir von zwei Schleppern auf
einen durch vier große gelbe Bojen markierten Platz gedrückt.
Das Dock heißt Saint Laurent. Sofort legen sich zwei Containerschiffe und ein Schweröl-Versorgungsschiff an unsere Seite.

Während wir zum letzten Mal beim Festmachen unseres Schiffs
zusehen, überkommt uns so etwas wie Abschiedsschmerz. See-
krankheit ist für Yucki und mich ein Fremdwort, aber jetzt droht
uns die »Landkrankheit«. Wie zwei betrunkene Matrosen werden
wir bald durch die Straßen wanken.

Mit dem Befehl »Maschinen aus« stoppt Jon alle Vorgänge, die
uns im Verlauf unserer 107 Tage an Bord der *Arunbank* so vertraut

geworden sind. Ich bin zutiefst bewegt, meine Kehle fühlt sich ganz rau an. Gleich müssen wir uns an der Gangway von der Mannschaft verabschieden. Ich drücke zum Abschied schwielige Hände, Arme legen sich auf meine Schultern, und als Yucki sich reihum mit einem Abschiedskuss verabschiedet, glaube ich, hier und da eine Träne auf der gegerbten Haut zu sehen. Einer der Offiziere sagt zu mir: »Ihr habt nur Freunde auf diesem Schiff.«

Die Besatzungsmitglieder rangeln um unsere Koffer, die zum Zubringerschiff befördert werden. Dann sehe ich noch, wie die Umrisse der *Arunbank* im Nebel verschwimmen. Ich habe den Eindruck, sie entferne sich, obwohl sie fest vertäut ist. Unser schwimmendes Dorf mit der Großfamilie, in der wir die letzten Monate verbrachten, bleibt unbeweglich stehen, während wir uns entfernen.

Wir sind einmal rund um die Welt gefahren, immer nach Westen, und haben insgesamt 30 084 Seemeilen zurückgelegt. Von Dünkirchen ging es über 24 Meere und Ozeane bis nach Rotterdam. In größeren Etappen überquerten wir alle zwei bis drei Tage eine Zeitzone und haben uns damit jeweils um eine Stunde gebracht. Am 17. September wurde uns sogar ein voller Tag im Kalender gestrichen. Aber das permanente Glück, das wir auf dieser Reise erleben konnten, gleicht den gestohlenen Tag wieder aus.

Der Traum ist beendet, er löst sich auf und fliegt davon, und wenn ich ihn festzuhalten versuche, greife ich ins Leere; nur meine Erinnerungen sind von Dauer. Schon gleitet die Gegenwart in die Vergangenheit hinüber, die uns unauslöschlich bleibt. Ich wache auf und spüre die schneidende Kälte, die durch meine Jacke dringt.

Es bleiben unsere Fotos und Tagebuchaufzeichnungen. Und jetzt setze ich mich an die Arbeit, damit Sie dieses Vergnügen mit uns teilen können.